抖音头号玩家

抖音短视频运营 · 百万粉丝 · 电商引流 · 社交变现全攻略

邱如英 ◎ 主编

许玉侦 罗桂荣 董涛 ◎ 编

SPM

南方出版传媒

广东经济出版社

—广州—

图书在版编目（CIP）数据

抖音头号玩家：抖音短视频运营·百万粉丝·电商引流·社交变现全攻略 / 邱如英主编；许玉侦，罗桂荣，董涛编. —广州：广东经济出版社，2019. 4（2020. 5重印）
ISBN 978-7-5454-6671-3

Ⅰ. ①抖… Ⅱ. ①邱… ②许… ③罗…④董… Ⅲ. ①网络营销 Ⅳ. ①F713. 365. 2

中国版本图书馆CIP数据核字（2019）第037029号

责任编辑：谭　莉
责任技编：陆俊帆

抖音头号玩家：抖音短视频运营·百万粉丝·电商引流·社交变现全攻略
DOUYIN TOUHAO WANJIA：DOUYIN DUANSHIPIN YUNYING · BAIWAN FENSI · DIANSHANG YINLIU · SHEJIAO BIANXIAN QUAN GONGLUE

出版人	李　鹏
出　版 发　行	广东经济出版社（广州市环市东路水荫路11号11～12楼）
经　销	全国新华书店
印　刷	广东信源彩色印务有限公司 （广州市番禺区南村镇南村村东兴工业园）
开　本	787毫米×1092毫米 1/16
印　张	15.5
字　数	200千字
版　次	2019年4月第1版
印　次	2020年5月第5次
书　号	ISBN 978-7-5454-6671-3
定　价	58. 00元

图书营销中心地址：广州市环市东路水荫路 11 号 11 楼
电话：（020）87393830　邮政编码：510075
如发现印装质量问题，影响阅读，请与本社联系
广东经济出版社常年法律顾问：胡志海律师

序一　5G时代？对了，还有抖音！

对于5G时代，很多人期盼着会出现科幻电影中的新世界，同时又为自己在这个新世界中是否有一席之地而忐忑、迷茫。不管你愿不愿意，这个新世界已经到来了。

大家都知道，中国已经位列其中了，因为华为！而华为也成为5G时代的缔造者之一，拿到进入5G时代的门票。其实在中国，还有另一家公司也将获得进入5G时代的门票，那就是抖音的头条系。意外吗？

我们对于5G最直接的理解是，巨量且便宜的网络流量快速地下载到你的诸如手机之类的终端，这个理解是正确的。

互联网主要的内容载体是文字、图片、音频、视频等，以视频为主的信息将成为内容呈现的最终形式。两年前，这样说可能很牵强，但现在不会了，因为抖音。

抖音在短短两年的时间内（严格来说只有一年，即2018年）成为当前热门的手机应用程序，其使用者有着更宽的年龄段，覆盖从几岁到几十岁的人群。虽然现在第一大应用仍是微信，但其已感受到来自抖音的威胁了。另外，抖音的海外下载量已排在第二位，在Facebook的WhatsApp之后，抖音从而成为中国文化输出的一个强大渠道。这是中国互联网公司的一大成就，之前没有一家中国互联网公司的产品能达到这个高度。现在，无论是在国内还是在国外，抖音已成为互联网流量的强大入口。

在5G时代到来之后，抖音的视频内容将会不断拓宽。现在抖音主要以短视频的形式呈现，在流量及传输速度不再成为平滑体验的障碍后，抖音推送的将是更清晰的视频，是整部整部的高清电影，或者是流畅清晰的内容直播，等等。这将导致并加速互联网内容输出格局的改变，包括短视频、长视频以及其他不同形式的视频。

抖音也将导致电商格局的改变。因为现在电商产品正越来越多的以整个情景视频或直播的形式被推送到购物者面前，这恰恰是抖音的优势。而同时，抖音的电商布局也已经展开。我们也观察到很多非常惊人的数据，抖音电商由内容及粉丝带动销售并弱化比价的特性，可以有效地驱动商家持续专注产品的质量和创新，这是现有比价电商所缺失的。我们可以预见，抖音电商将会是未来电商格局重要的一极。

而做到这一切，抖音才用了两年的时间。我们深信，随着5G时代的到来，抖音将越来越快地改变互联网各个领域的格局，同时深深地改变我们的互联网生活。抖音这种视频内容的推送，意味着从路边摊到全球五百强企业都可以在抖音这个平台中找到营销的红利。

而你，准备好了吗？

邱如英（广州英虎网络股份有限公司　创始人）

2019年3月11日写于广州

序二　哪里有流量，哪里就有生意

突然爆红的短视频，成为新的流量聚集地，尤其是近两年来，随着抖音的异军突起，整个短视频行业由此开启发展的高峰，也引来海量的企业纷纷涉足短视频领域。无论是追求曝光的品牌宣传，还是追求销售转化的视频广告，都获得了相较于传统“双微”时代高出4倍有余的投入产出比，这无疑进一步佐证了短视频领域的巨大商机。

目前，抖音用户量的急速飙升，成就其享有短视频行业的龙头地位。随着整个国内的短视频平台的用户数已破10亿，短视频领域的用户红利期逐渐消退，内容红利期则随之而来。作为短视频领域内容红利期“拉新、促活、变现”的利器，专业化的抖音运营在迫切的市场需求下应运而生。

有需求就有市场，这是一条亘古不变的真理。当前，为了迎合急速上升的抖音专业化运营的知识需求，各种抖音培训纷至沓来，但大多停留在粗浅的理论层面，缺少专业的实操技能。

英虎网络是最早从事抖音营销培训的机构之一，讲师全部为抖音账号实战运营师，均成功操作过抖音项目。一年多来，公司旗下的英虎学院和抖音营销事业部抖抖红，培训了一批又一批抖音学员。学员中有一部分人还是其他电商培训机构的讲师，他们也看到抖音的前景，前来英虎网络学习，然后回去给他们的学生讲课。这让我们感到很荣幸，也倍感责任重大。我们只有更多地去探索抖音的运营，更好地去总结，更用心地输出“干货”，才能无愧于大家的厚望。这也是本书成书的原因。

鉴于此，本书从诸多的官方公布的资料出发，结合海量的实际操作技巧，总结编撰了一整套系统的抖音实战技巧，从抖音账号定位到视频内容策划、从抖音团队组建到短视频的商业变现、从视频运营推广到视频的拍摄剪辑，通过专业的数据化运营，从抖音的视频推荐机制出发，规避在抖音账号运作过程中的各种障碍，从而获得数以亿计的视频曝光量，同时运用在新媒体领域业已成熟的拉新、促活、变现技巧，快速地实现短视频的商业变现。

客源就等于财源，客源的集中地就是流量的集中地，从研究学习抖音到使用抖音、获得收益，是每一个身处这个短视频时代的商业从业者和新媒体从业者都应该关心的，而本书则是打开这个全新领域的一把金钥匙。开启这扇精彩的短视频之门，方能在这个短视频时代立于不败之地。

董涛（英虎学院　高级讲师）

2019年3月11日写于广州

序三　时代是人生的背景板，每个人都是自己人生的导演

短视频作为一种新型传播方式，一经推出就以其适应碎片化时间内分享与表达的需求而获得各大平台与用户的青睐，俘获了一大批铁粉。作为短视频领域的佼佼者，抖音在经历短短两年的爆发式增长后，目前日活用户超2.5亿，月活用户也突破了5亿，已成为记录美好生活的流行App，无疑是短视频领域最耀眼的明星。

哪里有流量，哪里就有生意。作为移动互联网的流量价值新入口，抖音成为新时代内容营销的主战场。红利之下，各互联网巨头和品牌商纷纷加码抖音短视频，"抖音+"成为品牌营销的新标配。如何找准差异化赛道、抓住抖音这轮营销流量红利、充分挖掘其价值，成为企业开展移动互联网营销的必答题，需要各位短视频界的掌舵人好好思考。

在移动互联网时代，流量增长是每个企业的命题，全民抖音的当下，出名可能只需要15秒，一句土味情话，一个搞笑段子，一段手指舞，甚至几句翻唱，都能让一个人乃至一个品牌迅速成名。而对于做抖音，大多数玩家的流量建设处于初级阶段，最后湮没在算法的推荐逻辑中。所以，抖音短视频营销不能只图一时热闹，更不能一蹴而就，具备宏观层面的理论知识和微观层面的运作思维才是角逐这块流量洼地的法宝。为了帮助更多准备布局抖音的玩家们，这本书诞生了。书中着重讲解了抖音平台推荐机制、如何制作和打造抖音爆款，从账号的风格定位到内容的优化，再到商业变现都有具体可行的方法，可让抖音的内容创作者和欲投身抖音平台的机构拓宽思路、获取新一轮的流量增长红利。

在这个短视频风靡的时代，在短视频的镜头下，时代是人生的背景板，每个人都是自己人生的导演。"用短视频，我们记录时代"恰好是对这个时代的注脚。作为抖音平台玩家，我们要掌握创新方法和数据化运营新路径，通过平台和内容联动，创造更大的裂变效应。我与抖抖红讲师团队经过两年的短视频营销实践，

精心出品《抖音头号玩家》一书，旨在为更多的抖音玩家解构爆款案例的共同点，指明未来短视频营销的新趋势，帮助更多玩家用好抖音短视频，传递创意正能量，让好的内容遇见对的人。

期待每位读者都能从这本书中获得短视频营销的新能量，成为抖音短视频航道的头号玩家。

许玉侦（广州英虎网络股份有限公司　策划总监；英虎学院　高级讲师）

2019 年 3 月 12 日写于广州

序四　竖屏，既是镜头语言革命，又是营销新利器

抖音等短视频平台的崛起，标志着我们进入了一个短视频的快消时代。“只有专业人士才能拍摄视频”的传统理念也被“人人都是视频创作者”所替代。竖频渐渐取代了横频，这种沉浸式视频也产生了更多新的拍摄技巧。但视频创作门槛的降低并不意味着制作视频的难度降低，相反，这代表的是更大的竞争力。所以系统而全面地学习拍摄技巧、后期制作，有助于大家将自己脑海中的想法更好地呈现出来，使之脱颖而出。

在所有的短视频平台中，最成功的要属抖音，而且其更新迭代速度相当快。在我的学员当中，既有思维活跃、学习能力强的大学生，也有从事新媒体行业多年的专家，但在他们看来，无论是抖音思维还是抖音的视频创作，都是迷雾中的风景，看得到却看不清晰。是的，没有丰富的抖音实操经验，很难跟上抖音发展的步伐，视频制作对于没有接受过正规培训的人来说是非常难懂的。拍摄同一个事物，为什么别人能抓住重点，而我拍的却杂乱无章？为什么别人的配乐节奏恰到好处，能把受众的情绪充分调动起来，而我的却总是无法把握节奏的变化、无法借助音乐把视频内容推向高潮？为什么别人的抖音视频一发布就获几百万点赞，而我的视频却一直不温不火？

其实，这些问题都是因为没有深入了解抖音短视频的拍摄技巧以及拍摄器材和后期软件的运用等。要学习这些技术并不难，《抖音头号玩家》这本书除了有宏观的解读和微观的分析之外，还有很关键的实操拍摄教程，这一部分的内容能将你的空中楼阁变为现实。

罗桂荣（广州英虎网络股份有限公司　短视频编导；英虎学院　资深讲师）

2019 年 3 月 13 日写于广州

目 录

CONTENTS

2 弯道超车的抖音，不难懂

3 做好定位等于成功了一半

1

5G 和短视频风靡的时代，流量都跑哪了

为商之道在于人气，人气旺则财气旺。放眼当今社会，人气就是流量，流量在哪里聚集，财富就在哪里聚集。

近年来，当越来越多的人开始关注和使用短视频 App（应用程序）时，短视频行业迅猛发展。当短视频成为 2018 年天猫双十一购物节流量源之一时，抖音短视频已经从一款单纯的娱乐工具，变成备受追捧的人气 App。它为何会火？它会是未来的最大流量洼地吗？谁最有可能独占鳌头？

1.1 客源＝财源，未来3年粉丝经济大趋势

客源＝财源，粉丝经济就是把客源圈起来，最大限度地利用这些客源，并实现营销转化。那么，现在粉丝经济的现状是怎样的？可预见的发展趋势又有哪些呢？

1.1.1 “双微”流量为何消失，拓客成本高昂如何破局

引用《爱丽丝梦游仙境》红桃皇后的一句话：“在我们这个地方，你必须不停地奔跑才能留在原地。”这句话恰恰可以作为我们这个时代的注脚！时代瞬息万变，转眼就要迎来5G时代了，做流量的我们如不一直奔跑，只会被甩到后面，连留在原地的机会都没有。

近几年，随着“双微”流量的消失，越来越多的新媒体人陷入一种焦虑的状态之中。新的流量洼地在哪里？如何才能重新引起用户的关注？这是每个人心中的疑问。

2018年6月20日，微信推出了6.7.0版本。在这次改版之后，用户可以在微信看到所有已订阅的公众号推送的内容。也就是说，当公众号文章在推送出去一段时间以后，只要用户刷新一下，那么较早发布的公众号内容会马上被用户关注的其他公众号内容顶下去。这种类“信息流”的模式直接影响了公众号打开率，因为，微信新版本中用户能根据自己的时间随时查看所有公众号发布的新推文，而不再有未读消息提示。不同量级的账号，拥有同样的流量，文章的打开阅读或直接忽略，完全取决于用户的兴趣。同时，微信新版本还简化了公众号“取消关注”的步骤，内容不具备一定竞争力的账号，将直接面临被用户取消关注的风险。

在微信新版本发布以后，当月《中国微信500强月报》数据显示，500强账号的运营指标全面下滑，其中用户点赞的数据降幅十分明显，不过大幅下降的账号以位于末端的500强账号为主。其中，百度指数大于900的500强账号，单篇点赞数虽有增幅，但不算明显，仅占13.7%。单篇阅读数的增幅则较为惨淡，只有0.7%。而百度指数小于900的500强账号，单篇点赞数和单篇阅读数环比则均有下降，分别是38.4%和3%。与此同时，6月阅读数达全10万以上的阵营锐减了6席，500强门槛指

数也较 5 月下降了 3.3%。可见，微信公众号平台最辉煌的时代已经过去，剩下的只是在苦苦经营罢了。

从图 1－1 可以看到，2016 年微信公众号打开率为 13.7%；2017 年微信公众号打开率下滑到 4.2%，连 5% 都不到；2018 年微信公众号的打开率连 3% 都不到，仅有 2.1%。微信公众号的打开率连年下降，直接反映了一个现象——文章的阅读量在降低。3% 的打开率，也就是说，每 100 个人中只有 3 个人点开了文章，而且这 3 个人还不一定都看完了文章，拉到底部点击了广告。投入人力、财力、物力去写的文章和做的广告没有几个人看，花的钱都打水漂了。

尽管目前最新版的微信新增了“看一看”功能，好友点赞过的文章能被其他用户看到，这在很大程度上唤回了部分用户对公众号的关注，但也只能说是流量消失以后的一个计谋。

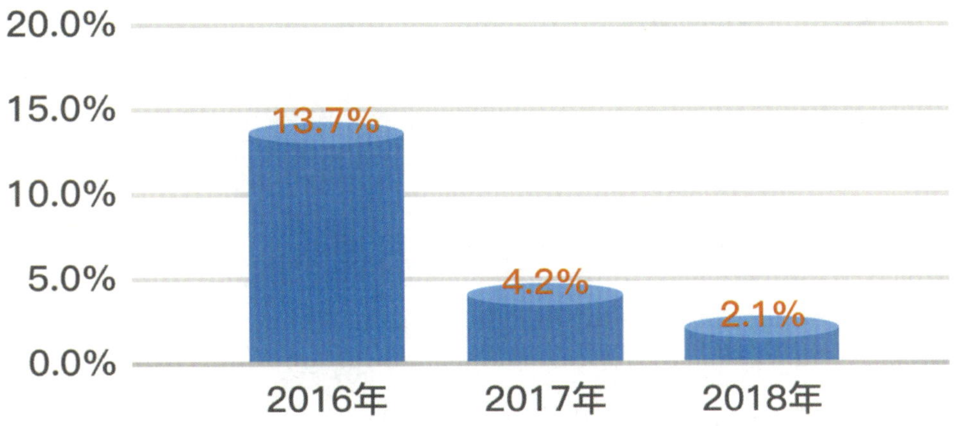

图 1－1　微信公众号打开率柱状图

微信公众号已经这样了，微博自然也好不到哪里去。那为什么会出现这种局面呢？原因如下：

（1）审美疲劳。

阅读量在下降。尽管“双微”运营人员挖空了心思，不断优化内容和运营，但客源却还在不断地流失。主要是因为同质化内容太多了，客户产生了审美疲劳。就像买衣服一样，这家店与那家店卖的衣服风格相似、款式相同，而且自己已经有类似的衣服了，如果没有让自己惊艳或设计感很强的衣服，那就不会在这家店铺消费了。

（2）微信、微博的“自然生态”被破坏。

拿微信朋友圈举个例子，腾讯最早给微信朋友圈的定性是“分享生活点滴”，后来随着微商的出现和发展壮大，微信朋友圈的定性就变成了“分享点滴生活”。从字面上看，两个词差别不大，也就是顺序调换了而已，但意思差别就很大了。“分享生活点滴”，就是指分享生活中的大小事务、点点滴滴、感兴趣的文章等，彰显自己的人格魅力。而“分享点滴生活”，就是指在分享生活的一点小趣事后，剩下的大部分都是分享广告、集赞等内容了。

以前，那些类似牛皮癣的广告是贴在电线杆上的，现在这些广告就“贴”在每一个人的微信朋友圈里。当分享生活的领域变为打广告的阵地，谁还有兴趣刷朋友圈呢？相比起来，微博“贴”的广告可能稍微少一些，至少发的文章还有人点击，至于效果，则是雷声大雨点小。

1.1.2 未卜先知提前破局

其实，做流量的人都知道一句话：“没有永恒的流量池，只有不变的人性。”与其等待平台成熟，再去砸资金做最没风险的生意，不如基于预判，提前低成本布局、低成本试错。

如何预判一个行业的兴衰？总结为一句话，就是：“人在哪，流量就在哪。”当各种培训机构不断推广某个新兴行业的课程时，一般可以判断这个新兴行业处于以下两个阶段：一是这个行业刚刚兴起，那些渴望入局而没有门道的人有这样的需求，培训课程的出现，恰好能够帮助这些人抢占先机、取得一定的成就；二是这个行业快要衰退，但通过该行业获得红利的入局者不舍得放弃现有的成果，想要做垂死挣扎或是转型升级，思忖破局之道。利用这种方式进行简单分析，其实很容易发现未来哪些行业会有较好的发展前景。目前与抖抖红（www. doudouhong. com）一样专门为抖音运营提供服务的企业有很多，铺天盖地的抖音课程学习、代运营、信息流广告投放、红人孵化等服务内容，也预示着抖音短视频的红利期将持续较长一段时间。

1.2 直播 vs 社交媒体，火爆的背后谁能笑到最后

这几年，也有威胁“双微”生态的 App 出现，如直播平台：虎牙、斗鱼、YY 直播等，社交电商平台：小红书、拼多多、有赞等，还有视频平台：B 站、梨视频等。这些 App 基本上都在一段时间内非常火爆，甚至有崛起之势，但却始终像个地方霸主一样，远远达不到撼动“双微”基本格局和地位的水平。

1.2.1 直播兴起，分割红利

其实，“双微”的特征，决定了这两款产品让人难以撼动。微信的核心是社交，而微博的核心是资讯。直播刚兴起的时候非常火爆，每一个直播间的主播都长得十分养眼。但直播有一个非常大的缺陷，就是需要受众花费过多的时间。而实际上，真正有大量时间看直播的人，普遍是比较空闲的人，如无业游民、学生，或没有经济压力的富家子弟。因此，在受众层面上，其局限性比较大。

另外，通过直播平台实现变现的难度比较大。因为无业游民、学生的经济能力有限，在直播平台上的购物行为比较少；而富家子弟则更多地偏向于打赏自己喜欢的主播，而不是购买产品。所以，在直播平台上卖货变现是十分困难的，这导致入驻直播平台的商家意愿较低，不利于平台筹集足够的资金加以发展和壮大。所以，花费时间长、受众范围窄是制约直播发展的最大障碍。

1.2.2 解码社交电商平台跌落神坛的秘密

再来看看曾经红极一时的社交电商平台。以小红书为例，在短视频火起来之前，小红书一度被认为是取代“双微”的一张王牌。但是，到目前为止，它也没有真正成为一种“现象级”的存在。

深究其原因，主要是因为小红书没有给予用户更好的使用体验，其 App 内的分享模式依然与微信公众号、自媒体信息流一样，以图文内容为主要展现形式，缺乏差异性。另外，小红书兴起的时候，最打动用户的一点是其 App 内的内容都是基于用户使用后的真实分享，但是，随着商业的不断渗透，其营销性质的内容越来越多，所谓的“真实分享”含金量也越来越低，导致用户黏度下降，甚至是用户的大批量出走。因此，截至目前，社交电商平台只能说是惨淡经营。

1.2.3 短视频出现，分割天下

短视频迅速爆红的原因，从它的名字亦能分析出一二。“短”即内容简短，意味着用户获取信息的时间变短了；“视频”相对于图文最大的优势就是内容呈现的方式更丰富，方便用户从视觉、听觉等维度去获取信息。因此，用户不需要像看微信公众号或微博那样，花费大量的时间和精力去阅读文章，再理解文章所要阐述的中心思想。通过短视频，用户能够直接获得信息，所以，短视频的出现可以说是图文时代的一个终结。

从图 1－2 可以看到，2008 年人们通过报纸、杂志、书籍等纸媒获取信息，到现如今通过电视、电脑、手机获取信息，人们获取信息的习惯已经悄悄地发生了改变。从图文到动图结合文章再到视频，产生这种转变是因为视频能够承载的信息量比图文多很多。在淘宝和天猫这些平台上，越来越多的商家开始直接用视频展示产品的方式，取代纯图片展示。这其实也从另外一个层面佐证了视频的优势。

图 1－2　获取信息方式的变化

除此之外，移动互联网的提速也为短视频的爆红提供了重要的推动作用。以前，当移动互联网还处于 2G 时代的时候，通过手机看视频基本是不可能实现的，不仅手机屏幕小，而且卡顿情况十分严重，用智能手机看图文的用户体验感比看视频要好太多了。但是，手机网速的极大提升、流量资费的价格下降、免费 Wi－Fi 的随处可用，都促使用户选择观看更加生动有趣的视频而不是图文。

2018 年，中国三大通信公司——中国移动、中国联通和中国电信，均在上海开启 5G 网络外场测试，中国开启了 5G 时代的序幕，这预示着移动互联网的网速将得到进一步的提高。另外，随着科技的发展，手机流量也会越来越便宜，未来甚至会趋向于免费。因此，图文形式早已不能适应这个科技飞速进步、硬件快速迭代的时代，而满足和适应这些外部条件的短视频，则踏上一个更高的舞台。

1.3 未来流量红利到底在哪

国内最早的电商平台，并不是阿里巴巴，而是“8848”电商平台。但是，这个平台最终没有像阿里巴巴或是京东这些电商平台一样，得到超乎想象的发展和普罗大众的认可。其失败的成因，分析下来可以归结为三点：一是科技发展跟不上新平台的发展。在20世纪90年代末，拥有电脑的家庭少之又少，更别说上网，即使能上网，那个年代的网速也很慢，因此用户的购物体验感极差。二是物流速度慢，服务不到位；三是消费观念。过去人们的消费行为，更多的是在线下实体店中完成，因为商品看得见、摸得着、尝得了、闻得到。

因此，一个产品成功登顶，并不在于它出现得多早，而在于它出现得多巧。引用小米创始人雷军的一句话，就是“任何时候都要顺势而为，不要逆势而动”。以“双微”为代表的图文阅读模式，对于目前高效、快速的5G时代来说，显得有些落伍了。

那么，在2019年，流量有哪些趋势呢？

1.3.1 打败“双微”的短视频将加冕称王

如图1－3，根据2018年9月的数据显示，短视频除了在小镇青年中快速增长之外，在银发老人中也呈现出暴增的态势。这间接说明短视频的发展潜力十分巨大。这主要是因为短视频领域的用户，不是局限在一个年龄层或者单独某几类群体，而是逐步覆盖到全年龄。其用户体量之大令人不可小觑，短视频撼动“双微”地位的发展态势也让人震惊。

1.3.2 短视频平台间不可避免的混战

在短视频平台内，内容创作者持续输出优质内容、抢夺用户红利，而在平台外，各个短视频平台间的比拼和摩擦也不少。快手短视频、火山小视频兴起，抖音短视频经过一年半的发展迅速弯道超车，微视、时刻视频、美拍、秒拍等众多短视频App之间的竞争逐步显现，欲掀起一场暴风雨。

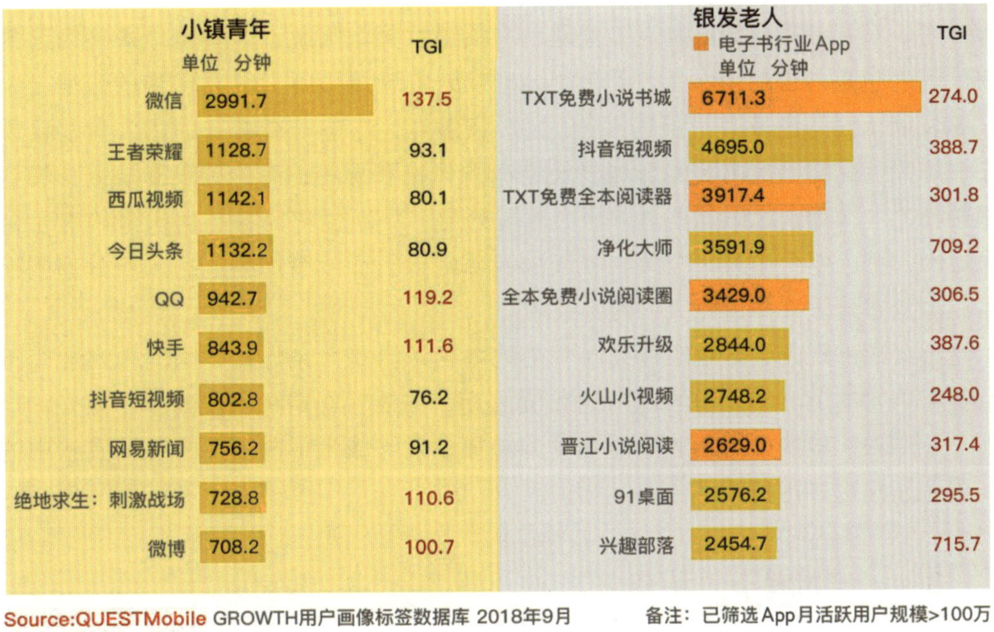

图 1-3 2018 年 9 月中国移动互联网主流潜力人均使用时长 TOP10 App
（数据来源：QUESTMobile）

对于一个短视频平台来说，拥有大量的优质内容创作者无疑是一个加分点。因此，抛开各短视频平台不同的运营模式和方针政策来说，短视频平台间初期竞争的核心在于内容创作者。因为，即便短视频平台的推广力度再大、下载量数据再好，倘若用户在使用以后发现短视频平台中没有优质的内容，最终用户还是会流失。所以，大部分短视频平台在发展前期都会采取补贴的方式，吸引内容创作者入驻平台，试图以优质的内容，让更多普通用户使用自己的平台。比如，腾讯的微视就会按照点赞数、粉丝数每月给予内容创作者补贴，一些视频内容优质的创作者一个月最高能够获得 1 万元左右的资金。

同理，入驻到平台中的内容创作者亦需要积累大量的粉丝用户，这主要是因为平台的补贴红利一般只出现在初期，越到后期补贴就会越少。如果仅以平台补贴维持生计则是杯水车薪，唯有积累大量的粉丝用户群，方可吸引更多的广告商和投资方为整个账号的运营注入源源不断的资金，最终成长为称霸一方的大号。这就形成了短视频平台、内容创作者以及普通用户各取所需、相互依赖共生的局面。2018 年各个短视频平台之间开始了激烈的较量，利用宣传和大量补贴的方式绑定优质内容创作者、绑定用户的战争，最终将会在 2019 年迎来决胜局。

1.3.3 短视频的内容趋向沉淀

内容沉淀，简单来说就是让专业的人做专业的事。短视频平台诞生初期，内容池不够丰富，短视频平台会鼓励许多普通用户拍摄视频。因此，这些用户既是内容的消费者，同时也是内容的创作者，平台亦会把部分的流量倾斜至这些用户的账号上。所以，在发展前期有许多的“野达人”① 会一夜爆红，这些一夜爆红的达人有些会乘胜追击，不断优化自己的内容，形成自己特有的风格和标签；有的则没有规划，看到什么就拍什么。久而久之，这些达人也会出现分层：不断优化内容的达人最终在平台内逐渐壮大，成为平台中某一个单独领域的头部红人，而没有规划的达人所分享的视频内容则渐渐被淹没在平台巨大的内容池中。

这种分层的现象会导致短视频平台中的内容不再是大杂烩，不同的内容会有不同的标签，内容的沉淀会让粉丝用户的黏度提高，并让粉丝用户沉浸其中。但是，这种状态也会导致大量的“野达人”没有动力拍摄，最终成为平台千万内容消费者中的一员，或者是出逃该短视频平台。

1.3.4 流量趋于“私有化”

“私域流量”其实是淘宝商家常用的一个名词，指商家把自己的客户资源圈养起来，即把客户导流至个人微信号、微信群等，让客户沉淀在商家可以随时触及的领域。这种“私有化”有助于增强商家与客户之间的联系，无论是日后的营销还是售后服务都更加方便，而且宣传成本更低。

2018 年 5 月，有“微信生态第一股”之称的有赞微商城，在成立 5 周年后终于上市。创始人白鸦认为：“真正开始琢磨怎样把生意做得更长久的商家，无一例外的都在开始做私有化顾客资源的市场，或者叫做私域流量的事情。”② 也就是说，利用社交的独有生态留存客户。

目前许多粉丝用户体量较大的账号都会把自己的粉丝引流到自己的私人微信中，如“钟婷 XO”“Anna 小阿姨”等。当用户被留存至这些“私人领域”以后，无论是卖产品、商务合作还是课程培训，都会变得简单很多。

1.3.5 线上线下整合营销或成新趋势

2017 年 11 月，李开复提出了 OMO③ 的概念。随着线上流量成本的不断攀升、大

---

① “野达人”指无专业团队（通常是个人账号），无定期更新，忽然火起来的有几条点赞破百万的短视频的用户。

② 引用 2018 年有赞春季沙龙会议上有赞创始人白鸦发表的讲话。

③ 2017 年 11 月，李开复在《经济学人》（*The Economist*）杂志发表的专栏文章中提出 OMO 概念，即 Online－Merge－Offline，线上线下的全面整合。

数据体系的不断完善，部分头部大号开始将目光从线上转移到线下，打通线上与线下的隔阂，实现流量双向流通。

2018年初，日日煮创始人Norma宣布将进军线下，从短视频到电商再到线下实体店，这一家来自香港的煮“饭”公司拉开了内容创业的OMO序幕。2018年下半年，一条、日食记、十点读书等线上的IP品牌也纷纷布局线下实体门店，OMO或许是继广告、内容电商、跨界IP之后，又一个全新的变现赛道。

1.3.6 内容消费的“个性狂欢”

2018年，喜马拉雅“123狂欢节”最终以4.35亿元的内容消费总额落下了帷幕。随着生活成本和就业压力的不断增加，新锐中产阶级以及年轻一代对于知识的渴求达到了顶峰。从喜马拉雅的内容消费数据不难发现，用户付费学习正逐步成为潮流趋势，学习将会从被动转为主动。

总的来说，预计2019年的流量趋势会发生以下改变：

（1）短视频将取代图文，成为全民用于娱乐消遣或习得知识的工具。而抖音App作为短视频平台中成长势头最劲的App，将会成为流量新高地，且处于爆发期的末尾，预示着行业的成熟期即将到来。

（2）专业内容创作者或机构将转移至短视频平台，因此，视频内容将进入精耕细作的时代。只有提供更垂直、更专业的内容，短视频平台才有生存的空间。

（3）各大短视频平台经过流量补贴大战，吸纳大量优质内容创作者和专业机构，以及一定体量的用户后，会开启更多元化的商业变现模式。目前，抖音短视频就开启了信息流广告、企业蓝V认证、抖音小店、商品橱窗、POI①等功能，推动实现商业变现。此外，沉淀了大量粉丝用户群体的头部账号，也开始通过电商、红人孵化、接拍广告等方式实现变现。

（4）内容生态建设兴起后，优质的内容是下一个发力点。短视频行业在度过用户红利期后，会逐渐形成以内容创作者为中心的社交体系。

---

① 通过抖音企业蓝V号认证后，可认领POI地址并编辑门店信息，还可以在POI详情页的官方相册中上传图片。

1.4 短视频大爆发，错过了“双微”还要错过抖音吗

随着移动互联网的高速发展，短视频平台一时间风起云涌。就抖音短视频 App 来说，在短短一年多时间内就成为国内时下最火爆的短视频平台。上线半年，抖音短视频 App 用户量突破 1 亿。截至 2019 年 1 月，抖音短视频官方确认，其日活跃用户已经达到 2.5 亿，而月活跃用户突破 5 亿。与此同时，抖音短视频的海外版 Tik Tok 横扫美国、日本等多个国家的应用榜单，海外月活跃用户超过 1 亿，成为成功的“出海”产品之一。

1.4.1 内容营销 3.0 时代，短视频抢占用户时间的四大撒手锏

将内容浓缩成精华，能够有效抢占用户的碎片化时间。2017 年 12 月数据显示，中国移动互联网用户人均单日使用互联网时长为 236.8 分钟，即约 3.9 小时。另外，QuestMobile① 的统计数据显示，网民，尤其是年轻网民，其注意力变得越来越碎片化。2017 年 12 月数据显示，全体网民人均使用的应用数量为 17 个，对于年轻的“90 后”和“00 后”，这一数据更是分别达到 20.5 个和 21.9 个。若把日均使用时长按人均 17 个应用数量进行平摊，那么每人每天在一个应用上花费的时间仅约为 14 分钟。因此，内容简短且声画并茂的短视频，在人们注意力缺失、时间碎片化的现状之下，恰好满足了人们的需求。

创作门槛低、社交性强、内容载体信息密度高，成就了短视频的大热。普通用户只要通过简单的学习，便可制作并发布属于自己的短视频，然后分享到各大社交平台上。相较于长视频而言，短视频在互动性和社交性上更强也更加简单，成为消费者表达自我的一种社交方式。与直播视频相比，短视频能够直接下载并保存到手机中，因此在传播性上更强，便于全网内容分发和消费。

---

① QuestMobile（北京贵士信息科技有限公司）成立于 2014 年，是国内移动互联网大数据公司。

优质内容的不可预测性，有效、持续地引发用户的好奇心。随着用户体量的增大，短视频的内容池也在不断丰富。其中，不乏创意极强的内容。人们在休闲的时候，可以随时随地打开短视频 App，看到不同内容的视频，这对忙于工作的白领、专心读书的学生或是退休的老人来说，都是一个便捷的了解世界的工具，能够满足人们对事物的求知欲。

短视频具有多感官的特性，相较于图文而言，短视频能够从画面、文字及声音这三个方面传达内容。通过短视频，用户能够更加直观和简单地获取信息，通过对听觉和视觉的刺激，用户产生了更加强烈的代入感。短视频可以拉近与用户之间的心理距离，从而更能够引起用户的共鸣。

1.4.2 短视频潮流不衰之下，互联网巨头纷纷入局

随着短视频用户量的持续增长，各互联网巨头纷纷加入，在短视频领域布局。据艾瑞咨询统计，2017 年 Q1 至 Q3[①] 期间短视频行业已经发生了 48 起融资事件，预计 2018—2019 年将发生 100 起左右的融资事件。大量资本的涌入，鼓舞内容创作者生产更高质量的短视频，从而形成良好的增长态势：一方面，为用户提供了大量有趣、有质的内容，提高了用户黏性；另一方面，庞大的用户量也吸引了广告商的关注，进而带动整个市场规模的提升。

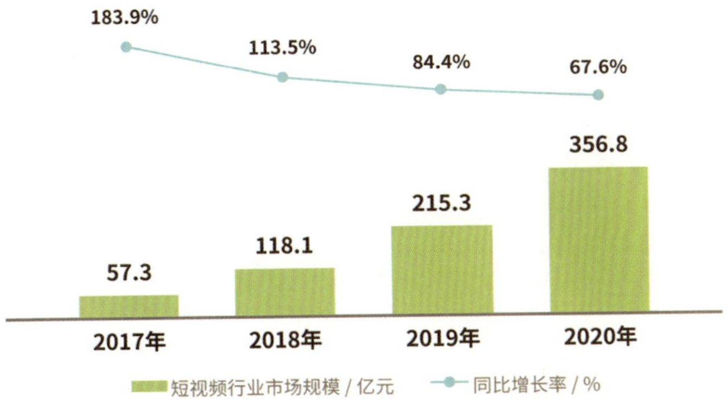

图 1 – 4　2017—2020 年中国短视频行业市场规模及预测
（数据来源：《2017 年中国短视频行业研究报告》）

① Q 指一年四个季度（quarter），Q1 指 1 月、2 月和 3 月；Q2 指 4 月、5 月和 6 月；Q3 指 7 月、8 月和 9 月；Q4 指 10 月、11 月和 12 月。

通过图 1－4，我们可以发现 2017 年短视频市场规模达 57.3 亿元，同比增长高达 183.9%。面对如此庞大的市场，各大利益方将扩大对短视频市场的投入，因此在未来 1～2 年内，短视频平台必定拥有大量的商业机会。与此同时，随着短视频内容质量的不断提升，用户量的不断扩大，各种广告植入亦会增多，因此内容变现的机会也会变多。预计到 2020 年，短视频市场规模将超 300 亿元。

在短视频前途一片光明的情况下，各互联网巨头纷纷推出扶植政策，培养短视频内容创作者。例如：百度视频启动了 PGC 内容专项投资计划，目的是向尚未发展成型、成本费用低、内容输出优质的互联网短视频内容机构进行扶持，在短视频这项业务上获得显著成效。互联网巨头的纷纷入局，为短视频平台的平稳发展提供了有效的保障。

1.5　抖音短视频杀出重围的法宝有多强大

1.5.1　抖音短视频发展简史[①]

抖音短视频是在2016年9月上线的一款音乐创意短视频社交软件，是一个专注年轻人的15秒音乐短视频社区。用户可以通过这款软件选择歌曲，拍摄15秒的音乐短视频，形成自己的作品并发布。抖音上线之初的口号是“记录美好生活”，定位是“专注新生代的音乐短视频社区”。可见，其目标用户为年轻用户，其产品形态是音乐短视频，其愿景是打造音乐社区。

2014年一款由dubsmash公司开发的对嘴App引起了一部分玩家和创业公司的注意，它就像一颗小石头被扔进了平静的湖面，荡起了一圈又一圈的涟漪。此时短视频社交已初见端倪，大量的短视频社交App涌现。

2014年4月，上海闻学网络科技有限公司推出面向欧美用户的Musical. ly，中文名是“妈妈咪呀”。

2015年7月6日，Musical. ly登上美国App Store“所有类别”应用和“摄影与录像”应用两个榜单之首。

2016年9月，北京微播视界科技有限公司模仿Musical. ly，推出抖音短视频。当时它的名字叫A. me，同年12月22日，其正式更名为抖音短视频（简称“抖音”）。

2017年1月，今日头条对抖音进行天使轮投资。

2017年8月，抖音海外版Tik Tok上线。

2017年11月，今日头条以10亿美元购Musical. ly，与抖音合并。

2018年4月10日，今日头条旗下短视频平台抖音表示，抖音正式上线反沉迷系统。

---

① 抖音短视频发展简史参考百度百科：https: //baike. baidu. com/item/% E6% 8A% 96% E9% 9F% B3/20784697?fr = aladdin。

2018 年 4 月 11 日，抖音表示即日起将对系统进行全面升级，其间直播功能与评论功能暂时停止使用，升级完毕后会再次开通。同日，被暂停短视频外链直接播放功能。

2018 年 5 月 6 日，抖音邀请社会各界、广大用户代表和专家学者，面对面地研讨拟订《抖音社区公约》。

2018 年 6 月 7 日，首批 25 家央企集体入驻抖音，包括中国核电、航天科工、航空工业等，昔日人们印象中高冷的央企，正在借助新的传播形式寻求改变。

2018 年 7 月 18 日，抖音宣布将于下周上线官方推广任务接单平台星图平台。

2018 年 7 月 26 日，抖音宣布启动“向日葵计划”，将在审核、产品、内容等多个层面推出 10 项措施，助力未成年人的健康成长。

2018 年 7 月，抖音与 Tik Tok 月活跃用户数超过 5 亿。

2018 年 8 月 9 日，抖音通过其官方头条号发布《抖音对违规账号及内容的处罚通告丨2018 年 8 月》。通告称，2018 年 7 月 1 日至 7 月 31 日，抖音平台累计清理 36323 条视频、8463 个音频、252 个挑战，永久封禁 39361 个账号。通告介绍，抖音平台积极响应国家版权局与国家网信办、工信部、公安部等关于“剑网 2018”专项行动号召，开展了严厉的打击侵权、盗版工作，7 月共下架版权相关视频 5043 个、音频 1269 个，永久封禁严重侵权用户 1743 个。

2018 年 10 月，Tik Tok 成为美国月度下载量、安装量最高的“双料冠军”。

截至 2018 年 10 月，抖音国内日活跃用户数突破 2 亿，月活跃用户数突破 4.5 亿，渗透率高达 33.8%，并继续保持高速增长。

图 1－5，图 1－6，图 1－7 可以让你迅速了解抖音的版本发展简史。

抖音的探索期	2016-09-26——1.0.0版本	抖音正式发布上线
	2016-09-29——1.0.1版本	完美适配ios10；一键回到顶部；对视频修改删除操作及部分体验优化
	2016-11-01——1.1.0版本	支持邀请通讯录、QQ、微博好友；提升视频清晰度
	2016-11-24——1.2.0版本	首页、发现页改版；曲库、特效、画质更新优化；支持分享美拍
	2016-12-01——1.2.1版本	解决闪退bug
	2016-12-10——1.2.2版本	更名为“抖音”，拍摄、发布功能迭代；体验优化
	2016-12-22——1.2.3版本	热门视频标记；一些功能体验优化
	2017-01-17——1.3.0版本	发布视频、评论可以@好友；自己的视频支持保存本地；首页支持大屏、列表切换；bug修复
	2017-01-25——1.3.1版本	icon更新；增加左滑进入主页；优化体验修复bug
	2017-03-01——1.3.2版本	草稿中的视频支持继续拍摄；主页优化、新增滤镜、作者昵称
	2017-03-17——1.3.3版本	新增贴纸道具、支持闪光灯操作；样式体验更新优化；音乐、活动支持一键分享
	2017-03-22——1.3.4版本	bug修复
	2017-04-07——1.3.5版本	音乐收藏、滤镜选择提前；视频拍摄及道具优化更新
	2017-04-18——1.3.7版本	bug修复
	2017-04-28——1.4.0版本	新增身份识别ID;特效更新；新增举报机制；bug修复

图 1－5　抖音的探索期

抖音部分运营事件		
	2017-06-23	抖音正式发布由吴亦凡拍摄的抖音X中国有嘻哈的宣传短片
	2017-07-14	两款现象级H5《世界名画抖起来》《找啊找啊爱找豆》刷屏朋友圈
	2017-07-20	鹿晗新歌《零界点》登陆抖音
	2017-07	抖音赞助娱乐选秀节目《中国有嘻哈》
	2017-08-19	抖音登上湖南卫视《快乐大本营》舞台
	2017-09-02	抖音举办首届抖音“idou夜”，开始线下活动拓展
	2017-09-05	抖音联合摩拜实现跨领域合作，发布首款嘻哈主题单车
	2017-09-15	抖音登上湖南卫视《天天向上》舞台
	2017-09-22	抖音与airbnb、雪佛兰、哈尔滨啤酒合作拍摄首个品牌视频广告
	2017-11-10	今日头条10亿美元收购北美短视频产品Musical.ly并与抖音合并
	2017-12-30	抖音同步赞助江苏卫视、浙江卫视、湖南卫视的跨年演唱会
	2018-01-09	在版本迭代中上线在线直播答题版块《百万英雄》

图 1－6　抖音部分运营事件

抖音第二阶段成长期		
	2018-01-16——1.7.0版本	优化举报和评论功能
	2018-01-19——1.7.1版本	原创音乐人隆重登场；优化体验和bug修复
	2018-01-24——1.7.2版本	功能体验优化
	2018-02-03——1.7.3版本	优化体验
	2018-02-17——1.7.4版本	看视频拿红包
	2018-02-27——1.7.5版本	优化体验
	2018-03-09——1.7.6版本	修复bug、优化体验
	2018-03-28——1.7.8版本	修复bug、优化体验
	2018-04-28——1.7.9版本	支持拍照和图片上传
	2018-05-06——1.8.0版本	私信支持表情包

图 1－7　抖音第二阶段成长期

那么，抖音为何会在众多短视频平台大战中突围而出呢？

1.5.2　抖音为何 C 位出道

据闻，腾讯如今已开发出 14 款短视频产品（见图 1－8），其中微视、快手、下饭视频和哈皮与头条系下的抖音、火山小视频、西瓜视频和皮皮虾十分雷同（见图 1－9），不过腾讯在模仿的同时，也不断推出创新意味更强的短视频产品，似乎要在短视频产品的道路上不断探索更加创新的模式。

然而，腾讯模仿头条系的这 4 款产品基本没有什么突破，目前，除了投资的快手短视频能和抖音短视频平起平坐以外，其他的产品都无法超越抖音。

腾讯短视频产品矩阵

名字	上线时间	定位
微视	2013年9月（2018年4月重新启动）	小视频平台
闪咖	2016年1月	短视频社区
MOKA魔咔	2017年1月	短视频编辑工具
猫饼	2017年7月	短视频编辑工具
QIM	2017年8月	社交平台
音兔	2018年1月	音乐短视频平台
DOV	2018年1月	社交分享平台
腾讯云小视频	2018年5月	短视频编辑工具
企鹅看看	2018年5月	个性化推荐短视频应用
下饭视频	2018年5月	横屏短视频应用
腾讯时光	2018年5月	短视频编辑工具
yoo视频	2018年8月	精品短视频应用
哈皮	2018年11月	娱乐社区
酱油	2018年11月	游戏社区

图 1－8 腾讯短视频产品矩阵

图 1－9 “头腾大战”

腾讯系的产品之所以落后于头条系产品，一个很重要的外在原因是网络升级带来的时机。腾讯入局虽早，但却缺少支持，中间停顿发展的腾讯微视，没有赶上短视频爆发的第一阵风，因此没能在第一时间抢占用户；而入局更早的快手短视频，则受制于界面风格和算法机制上的弱势，使得抖音短视频顺利实现弯道超车；如今遇上了短视频内容升级、5G 时代即将到来的关键时刻，快手短视频想要迎头赶上，必须进行大刀阔斧的改革，但受制于尾大难掉，反而容易错失 5G 时代的第一波用户红利。这恰恰也是快手在一二线城市完败抖音的原因所在。随着春节返乡潮的到来，那些身处一二线城市的抖音用户无疑将成为抖音向三四线城市推广的主力先锋，届时，快手将面临又一波的用户流失。

其内在原因是建立在头条算法基础上的上瘾推荐机制和竖屏带来的用户体验，精准抓取了用户喜好，同时产品将音乐、视频、美颜等功能融为一体，内容的创新性和多元化，促使抖音短视频更能够牢牢地吸引用户。

抖音的内容分发机制让普通用户拥有“一夜爆红”的机会，让优质的、创意性极强的内容始终拥有曝光的机会。因此，在短短一年中，抖音平台涌现出“代古拉 K”“七舅脑爷”“一禅小和尚”等一系列代表性 IP。抖音也从最初以舞蹈、音乐为主的短视频平台转型升级为“记录美好生活”的内容多元的平台。

另外，抖音主动邀请专业的内容创作者、MCN 机构、有表现力的素人，共同构建平台的内容生态，同时稳抓商业变现的道路，实现内容多元和利益驱动“两条腿”同步发展。在母公司多年的海外视频营销经验沉淀以后，目前英虎网络旗下的抖抖红平台（www. doudouhong. com）积累了大量红人资源以及内容营销经验，通过优质视频制作和精准的广告投放，已帮助 1000 多位商家，销售转化达到 300%。伴随着抖音短视频平台商品橱窗、购物车、鲁班电商和值点电商功能的开通，直播功能的流量倾斜，不仅预示着抖音欲登上顶峰的决心，并向个人及企业提供更加多元的变现思路和方式。

除此之外，抖音还积极响应政府号召，在旅游、农业等领域开设专门的流量扶持，也极大地增强了平台的持续性增长势头。2018 年 7 月，今日头条举办了首届“‘三农’创作者大会”。会上推出的金稻穗计划，明确了抖音短视频在未来一年内，至少会投入 5 亿元作为补贴，扶持“三农”内容创作者。另外，今日头条还会招募 30 位“‘三农’合伙人”，给予价值 100 万元的站内流量支持。在推动贫困地区旅游业上，抖音短视频也是不遗余力。2018 年 11 月 29 日，抖音宣布正式启动“山里 DOU 是好风光”项目，助力更多贫困地区实现文旅扶贫（见图 1 – 10）。

图 1－10　抖音短视频助力文旅扶贫

通过多领域、跨地域的深层次推广，抖音短视频目前呈火爆状态，其成长速度几乎赶超了当年微信崛起时。如今，抖音短视频在社交领域不断深化布局，以巩固其自身壁垒。“抖音五分钟，人间两小时”的局面，在可预见的未来，仍旧不会有太大的变化，至少在短视频时代不会有太多改变。

1.5.3　新平台的加入，短视频的混战时代

目前，短视频平台上新的速度十分快，然而，当新入局者摩拳擦掌准备“大干一场”时，也有淹没在众多短视频平台浪潮中黯然退场的失败者，他们无时无刻不在提醒着每一位入局者，前方道路并不好走。某 MCN 机构的负责人感慨道：“国内做平台的比做内容的都死得快。”一款新产品面世之后，如果产品没有足够强大、新奇的功能，在资金层面不足以支撑平台运营发展，那么很难取代目前抖音短视频和快手短视频的位置。

贝壳视频的前渠道运营人员小戴分析道：“如果现在推出的短视频产品还在模仿抖音和快手，基本没什么用。要是推出一个创新性极高的 App，可能我们还会去玩，但是如果还推出一个差不多玩法的，估计他们都不会去下载。”所以，新平台的创新突破决定了平台的生存状态，这会是诱惑用户关注平台的基础。所以，抢创意、抢用户、抢内容的战争只会愈演愈烈。

1.6 守江山难，抖音如何捍卫自己的地位

短视频平台的成长态势不可逆转，在这样的趋势之下，新平台的出现只会增加而不会减少。虽然抖音短视频 App 目前是用户量最多的短视频 App，但是谁也不能保证未来不会出现一款更加贴合用户属性、更能博得用户喜爱的产品。因此，抖音短视频为保其地位，在未来也只能不断迭代与更新，给予用户更好的使用体验。

（1）嵌入更多的社交元素，增强用户黏性：推出类似微博、微信的功能，比如“你关注的人点赞过的视频”“共同关注过某个人的粉丝所发布的视频”“你的好友点赞过的视频”等。

另外，在 2019 年 1 月 15 日，抖音短视频升级了平台自身的“私信”功能，并推出了独立的短视频社交 App——多闪。据多闪的首位产品经理徐璐冉表示，多闪的出现是为了解决用户沟通交流的需求，抖音短视频虽然已经嵌入广大人民群众的生活当中，用户量的飙升足以证明这是一款成功的产品，但它也存在着一定的不足，当用户在抖音上看到某些优质视频以后，想与内容创作者产生互动仅能通过评论或是私信，多闪的出现可以说是弥补了用户与创作者间无法进行一对一交流的缺陷。

多闪 App 的特别之处在于，它主打短视频社交。与目前广为人使用的 QQ 和微信的图文交流不同，人们通过多闪可以随时随地地拍摄短视频，然后分享给自己的好友，通过画面、声音和文字等更多维度地展示自己的生活。另外，多闪中还嵌入了贴纸、特效以及表情包自动联想功能，丰富了用户的交流内容，也降低了制作视频的门槛。值得注意的是，多闪 App 在设计的时候并没有推出类似朋友圈、点赞或者评论的功能，同时发布的视频在 72 小时后也会自动设置为“仅自己可见”，足以证明多闪在尽自己的全力为用户营造一个可以肆意展现自己的舞台。

还记得微信 6.5.6 版本更新，并悄然开通了朋友圈“仅三天可见”的功能以后，越来越多的用户开始选择使用这个功能，并以此在熟人社交当中寻找到一个平衡点。多闪 App 的这项功能，能够让用户在放肆发泄完本我以后“重新做人”，这也是击中大量用户痛点的一项重要功能。此外，多闪在陌生人社交上也有一定的限制，打开多闪 App，点击“世界”，能够看到许多陌生人上传的视频，与抖音有点类似，不过在多闪中不能直接点赞或评论，如果想联系视频的内容创作者，是要点击进入好友界面私

信作者的，同时私信也只能发送 3 条信息，这种有一定空间却又有所限制的陌生人社交，能够让用户交到自己真正想认识的朋友，而无须浪费时间去应付一些自己不想了解的陌生人。

当前，抖音短视频也利用自己沉淀下来的用户不断为多闪 App 导流。多闪 App 的主要目标用户群是专业的内容创作个人、团队或是企业。引导这些拥有千百万粉丝用户群的大号，将其抖音短视频账号当中的粉丝用户引导至多闪 App 中，养成自己的“私域流量”，与粉丝用户进行一对一的深入沟通，并逐步形成一个流量闭环，这是常见的做法。在 5G 时代，这两款产品的深度结合与各自的运营发展极有可能成为下一个风口。

（2）迭代社交算法，增加基础用户的视频曝光机会：目前抖音短视频的推荐机制主要以机器 + 人工审核为主，通过用户画像，为不同的用户推荐不同标签的视频。而通过迭代社交算法，可以增加基础用户的视频在“交际圈”的曝光度，增强用户创作视频的欲望。

（3）以利驱动商业变现，充分激发商家和内容创作者的推广力度：虽然抖音目前也有增加购物车、抖音小店等利于商家和内容创作者变现的渠道，但是这还远远不够，与商家、内容创作者深度合作，线上和线下进行推广，实现持续获利，才能给予商家和内容创造者广泛宣传和推广抖音短视频的利益驱动，抖音才能实现持续火爆。

（4）加速邀请明星入驻，增加平台影响力：明星本身就是自带流量的人群，推动明星的入驻，诱发用户的模仿跟拍，继而达到二次传播的效果，可以吸引大量的粉丝用户群体加入并起到全民模仿的效果，不仅能增强抖音短视频的产品认知度，更能为抖音的用户增长奠定基础。

（5）强化自身的造星能力，培养更多原生网红：“摩登兄弟”“兔子牙”“代古拉K”“惠子”等，这些原生网红一方面能够在平台内持续创造优质内容，提高平台自身的内容质量，另一方面能够培养一定的粉丝用户群体，增强用户对平台的黏性。

（6）举办形式多样的推广活动：如音乐赛、科普竞赛、校园达人等活动，这样可以刺激更多的用户参与创作，为用户提供新的创作灵感。这不仅提升了用户的活跃度，也提高了用户的黏性，而且用户觉得有趣好玩后还会推荐给身边的人，带来用户的新增。

2

弯道超车的抖音，不难懂

短视频各平台在进行零和博弈，平台内的内容创作者也在彼此竞争。在成为拥有数百万乃至数千万粉丝的网红路上，有人成功，甚至成为拥有超越一线明星粉丝的网红；但更多人则是失败，成为千千万万普通用户中的一员。若想玩转抖音，必须先了解抖音。

2.1 抖音短视频领域的基本分类

随着抖音短视频平台的不断发展，目前抖音短视频领域的内容池从大范围划分可分为10类：轻松娱乐类（占25%）、新鲜事物类（占12%）、时事热点类（占12%）、技能展示类（占11%）、高颜值类（占9%）、产品展示类（占8%）、情感共鸣类（占7%）、实用知识类（占6%）、萌娃萌宠类（占6%）和其他类（占4%）。类目与类目之间的分界并不明显，许多内容创作者习惯同时设计2～3个维度。这是可以的，但需要注意的一点是，维度越多并不能证明这个视频越好，反而会导致系统无法识别该账号的从属类别，进而影响视频的播放量、点赞量和评论量，从而导致这个视频无法获得比较好的推荐。

另外，通过分析这些标签之下的短视频不难发现，每一个标签都有其特点，比如：

（1）高变现价值：技能展示类、产品展示类、实用知识类、新鲜事物类。

（2）操作较容易：轻松娱乐类、时事热点类、高颜值类、萌娃萌宠类。

（3）生命周期较长：时事热点类、技能展示类、高颜值类、情感共鸣类、实用知识类。

2.2 红海 or 蓝海？了解通透就是钱海

选择做什么样的内容，对于一个抖音账号的成长来说至关重要。一旦定位清晰、内容确定，做爆款视频的前路也会更明确。学会辨别抖音短视频上的内容，了解它们的成长和竞争态势，对于自身制作账号内容有着更强的指导性。

2.2.1 红海品类：始于颜值，忠于才华，陷于人品

抖音上对红海品类的判断标准很简单，只要打开抖音，就一定会刷到搞笑段子，颜值好、舞蹈棒的小哥哥小姐姐，这些都属于抖音中的红海品类。众所周知，抖音带火了很多集才华和颜值于一身的小哥哥和小姐姐，比如“兔子牙”“M 哥”“代古拉K”等，他们基本都拥有姣好的颜值、突出的个人特色以及特有的才艺技能。在颜值才艺类榜单位列前十名的账号，都收割了超过千万级别的粉丝，拥有几百万粉丝的颜值才艺类账号也比比皆是。

但是，这并不意味着长得好看在抖音上就一定能火。有时，在抖音上你看到一个颜值高的小姐姐，点击进入其账号主页后，会发现她的粉丝并不多。因此，在头部账号粉丝量级如此庞大的情况下，后来者如果没有什么不同点，是很难赶上并突破前人的。因为目前抖音上并不缺少帅哥美女，缺的是有特点的小哥哥和小姐姐。比如图 2－1这个账号，小姐姐长得非常好看，但是与颜值类的头部账号相比，其粉丝数的差距是非常大的，所以，目前抖音上缺少的是有个人特点的高颜值人群。

除了这些素人达人之外，还有一个不容忽视的群体，就是明星。明星本身就自带庞大流量，他们的存在抢占了这个类目的大部分流量。

另一类比较突出的红海品类是美妆类，这个品类涵盖了化妆品、服装和日化等。在抖音上，像“张凯奕”“颜九”等拥有几百万粉丝的美妆类账号特别多。这一个类目在抖音上的火爆，很大程度是因为它直接与商业变现挂钩。很多这类账号都会直接在视频内容上做推广，或者在后端直接实现变现。因此，美妆类账号吸引了非常多的商家入局，这也是很多 MCN 机构必抢的类目。但是，由于数量太大，导致竞争异常激

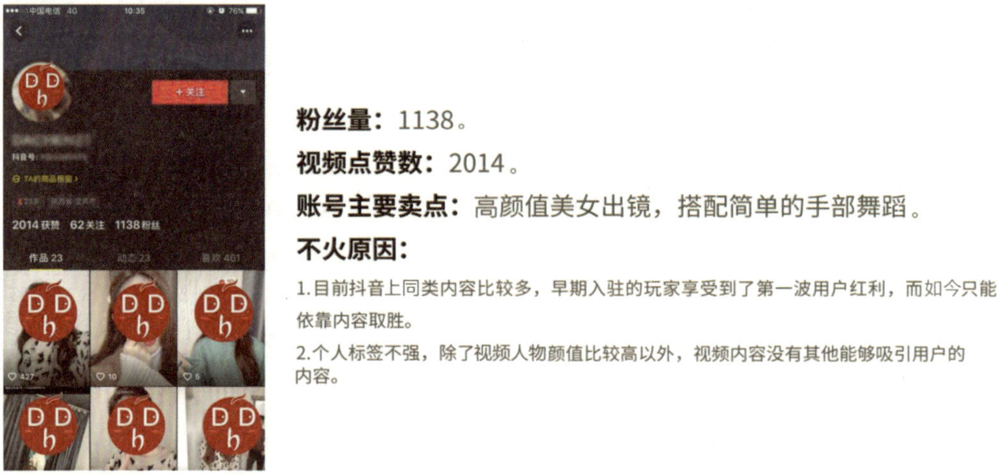

图 2-1　高颜值美女账号不火原因简介

烈，而同质化内容太多，因此目前在这个领域要脱颖而出的难度很大。

搞笑段子剧也属于抖音短视频的一个红海类目，在这一个类目之下，又细分为段子剧、职场剧、搞笑爱情剧和土味情话等。如大家耳熟能详的“一禅小和尚”“papi酱”“尬演七段”等，都是这个类目的佼佼者。值得注意的是，过去简单的一句土味情话就能引起千层浪。但是，随着抖音短视频平台上的优质内容越来越多，用户对内容的要求更高、笑点会更高，内容创造者面临的挑战将更大。

萌宠类是抖音短视频平台中的另外一种红海品类。在广告创意中有着3B原则，即beauty（美人）、baby（婴儿）和beast（宠物），以此为表现手段的广告符合人类关注自身生命的天性，最容易赢得用户的注意和喜欢①。这个原则同样在抖音短视频中适用。比如“会说话的刘二豆”，内容创作者每日记录两只萌猫的日常，通过剧本创作为它们配音，将动物拟人化，吸引了4000多万粉丝。此后，有很多参考它做动物拟人化的账号，也获得了非常可观的数据。不过，这个类目的门槛比较高：有一只接受过训练的萌宠是做这种类型账号的大前提；另外，宠物类账号在变现上比较困难，一般只能给宠物店和与这类萌宠相关的电商店铺引流。

2.2.2　蓝海品类：更垂直、更细分、更专业

在抖音短视频上内容比较稀缺的类目，称为蓝海品类。相较于红海品类，蓝海中的竞争对手会比较少，只要它满足了传播的基本条件，在抖音上就能获得比较好的

① 引用美国广告大师大卫·奥德威的广告创意3B原则。

流量。

母婴类的内容在抖音短视频中比较稀缺，这个类目之下包含了育儿知识、亲子教育等。这个类目在抖音上其实很有优势，举个例子，在“双微”时代就已经积累了大批量粉丝的“年糕妈妈”（见图2－2），算是母婴类的一个大IP，“双微”中收获的成功让她的账号在短期内就获得了300多万粉丝。另外，在抖音短视频内，“年糕妈妈”这个账号的出镜人是创始人李丹阳，这增强了整个视频内容的可信度。虽然“年糕妈妈”视频的点赞数不高，但是她的粉赞比[①]达到了0.42，证明账号的吸粉能力是很强的。通过上述数据可以看出，这个类目做得较好的“年糕妈妈”也只有300多万粉丝，其粉丝数相较于红海类目的千万粉丝级别少很多。所以，目前这个类目之下还没有出现头部大号，而且该品类内容的粉丝用户更为精准，要么是年轻的辣妈，要么是待孕者，她们对此类账号的产品推荐需求极大，在日后的变现上也更加容易。

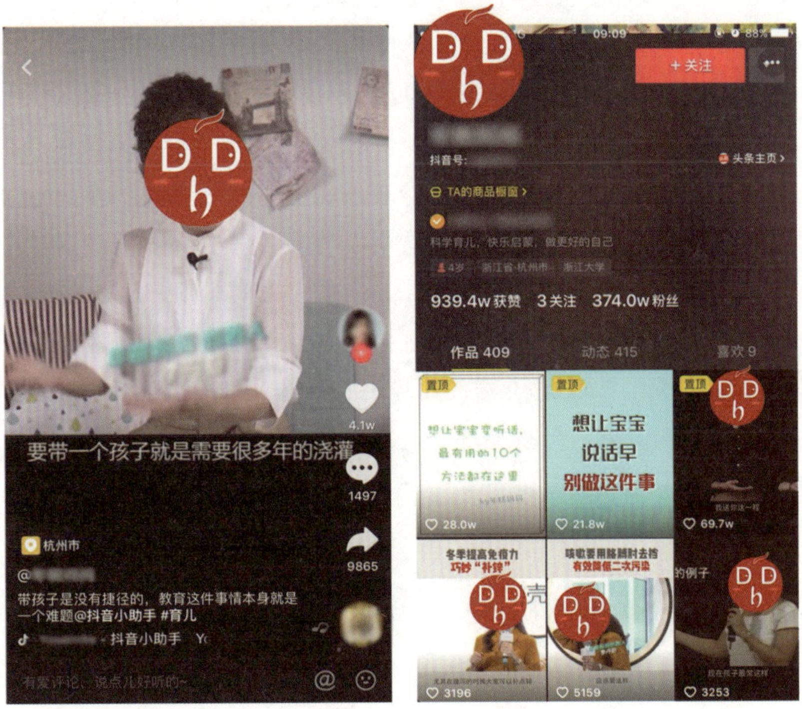

图2－2　抖音上的母婴类账号

旅游也是抖音短视频中的蓝海品类，主要涵盖新奇事物、美好风景等内容。抖音曾经带火了很多城市，如重庆、西安、成都、茶卡盐湖、洱海等，它们被评为抖音上

① 粉丝总量与获赞总量的比值，代表的是账号受到粉丝喜爱的程度，可以用来判断账号的吸粉能力。0.1是一个普通参考值，0.2～0.3代表账号吸粉能力不错，0.4～0.6代表账号吸粉能力很强。

“最抖”的城市和景区，大部分在这些网红景点打卡的视频，都会得到不错的点赞量。此外还有真正的旅游类红人，这类型的视频风格偏向于视频博客，注重体验，内容大部分是在旅行路上的所见所闻，再添加一些自己的讲解。虽然视频制作比较粗糙，但却能够轻易地把观看的用户带到内容当中。不过，因为旅途中所产生的费用都是由红人自己承担，所以红人的拍摄成本非常高。

另外，实用知识也是抖音短视频中不可小觑的一个蓝海类目。它包括实用技能、知识科普等。当前我们处于信息爆炸的时代，人们对冷知识、实用技巧的求知欲望十分强烈。此外，目前国内经济处于平稳发展阶段，相较于此前高速发展阶段而言，现在的职场人士所面临的竞争压力愈加增大，所以学习专业知识的需求也在不断增加。还有，“时间黑洞”的形容既是对抖音短视频的肯定，同时也表达了对抖音短视频比较浪费时间的负面评价。但是，当平台结合实用知识之后，用户能够在刷抖音的过程中学习到干货，这是抖音向良性平台迈进的一个趋势，也是这类内容比较受粉丝欢迎的原因之一。所以，一些分享 office 软件小技巧、PS 知识类还有知识科普类的账号吸粉能力是非常强的，如“双微”时代的知名账号“丁香医生”也入驻抖音，短短几个月时间就吸纳了 500 多万粉丝。

总的来说，在目前抖音的整个内容生态中，处于红海品类的搞笑段子类和颜值类的吸粉能力在持续下降，这主要是因为在内容质量不断提高的情况之下，抖音用户的审美也提高了。而且，这两个类目的同质化内容很多，对于用户来说会产生审美疲劳。所以，面对要求的提高，原创内容的难度也会增加。萌娃萌宠类和新鲜事物类的增长态势基本持平，但是粉丝黏性比较差，而且拍摄成本居高不下，因此变现比较困难。蓝海品类方面，实用知识类、母婴类等垂直细分领域增长比较明显，粉丝黏性也较强，但是成长速度相对来说比较缓慢。

2.3 红海杀出的是英雄，蓝海杀出的才是霸主

面对抖音短视频庞大的流量池和众多头部大号漂亮数据的诱惑，绝大多数普通人在建立账号之初都会有一夜爆红、日涨万粉的憧憬。但是实际上，在抖音短视频平台逐渐成熟的今天，越来越多优质内容出现，要想在这里杀出一条血路，将自己的账号打造成吸粉能力极强的账号，并不是一件容易的事。因此，在做账号之前不妨了解一下其他成功账号是怎么炼成的。

2.3.1 红海中如何杀出血路

在同质化内容越来越多的今天，要想突围而出就要让用户记住你、关注你。你可以从以下几方面努力。

在运营层面上要多关注头部账号的数据，从这些账号的内容中发现它们的不足，并另辟蹊径开拓一条新的道路。举个例子，目前市场上有很多不同品类的车，如日系车、欧系车等，它们虽然都是汽车，但彼此自成一派：日系车更省油，但比较轻；欧系车则质量更好，设计严谨。同理，运用到内容层面上也是一样的。如果做内容找不到自身的差异和优势，那么很容易淹没在同质化内容中。因此，在做账号之前，可以收集同类内容的前 100 名账号进行对比，分析它们的优缺点。比如对内容的呈现方式、文案的撰写风格、表演风格、爆款视频下的粉丝评论等，进行详细的分析。这样做可对建立一个账号、规划账号内容有更加直观的参考，同时能够更加接近目标用户群体，了解粉丝用户的心理，然后结合自身的情况，找一个方向切入。

在内容创作层面上可以多关注百度指数、微信指数、微博指数等工具，这对于内容选题的把握有一定的参考价值，原因在于这些指数工具可以帮助大家判断内容热点的走向。曾在“双微”爆红的内容，同样也会在短视频平台爆红，只是内容的呈现方式发生了改变。

进入红海领域，最好选择自己擅长的内容，并做精细化打磨。做自己了解和熟悉的内容，能够保证视频内容的持续性输出。比如，抖音号“老爸评测”，出镜人魏老

爸本人是国际化学品法规的专家，在创作抖音号“老爸评测”之前，他是一个拥有十年出入境检验检疫局实验室检测工作经验的专家。再看其账号内容，主要是用技术检测的方式深入剖析一些热门护肤品、食品的成分，或是讲述一些育儿知识的误区等。以下是他对九款 VC 产品进行测评的案例，最终他还为用户挑选出一款性价比最好的产品（见图 2－3）。

粉丝量： 682.8万。

该视频点赞数： 172.7万。

主题： 九款VC产品评测。

内容： 把时下流行的VC泡腾片、VC软糖、药店3.5元的VC片和98元的VC片等产品进行对比，将VC含量、钠含量、糖含量一一列出，最后得出了令人惊讶又让人信服的结论。

火爆原因：

1.内容实用，干货多，为消费者揭露了VC并不是越贵越好。

2.时下VC十分流行，因此VC是用户关心的热点内容。

图 2－3　抖音号“老爸评测”火爆原因简析

简而言之，这些都是魏老爸再熟悉不过的内容，不仅具有权威性，还能够持续输出类似的测评视频。因用户对其权威背景的信赖，“老爸评测”所带来的电商转化也是非常可观的。在“老爸评测”的账号中，两个关于面膜的测评内容累计获得 28 万左右的点赞数，而接受测评的面膜是“老爸评测”自己工厂生产的产品，并不是知名品牌。这 99 元一盒的面膜在他的淘宝店累计获得 22142 个评价，从售后的评价内容中可以发现，大部分的买家都是通过抖音短视频关注该账号后，导流到淘宝店铺中的。这样高的转化率，与“老爸评测”中出演人魏老爸的专业形象以及含金量高的内容息息相关。其严谨的内容打破了买家的日常迷信，让购物行为的产生不再依赖于用户的一时冲动，而是基于用户信赖而产生的理智选择。

如果说这类测评账号对专业知识要求较高，那么抖音号“面点大叔”则是相对比较容易操作的账号类型。这个账号主要是传授用户饺子、包子以及一些简单面点的制作方法，而且面点大师从未以真人出镜，视频的内容也没有进行剪辑和包装，但是账号内容实用，因此只用了 4 个月左右的时间，其粉丝量就超过了 60 万。

实际上，抖音上还有很多这样的例子，如配音达人、舞蹈达人、歌唱达人等，通过自身擅长的事物，并持续产出内容收获大量粉丝。因此可考虑以下几个问题：自己或者团队的优势在哪里？目标用户群体需要吸收什么类型的内容？在抖音短视频哪个类目开展效果会更好？当考虑清楚这些问题，并深入研究其他同类型的账号以后，你对于运营一个抖音账号会更加得心应手。

在红海拼出一片天地，还要做到重视抖音上的挑战赛和热点话题。参与这些活动的好处是可以帮助你快速涨粉、开通发布长视频等权限。另外，这也是了解目前爆款热点、提升自己对爆款内容敏感度的风向标之一。此前，抖音上关于“戏精”的话题有 15.2 亿次的播放量，虽然这个话题的发起者并没有火，但她的视频被列为精选视频。而话题下的其中一个跟拍者却火了，其单条视频获得了 200 多万的点赞，也就是说，发起者和参与挑战者不一定都能火，但是却增加了整个账号火爆的概率。

另外，要养成每日查看抖音热搜、DOU 听音乐榜、热门话题榜的习惯，时刻关注抖音短视频的官方账号，比如“抖音小助手”“竖屏广告头号玩家”“DOU + 官方账号”“抖音能量站”“抖音广告助手”等。这些账号能够帮助视频内容创作者把握内容尺度、优化产品植入、跟踪平台注意事项、收集参考模板等，并提供大量的灵感素材。图 2 – 4 为部分抖音短视频的官方账号。

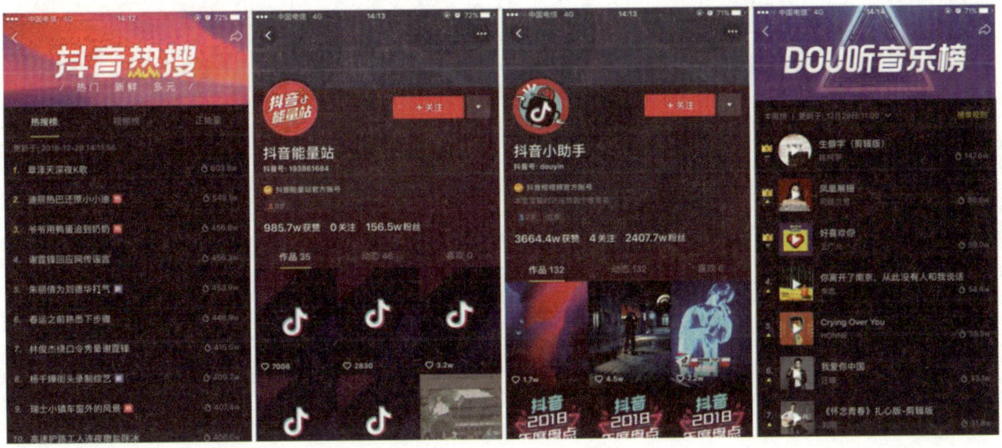

图 2 – 4　部分抖音短视频的官方账号

2.3.2　蓝海中如何深度布局

相较于竞争激烈的红海品类来说，蓝海品类会“祥和”一点。但是，在蓝海中布局之前，需要先理清楚自己即将要做的内容到底是属于蓝海，还是死海。简单来说，网红产品测评是蓝海，但纯粹的产品展示或直接推销则是死海；做养生实用知识科普是蓝海，但推销迷信邪恶的养生方法则是死海。

因此，一定要充分了解和调研自己所做的内容，结合用户的接受度及他们喜欢内容的风格，再投入时间和精力去做账号。

不过，在抖音海外版 Tik Tok 上情况也许完全不一样，因为不同国家的 Tik Tok 用户群体不一样，偏爱的内容风格也不一样，所以，国内的红海品类在国外也有可能是蓝海品类。另外，深耕某一个国家也是一个比较不错的选择，比如专门展示泰国的奇葩产品、日本的神奇发明，或是把中国的产品、文化传播到国外去等，都有可能获得意外的收获，这里就不详细解说了。

回到蓝海布局上，如果确认了自身内容符合蓝海基本条件以后，在账号定位时，要寻找更垂直、更细分、更专业的领域。比如：专注母婴品类的“年糕妈妈”，注重科普医学常识的“丁香医生”等，它们都是在自己熟悉的专业领域进行精细化打磨而成长起来的大号。另外，如果在长时间观察抖音短视频后，发现有些比较大的类目还没有人在上面深耕，那么可以先发制人，抢占这些内容，取得一定数量的粉丝，成为该类目之下的头部大号。

在内容设计上，要贴合用户的口味，抖音短视频的 slogan 是“记录美好生活”，因此，做内容的时候要特别留意“美好”“正能量”这样的标签，因为抖音官方对优质、正能量的内容十分青睐，而用户也喜欢观看美好的、积极向上的短视频内容，这样更加能够引起大众的情感共鸣。

虽然蓝海品类之下账号获取粉丝的速度不如红海品类，但是，小众不代表没有观众，只要做到极致，也有突围而出、弯道超车的可能。比如“秋叶 Excel”，一个分享 Excel 技能的抖音账号，其就获得了 400 多万粉丝，这足以证明这类型的实用知识分享也被很多用户接受并且喜欢。同理，一些 PPT、AE、PS 等软件的实用教程也同样能够吸引用户的关注。这样在蓝海布局上，就可以通过矩阵裂变抢占类目的靠前位置。

2.4 读不懂抖音算法，还敢用它引流

不同的平台有不同的算法规则和玩法，抖音平台的算法规则是指引大家创作视频内容的风向标，也是打造爆款视频必不可少的入门钥匙。如果在创作内容的过程中忽略了这些算法规则和推荐机制，那么一个账号的建立和运营基本上是在白费功夫。

2.4.1 中心化 vs 去中心化

在谈论到平台流量算法推荐机制的时候，不得不提起两个大家耳熟能详的名词：中心化和去中心化。目前人们对于这两个名词是怎么定义的呢？简单来说，中心化分发机制的概念是：依靠机器对内容进行判断，将内容创作者的视频推荐给可能对该内容感兴趣的人群；去中心化分发机制的概念是：用户依靠自己对视频封面和标题的判断，决定是否打开视频进行观看，如果用户在观看过程中对视频满意，从而进行互动操作，将有助于系统将该视频放置在首页的推荐列表，有机会让更多的用户浏览到该视频。在去中心化算法中，最典型的就是微信公众号文章，用户是否打开文章取决于用户自己对标题和封面的兴趣度。

因此，可以理解为中心化分发机制易于让红人更红，一旦内容创作者制造出爆款视频，其所获得的曝光量和涨粉速度都比较快；而去中心化分发机制则流量更为平均，优质内容即便依靠“同城”和“附近”的推荐机制上到首页推荐，也同样受制于用户的自我选择，被用户点击打开的概率远远低于中心化分发机制，涨粉也较为困难，但由于对内容的喜好是基于用户的自主选择，粉丝用户的黏性相对较好。在去中心化分发机制的平台做内容产出，需要与已有粉丝用户进行积极互动，维持账号的活跃度，提高粉丝用户的黏性，从而进入首页的热门推荐栏，增加曝光率。对于内容创作者而言，基础粉丝越庞大，上热门优势越明显。如果在中心化分发机制的平台做内容产出，那么在内容策划上不仅要迎合用户的喜好，还要获得系统算法的青睐；因此，内容创作者所面临的竞争会更大，不论是头部达人，还是普通的内容创作者，他们都处于同一起跑线。在系统的推荐算法面前，区别只在于粉丝量较多的头部达人，其自有的粉

丝用户会收到系统的新视频提醒消息，因此基础的播放量、点赞数、评论量和转发数等互动的数据较高，让其他用户在看到该条视频时，潜移默化地被视频的这些数据影响，更愿意看完该条视频。因此，可以说，中心化分发机制更具公平性。

2.4.2 抖音算法推荐机制大曝光

若能够把抖音短视频的算法规则和推荐机制读懂和玩透，就能够为爆款视频的打造奠定一个坚实的基础。因为只有在平台的规则之下进行内容创作、产出和运营维护，才有可能得到平台的青睐并推荐给广大的用户群体，为吸引大量粉丝用户群提供有效的保障。

2.4.2.1 抖音三大算法推荐机制有什么好处?

抖音短视频的算法推荐机制，是建立在今日头条的算法推荐机制基础之上的。也就是说，从用户注册抖音号的那天起，系统就会给用户推送不同类型的视频，并根据用户在每个视频上停留的时长、点赞、评论和转发数据，统计出用户对哪些视频感兴趣，当用户画像逐渐清晰后，抖音短视频会根据这些画像为用户推荐他感兴趣的视频。所以，只要用户打开抖音刷视频，基本上看到的都会是他喜欢的内容。因此，作为内容创作者，最重要的是要为自己的账号定义一个标签，让系统清晰地了解你制作的内容是属于哪一个类别的，这样系统才可以准确地把你制作的视频推荐给喜爱观看这一类内容的用户。举个简单的例子，平时如果你只对娱乐搞笑类的视频感兴趣，那么，系统就会一直为你推荐娱乐搞笑的视频，这就是头条系产品能够取得成功的算法优势，同时，也是抖音短视频“上瘾原理”的底层逻辑。

此外，抖音短视频还依赖于社交推荐。这个比较好理解，每一个人都有自己的社交关系网，在注册抖音账号的时候，平台会需要用户提供手机号，并提醒用户绑定微信、QQ和微博等，这些社交应用包含了用户的熟人关系网，那么系统就会从用户的通讯录好友中统计出该用户的好友喜欢看的视频内容，并推荐给用户收看。一方面，因为志趣相投的人更容易走到一块，朋友、亲人喜欢的内容，多半用户自己也会喜欢；而另一方面，这也是抖音短视频平台在为日后的社交布局。平台的生命周期始终有限，用户亦不会长期留在一个平台内，但是有了熟人关系这一层内因在，就能够增强用户的黏性，在留存已有用户的同时也带动新用户加入。另外，抖音也达到了“用户召回”的目的。在网络开发界，类似的操作是行业公开的秘密，就是当一个用户觉得刷抖音太费时间、不再刷抖音的时候，抖音借助该用户的一些熟人关系，将该用户召回。这种操作本身也能给抖音的活跃度带来积极的影响。比如你知道你的闺密喜欢旅游，系统也知道你的闺密喜欢旅游，那么系统就会把热门旅游景点的视频推荐给你，你看到了视频，再把视频推荐给你的闺密，你的闺密本来今天可能不想刷抖音的，结果一看到你的分享，就刷起抖音来了，于是她又在抖音上花费了一两个小时。

抖音的编辑推荐机制同样让人不可小觑。最早并且用得最多编辑推荐机制的是新浪微博，这是中心化分发流量平台所特有的一种推荐机制。依靠人工审核对所发布的内容进行判定，将有潜力但尚未爆发的优质内容或者是与平台提倡价值相符合的优质内容推荐给更多的用户，从而在算法推荐的基础上，增加额外的曝光机会。此外，编辑推荐也是抖音短视频平台自身实现变现的途径之一，例如：DOU + 推广①和信息流广告就是将原本在算法推荐之下没有火爆的内容，推荐给更多的用户群体。

2.4.2.2 冲进抖音的各个流量池

在了解完抖音平台的系统推荐机制后，并不代表已经完成任务、可以出师了。要玩转抖音短视频，还要清楚抖音内的算法推荐是如何运行的，这才算得上是高级玩家。唯有突破所有关卡，才能击破视频不火的败局。

短视频的火爆与否除了与推荐机制相关以外，还跟抖音短视频的分发机制有着紧密的联系。留意分发过程中的每一个步骤，留意细节才可以让爆款视频来得更加容易。

随着内容监管力度的增大，抖音短视频平台目前的审核机制也从过去的先机器审核再到人工审核，改变为机器和人工审核同步进行，短视频在审核通过后才算发布成功，抖音系统才能顺利地将该条短视频优先推荐给距离账号最近的周边区域用户收看。打个比方，系统会优先给附近区域的 200 个用户看，然后根据这 200 个用户对这条短视频的反馈结果，系统会对该条视频的质量进行判断（即统计视频的完播率、转发率、点赞率和评论率）。大多数新建立账号的抖音玩家往往会忽略这些数据，只想着一蹴而就，这样的做法不仅不会得到平台的青睐，还有可能让账号的权重降低，被平台限流。

如果该条视频参与了抖音平台上的某个热门话题或者某个挑战赛，那么系统会把这条视频优先推荐给那些参与过该话题或挑战赛的用户。这里需要注意的是，参与过话题或挑战赛的用户不仅包括拍过这个话题的视频内容创作者，还有给这些话题或挑战赛视频点过赞的、评论过的及转发过的普通用户。所以说，这里其实是一个巨大的流量池，倘若该条视频质量不错，那么这个视频大概能获得 1000 及以上的播放量。如各项数据呈正向发展状态，那么该视频将有机会冲击更多的流量池。但是，如果视频无法通过审核，那么该视频将不会得到任何推荐，甚至连基础流量都没有。因此我们在制作视频的时候一定要格外小心，不要违反平台规则。

---

① 抖音短视频自身开发的视频推荐功能。

2.4.3 算法之外，抖音爆款的四大方法论

纵观抖音短视频平台的爆款视频，虽然内容不尽相同，但在进行了分析后，可以发现它们还是有一定的规律可循的（见图2－5）。

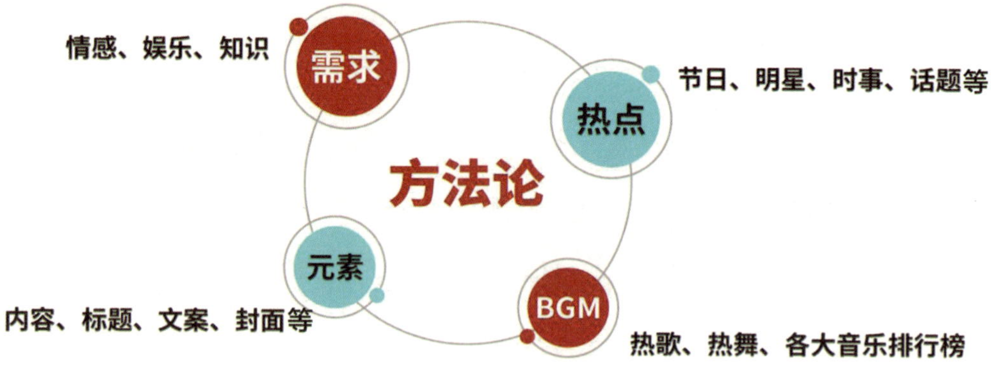

图2－5 抖音短视频上爆款视频共性规律

一个爆款视频必然满足了用户的情感需求、娱乐需求或是知识需求等。比如亲情、爱情、友情等，这类情感往往最能够勾起用户的共鸣感，进而吸引他们的关注；而娱乐需求也有很多，在烦闷的现实生活之中，人们易受到娱乐刺激而放松精神；知识需求则能够满足用户的求知欲、增强技能或是帮助认知世界。

热点式的内容在抖音上的表现同样不错。在抖音上紧跟热点的内容，其火爆概率是普通内容的4倍。所以，这要求内容创作者对时事热点有敏锐的触觉。在寻找热点话题的时候，注意不要局限于抖音平台内的，那些在微博上的热点，其实也会很快成为抖音上的热点。因此可以说，抖音上的热点不一定是全网的热点，但全网的热点一定是抖音上的热点。

善用元素，包括视频的内容、标题、文案、封面等。正如好的产品包装会获得更多人的青睐一样，一个优质的视频内容同样也需要足够吸引人的文案、封面和标题，这样更多的用户才会去关注它。

背景音乐是抖音短视频中不可或缺的组成部分。最开始的时候，抖音标榜自己是一款专注新生代的音乐短视频社区，并且带火了很多抖音神曲，例如《小星星》《学猫叫》《生僻字》等。合适的音乐更能够带动用户的情绪，所以抖音账号在选择音乐上，也要格外用心。

2.4.4 爆款视频必有的四大原则

在抖音上，有两种内容是绝对不可能火的。第一种是完全失去自己风格的内容，看到什么视频流行就跟拍什么；第二种是自嗨型内容，顾名思义这类型的内容只顾着一个人的狂欢而忘记了用户。因此，在了解完方法论之后，记住抖音上的爆款视频四大原则（见图2-6），能让爆款离自己更加接近。

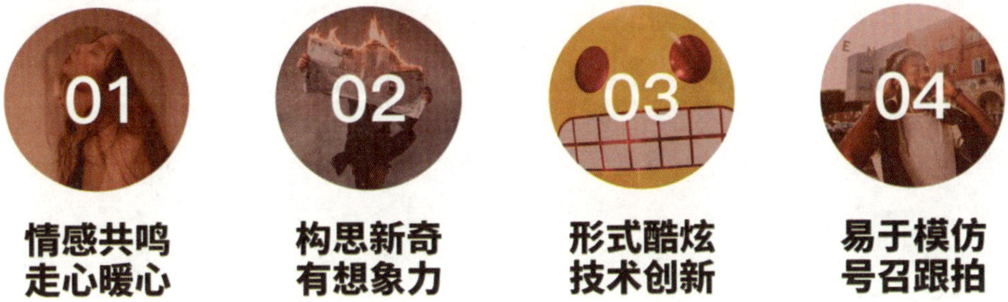

图2-6 抖音爆款视频必有的四大原则

一是以情感带动用户，引起用户共鸣，多做走心、暖心的内容。正能量的内容无论在哪个平台都是提倡的，抖音也不例外。而且抖音上的用户，基本都喜欢观看美好的事物，因此，正能量内容也很容易引起大家的共鸣。二是构思新奇、富有想象力、让人感到意外的内容，也能吸引用户。三是视频形式酷炫、技术创新的内容，也受人追捧。举个例子，抖音上的技术流大咖“黑脸V”，他的个人标签非常明显，特效酷炫，并且开创了很多新奇玩法，此外，他在制作视频内容的时候也会植入很多正能量的内容，且多条视频都达到了500万~600万的点赞。四是视频内容要简单易学，易于被粉丝模仿跟拍。

总的来说，一个爆款视频，往往需满足以下几个条件（见图2-7）：

图2-7 短视频爆款创作的层级分析

最后，在做视频的时候，要重视分析，记住一条规律：火爆的只是个例，不是每一个视频都能火，但必须坚持做。

本书编委成员在统计了数千万个视频后，认为以下这些内容更容易成为爆款视频：

（1）官方挑战赛和官方话题。

（2）励志的话题。

（3）公益的话题。

（4）情感类的话题。

（5）小争议的话题。

（6）全网热点。

而以下这些内容则必须回避：

（1）黄赌毒、荤段子。

（2）虐待动物、人的视频。这里简单举一个例子，在抖音上有一条颇受争议的视频，视频中一只猫跑到滚筒洗衣机内被困住了，当时舆论一边倒地认为视频发布者在虐待宠物，但实际上是猫自己走进去的，而且猫也没有受到伤害。在遇到这种情况的时候，一定要做好文案的铺垫或者是评论区的引导，不然很容易导致误判而被封号。

（3）炫富的视频。

（4）违背道德人伦的视频。

（5）辱骂挑衅、言语攻击的视频。

（6）影响公共秩序的视频。

2.5 五大招数教你用抖音赚大钱

无论是过去做微博、微信公众号还是现在做抖音短视频账号，其目的都很简单，就是变现。如图2-8所示，在比较了西瓜视频、火山小视频、抖音短视频和快手短视频的用户消费能力之后，我们发现抖音的用户高收入人群占比较大，消费能力也更强。

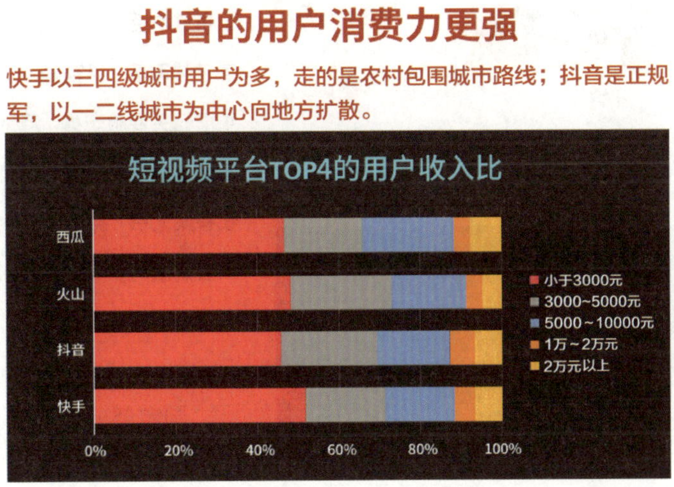

图2-8　短视频平台TOP4的用户收入比

回顾过去，在抖音上也有很多被带火了的产品，比如小猪佩奇手表，当时就有一句非常经典、传遍了大江南北的话——“小猪佩奇身上带，掌声送给社会人”。在阿里巴巴进货价只需4.5元的小猪佩奇手表经过抖音爆红以后，身价上涨了10倍不止，一天的利润高达10万元（见图2-9）。类似的产品还有很多，比如太阳花、兔耳朵帽子、薄饼机等（见图2-10），可见抖音短视频的带货能力之强，是目前其他平台不可企及的。另外，抖音不仅为电商平台带货，线下实体商铺也享受到了抖音平台的红利。比如在抖音上走红的答案茶，这款茶与普通茶最大的区别在于消费者可以在答案茶的腰封上写出心中的疑问，然后揭开茶盖，茶面上就会给出一个答案。这样简单的一个视频，让答案茶的加盟店在2个月内从0家签约发展到249家。

（在阿里巴巴进货价为4.5元的小猪佩奇手表，最开始的淘宝售价为49元，一天利润过10万元）

图 2－9　抖音上的部分火爆产品

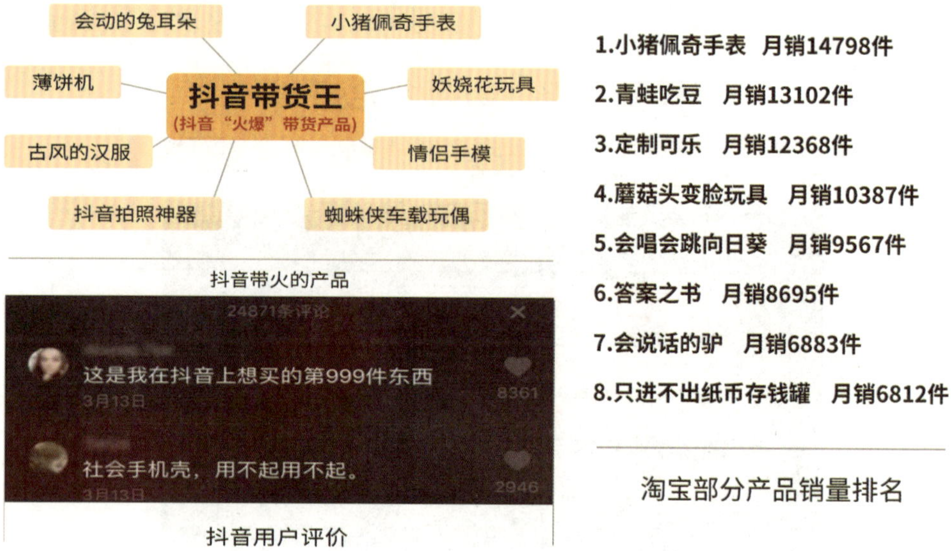

图 2－10　抖音上的部分火爆产品和淘宝部分畅销产品

因此，要在抖音上实现变现并不难。只要考虑清楚自己想变现的产品或路径，一般可操作性都比较强。总结一下，各类内容账号的变现难易度和变现渠道的现状。

当前短视频领域的广告收费现状是，垂直细分领域的抖音账号比娱乐搞笑类等抖音账号的广告收入高出 3 倍，而娱乐搞笑类、时事热点类、高颜值等账号的变现难度大，难以吸引广告主，需要依靠平台补贴、电商变现、打造超强 IP、承接线下商演和直播变现。萌娃萌宠类型的变现道路则更加窄，多数情况下只能与线下实体店结合、电商导流变现，若账号的视频风格不统一、粉丝数较少、每个视频的内容多且杂乱，则变现的概率更低。

2.5.1 广告变现的核心注意点

与过去电视广告强制观看不同的是，现在抖音上的视频内容受众喜欢就看，不喜欢就可以划过去不看。因此，用户对内容的选择权在自己手里。所以，除非广告内容很好看，而且植入比较巧妙，才会有人愿意花时间去看，不然基本上都是被用户划过去不看的。因此，首先，在抖音平台要少做广告，如果要做广告，那么就必须做软文广告，不然不仅达不到预期的效果，还有可能引发用户的厌恶情绪。

其次，产品的内容输出在设计上一定要突出卖点，最好只集中在一个点上做广告，如果卖点太多，不仅会造成内容冗长，而且会分散用户的聚焦点，反而无法很好地推广产品。同时，考虑到抖音平台自身的调性和用户画像，视频内容也要尽量做得有趣，不论是新奇神秘的脑洞剧，还是充满笑点的反差剧，都可以吸引用户看下去，提高视频的完播率。

最后，在评论区一定要有互动和引导，如果缺失这一部分，极有可能会为他人的产品作嫁衣。

想追求产品爆单的广告视频可以选择用搞笑段子剧的方式进行推广。这类账号无论是在哪一个视频领域都占有一定的席位，主要是因为它的目标用户群体非常广泛，无论是年轻人还是中老年人都热爱观看，另外，适当的剧情也更能够形成 IP 优势。与其他剧情内容较弱，纯粹以“秀”为主的账号相比，搞笑段子剧的模式让广告植入有更多可以发展的空间和可能性，不仅能够通过创意内容突出商品的独特卖点，产品的软性植入还能够减轻用户对产品广告的警惕心理。因此，搞笑段子剧是一种比较不错的广告植入方式。

其实，广告软植入的变现手段，抖音官方并不排斥，主要是因为这种方式一般不会引起用户太大的不满，同时，也没有存在为其他平台引流的行为。另外，这种变现方式能够为商家引流，也会更加刺激到线下实体商店或是线上网店，在利益的推动之下，让商家主动推广抖音。像海底捞就推出了抖音套餐，并且公司给全国员工内训配合需要拍摄抖音的食客，并提供抖音套餐给客户。而抖音官方也打造了一个“竖屏广告头号玩家”的账号，引导玩家如何正确地植入广告。这里还有一份全年营销节点可供商家参考（见图 2－11），足以证明抖音平台自身对广告植入是持支持态度的（见图 2－12）。

图 2－11　抖音官方全年营销节点

图 2－12　抖音广告变现案例

2.5.2　电商引流新玩法：一条视频 600 万元流水怎么做

这里，先给大家讲一个在抖抖红上做过的案例（见图 2－13）：一条视频所用的成本不到 4 万元，但是最终为某电商店铺带来了 600 万元的销售额。这个产品只是普通的眼霜，当时主要考虑采用对比的手法营造反差感，给用户形成强烈的冲击。所以，当时决定视频的内容是：教大家如何拍出网红大眼睛。

这涉及红人的选择，需要注意的是，红人的筛选并不是谁红就选谁，唯有适合才是最重要的。英虎网络作为视频营销服务商，有着优质的网红资源和创新的互联广告模式，在红人孵化、管理、挑选上有丰富的经验。因此，当时经过精挑细选后，最终选择了一个粉丝画像多为女性的红人，而且该人物 IP 以前发布的视频内容大部分是对

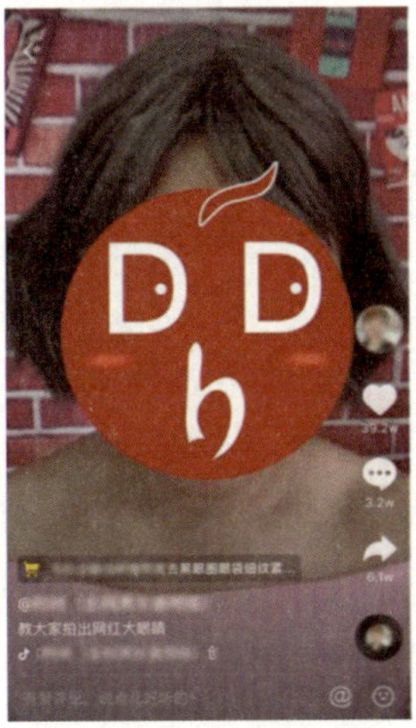

粉丝量： 380.1万。

视频总点赞数： 39.2万。

账号内容风格： 极具娱乐性的奇葩产品测评。

营销转化： 以某眼霜产品为主要创意要素进行演绎，并在视频主页面添加眼霜购物链接引导转化。

转化成果：

播放量：900万；播赞比：15%；播转率：0.6%；赞评比：8.28%；店铺累计引流：60万；转化率：10%，引导直接销售额700多万元。

图 2－13 眼霜广告植入案例

“网红”进行打假，即全网美女网红脸的揭秘，账号内容大部分与穿搭和化妆教程相关。因此，首先，该人物 IP 其实对粉丝是有较强的吸引力和引导作用的。其次，这位红人粉丝达到了 200 多万个，商品橱窗已经开通，她的条件与广告内容的匹配度很高。因此，我们决定请这位红人为这款眼霜产品做广告。

在广告植入上，这款产品出现的时间其实不多，只有 2～3 秒，就是告诉用户，要想拥有一双网红大眼睛，首先要用眼霜去黑眼圈，然后在视频内插入眼霜的购物链接，最终实现了 600 多万元销售额的转化。

其实，抖音官方是非常支持电商变现的，而且抖音目前也在不断增加变现的渠道，抖音短视频平台设立了商品橱窗、购物车和无缝跳转至淘宝等功能，而目前头条系旗下的值点电商和鲁班电商的加持，将为今日头条日后的营销布局形成一个闭环。目前，头条系旗下的这两个电商平台在今年均得到飞跃式的发展，部分入驻的商家已经做到年销售 10 亿元以上的成绩。因此，在这里给各位读者重点讲解一下这两款电商变现的产品。

（1）值点电商。

近日，今日头条值点电商平台悄悄接入了抖音短视频，相比起淘宝店铺需要点击才能跳转至淘宝平台，今日头条的值点电商则更加流畅。同时抖音上的内容创作者也可以在商品橱窗中添加值点电商平台的产品，为其“带货”。值点电商平台其本质与淘宝、天猫、京东等电商平台是一样的，不过它的流量更依赖于自媒体平台，因此头条系旗下的火山小视频、西瓜视频、抖音短视频等内容平台，累积下来的超 8 亿用户量，成为值点电商中重要的客户群，其覆盖的人群包括了青年、中年和老年群体。值点电商的接入，让这些平台的用户都成为值点电商的潜在顾客，而平台内的头部大号亦有可能成为卖家，利用红人进行营销，用户的黏性会更加强。

作为成立 14 年之久的跨境电商服务商英虎网络，积累了多年的电商营销经验和资源，通过大数据的分析，我们认为值点电商平台的发展机会和前景无可估量，依托抖音短视频的内容营销和红人营销，加之有今日头条自建的电商平台加持，预计在不久的将来，电商销售的格局将会迎来一场大变革。

（2）鲁班电商。

鲁班电商主要以视频展示为主，与今日头条值点电商一样，用户只要点击视频中弹出的商品橱窗就可以直接查看商品的详情，无须跳转，过程十分流畅。鲁班电商也是近期大部分抖音内容创作者非常关注的一个电商平台。与值点电商不同的是，鲁班电商拥有一套专业的电商广告投放工具，依托于头条系的算法推荐，能够精准地投放给不同的消费者，同时落地页面的组建非常简单，在选品上还有“生意参谋”功能，为入驻的商家提供商品选择的参考。

另外，现在抖音上的购物车功能也可以自行申请了（见图 2－14），只要账号发布视频大于 10 个的实名认证账号，就可通过抖音短视频—“我”—右上角“☰”—“设置”—“商品分享功能”，然后自助申请开通，通过审核即可使用。而且，自 2018 年 12 月 11 日开始，达到条件的账号可以自动开通，不用审核。

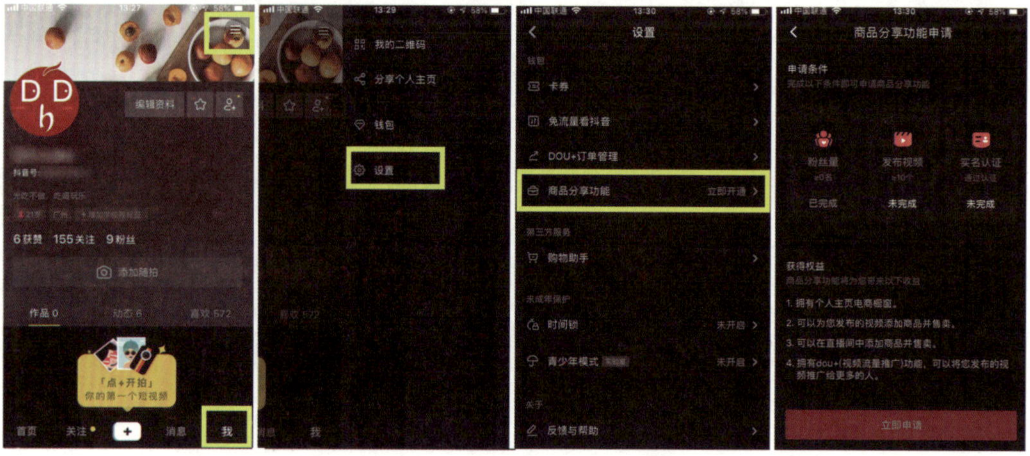

图 2－14　抖音上的购物车功能

如果在电商变现的过程中遇到困难，也可以从抖音号“电商小助手”的主页点击“官网链接”，进入“抖音电商研习社”（见图 2－15），里面有非常详尽的新手入门流程，以及行业大咖分享的运营及营销经验。

通过上述分析可以看出，抖音非常适合个人、商家和企业做内容营销，而且在抖音上实现了电商变现的玩家比比皆是。这种方式的优点在于内容可以生动还原商品使

图 2－15　抖音电商研习社页面

用场景，容易刺激用户做出购买决策。据统计，天猫某酒水红人店 2018 年 11 月销售第一的品类，有一半的流量来自抖音短视频（见图 2－16）。所以，只要目标明确，产品符合平台基本传播条件，实现电商变现并不难。

图 2－16　天猫某酒水红人店通过抖音实现电商变现

2.5.3 知识付费新格局，越是经济下行，潜力反而越大

随着人工智能的不断发展，总体上工作岗位在不断减少，因此在这个竞争激烈的时代，粉丝对于学习新知识的欲望达到了历史的最高点，愿意为知识付费的人越来越多。因此，在抖音上做知识类或是教程类的内容账号也更容易变现。例如，抖音号“秋叶 Excel”，该账号主要以介绍 Excel 的小功能为主，仅 155 个作品就吸纳了 305.4 万个粉丝，获赞 429.5 万个。该账号的内容风格十分简单，视频封面的标题会直接明了地告诉用户，该视频内容是帮各位用户解决什么类型的 Excel 问题。

抖音达人“轩子宝宝”，她账号的内容主要是教大家化妆的，而实现变现的手法则是在后端利用微信销售化妆品。这有点类似于电影行业的前后端思维，电影的前端是票房收入，而后端则是通过售卖电影版权、广告收入或是周边衍生出来的产品道具等后端收入来实现盈利。因此，知识类或教程类的账号也可以参考这种方式进行变现，前端以精短的知识吸纳粉丝用户群，后端引流到微信、微博、淘宝等平台，通过举办线上课程、线下沙龙活动来实现盈利。

2.5.4 IP 变现：那些冲出手机屏幕的红人

IP 变现的方式，在抖音上十分常见。变现最容易的要数人物 IP，从素人到网红，从网红跨界娱乐圈，正式出道、签代言、出唱片、拍影视剧的红人也有很多。比如“摩登兄弟”就参演了综艺节目《演员的诞生》，除了线下商演之外，他们还可以接广告、为线下实体店引流等。

当然，这里人物 IP 的变现方式还有很多，包括但不限于：

（1）微商变现。这里要注意微信号主体跟短视频账号主体一致。此外，如果有多个微信号，那么需要统一头像和昵称，朋友圈输出的内容，也要与短视频账号的内容保持一致；针对主要的用户群体，寻找针对性的素材进行发布；商品可以多样化，比如：传统的微信公众号大 V，他们把粉丝聚集起来之后，自己销售的产品不限于某一个单类别，而且销售也会集中在微信朋友圈进行。

（2）直播变现。依靠粉丝用户打赏。

（3）电商变现。购物车直接链接到店铺。

（4）线下的商演。

（5）线上合作演出。

（6）跨界变现。红人与其他账号达人或 IP 合拍视频。

（7）广告变现。在视频内植入商家软性广告，或通过在视频内容中植入产品等方式实现商业价值。

（8）线下实体店引流变现。在发布视频时关联自己所处的地点为实体店导流，这种形式常见于餐饮店、教育机构等。

（9）红人孵化。这个常见于 PGC 机构和 MCN 机构，整合红人资源，做红人营销方面的业务内容，或是培训、导流裂变出多个红人，实现变现。

（10）视频的多平台分发变现等。

所以，其实真人 IP 账号变现的方式在抖音短视频上拥有较为广泛的通道。目前，英虎网络也十分注重红人孵化，旗下的直播基地每日均有红人培训及直播营销业务，深究其原因是红人的孵化和培养不仅能够让有才华的人找到展示自己的舞台，更能够在抖音短视频平台中矩阵裂变出数千万的粉丝用户，对日后的红人营销、电商变现有益。

另外，虚拟 IP 账号也可以实现变现，部分比较早入局抖音短视频的虚拟 IP，早已推出了与自己 IP 相关的周边产品放在购物车中进行售卖。比如，“一禅小和尚”就推出了手抄心经礼盒，“萌芽熊”则推出了玩偶、手机壳等产品。虽然这些周边商品都不是账号变现的重点，但却丰富了整个虚拟 IP 的内涵。与真实的人物 IP 相比，虚拟的人设 IP 在性格、内容创作上更加统一，而且真实的人设 IP 有可能带有一些不良的花边新闻，极有可能因为人设的崩塌而影响到代言的品牌形象，而虚拟人设的风险则相比更低，同时更能够吸引年轻用户群体的关注。非人格化账号则可以在微商、电商和接广告等方面实现变现。

所以，打造 IP 是所有内容账号必须重视起来的一个环节，一个强 IP 不仅能够提高用户的黏性，更能够为内容的持续输出打下良好的基础，为日后拓展产业链和丰富盈利模式提供更好的帮助。

2.5.5 细分领域变现中的矩阵思维：怎么都是你

目前，在抖音上有大量的头部账号开始进行矩阵裂变。像尚品宅配这样的企业，也会在家装这个大类目下打造若干个细分领域的矩阵账号，比如“为你省钱的设计师”“教你装修选材的设计师”“教你空间布局的设计师”等账号，几乎将整个装修领域的头部账号全覆盖，最后垄断这个装修领域的用户流量。

其次，为其他账号进行引流。对于一些做搞笑段子剧、情景剧的内容创作团队来说，剧中演员的变现能力同样不可小觑。当账号积累了一定体量的种子用户以后，剧中的演员可以考虑开通个人账号，通过主账号为裂变出来的子账号引流，对剧中的演员进行新的包装，这对于孵化红人有极大的帮助，也可为进一步商业化铺路。IP 打造和孵化红人属于比较高级的变现方式，不过，随着内容创作个人或团队的逐渐成熟，这两种变现的方式将会越来越常见，同时，它所承担的变现强度也会越来越大。

最后，还有一种变现的方式，那就是售卖账号。当账号有一定的粉丝量和点赞数，但是缺乏变现途径时，可直接粗暴地将账号出售以实现变现。

总的来说，在抖音上实现变现的方式有很多，只要明确做账号的目的，明确需要变现的产品或者模式，然后持续产出优质内容，基本上都能在抖音上获得不错的成绩。所以，一旦目标明确了，就要集中在一个点上努力打磨，切忌心急，把所有想要变现的内容都往一个账号上面堆，这样不仅会导致账号不伦不类，还会被系统判断为其他类别的视频账号，那么账号要想获取高曝光度并实现转化，基本就是空谈。

2.6 那些年大家踩过的抖音规划七大坑

在了解了抖音的前世今生、红蓝海内容、平台算法及变现的方式之后，想必绝大多数人都跃跃欲试，想要投身到抖音短视频的内容池中拼杀，但是，很多人走到半路就意兴阑珊了。这主要是因为他们在做规划的时候踩了坑，从而胆怯退场了。因此，总结前人经验，站在巨人的肩膀上前行，总比摸着石头过河好。

2.6.1 稳妥的权衡，不过是思维上的懒惰

无论是普通人还是企业主，在做抖音之前都会考虑很多，而且会很纠结。面对短视频的袭来，应该是做短视频还是坚守“双微”？如果做抖音，要怎么做？不断地思考和犹豫，只会让你错失良机。目前，抖音短视频平台的发展还处于成长阶段，低成本地试错，快步地前行，并在流量被分割完之前吸纳一定的粉丝用户群养成自己的“私域流量”，非常重要。

2.6.2 规划做得好，粉丝跑不了

此外，在决定创建抖音账号以后，不要急于制作和发布视频，一定要想清楚账号的定位、视频内容以及日后的变现方式。否则，即使积累了大量的粉丝，最后也无法实现持续变现，竹篮打水一场空。所以，在最开始的时候，要把更多的时间用在寻找差异化定位上，如果一开始的方向就错了，之后无论多努力都是白费的。

2.6.3 泡沫下的短视频人才哪里找

运营一个抖音账号的门槛其实会比运营微博、微信公众号高，主要是因为视频账号除了需要前期策划人员以外，还需要摄像、演员、后期等，基本上一个好的账号离不开专业的团队。可以利用猎头公司去寻找短视频人才。另外，在组建团队时，还可

以寻找新媒体从业者中思维敏捷且学习能力强的潜力者。此外，常常脑洞大开的“95后”也是不错的选择，因为他们本来就是捧红了抖音平台的一个群体，接受新鲜事物的能力强，在创作上也更有新意。不过，需要给这类人群一定的约束，如果触碰内容创作的红线，或是盲目自嗨，导致视频不受用户欢迎，就得不偿失了。

2.6.4　颜值爆表的就一定能火吗

虽然抖音前期确实带火了一大群有颜值的小哥哥和小姐姐，但是，随着平台的逐步壮大，高颜值类的红人同质化严重，用户审美疲劳，IP 打造的时候会更加费力，因为粉丝用户主要以异性为主。有一些颜值特别低的人在抖音上也火得很快，不过这类型的网红淡出公众视野的速度也很快。所以，在抖音上颜值高或低都不那么重要，这个只是一个加分项，最重要的还是需要有自己的特点且接地气，这样不仅用户接受度高，且性别比较均衡，标签强烈者还能够提高粉丝用户的黏性，起到更强的引导粉丝用户的作用。

2.6.5　解读自运营和代运营的优势和劣势

目前常见的抖音运营有两种：自运营和代运营。其实，两种运营模式都有其优缺点。先说说自运营，它的一个优势在于对账号的掌控程度非常高，能够实时了解目前账号的数据，而且 IP 的持续性高，成本上也更加可控。不过，自运营的抖音账号运营者大多缺乏专业的团队，而且团队组建的周期也会比较长，这就导致了两个问题：第一个是账号一直不温不火，没有大的突破，也实现不了变现或是品牌的提升；第二个是在不断的试错过程中会错失抢占流量红利黄金风口的机会。而代运营的优势，恰恰弥补了自运营的劣势。一般的代运营机构都会有自己专业的团队，而且启动速度十分迅速，效果也有保证，例如：抖抖红平台的代运营。市面上做抖音代运营的企业不少，但鲜有具有上市公司资质的代运营平台，而且平台内拥有超 20000 位网红资源覆盖了国内外多个地区，加上一线短视频运营团队实力强大，已经帮助 1000 多个商家暴增粉丝超 500%，实现快速变现，销售额平均提升超 300%，为 5000 多位用户提供了优质的解决方案。所以，寻找代运营运作抖音不必自行创立团队，效果也更加有保证，实际上缩减了企业的成本。不过，代运营的持续性不如自运营，如果合同到期，其接管工作会非常复杂，另外，如果账号是以具体人物代表出镜的，那么 IP 的变动则会影响到整个账号（企业蓝 V 号除外）。

2.6.6 MVP 原则：瞄准方向，小步快跑 vs 快步乱跑的区别

在做账号运营的时候，要尽量追求小而精，抛弃大而全。做内容必须关注一个点，而且在运营中要不断修复、归纳和总结，避免一条路走到黑。虽然人们平时在刷抖音的时候，总是能刷到获得百万个赞的视频内容，但是有数据统计，实际上在抖音内获得上百万个赞的视频并不多，相比起庞大的内容池来说，这个比例是非常小的。因此，追求每个视频都有 100 万以上的点赞基本是不可能的，即便粉丝量达到千万级别的头部达人，也难以做到这一点。但追求一个平稳的增长倒是很实在的，追求做球场上的赛季 MVP，一步一个脚印的小步快跑，比起快步乱跑更加有效。

2.6.7 变现潜规则：稳住我们就能赢

做抖音账号千万不能忽视营造用户的参与感和仪式感，在抖音上活跃的用户基本上是“95 后”，他们更加重视品质和情感上的诉求，而不是过多的产品功能介绍。所以在做账号的时候，第一是要忍住变现的诱惑，当粉丝用户群还不够大、用户黏性还不够强的时候，不要着急变现，否则不仅会揠苗助长，更重要的是会伤害到自己的粉丝用户，造成用户的远走；第二是要忍住粉丝用户数量的诱惑，千万不要刷粉。很多人在做账号之初会选择刷粉开通权限，但这样做其实是错误的，因为花钱刷出来的粉丝用户都是“僵尸粉”①，这些“僵尸粉”不会为账号发布的视频进行点赞，而平台的系统分发习惯是会先把视频推荐给粉丝用户看，如果账号内的粉丝用户都对这个视频没有感觉而且不点赞，那么该视频就会被系统判断为低质量视频而减少对视频的推荐度，严重的话，该账号还会被系统判断为低质量账号，进而降低账号权重；第三是要忍住竞争对手的诱惑，不要盲目跟风，随意转型，否则不仅会伤害到原本已经关注了账号的用户群体，更重要的是随意的跟风转型会失去自己账号原有的风格，这就宛如偏离了航线的船，定位不清晰，最终阻碍账号的发展。

一个账号从建立到运营，就像养育一个初生婴儿，它能有多大的成长、形成多大的影响力，全看账号的运营者和内容创作者。因此，只要细心呵护、用心经营，账号就一定会成长。

---

① “僵尸粉”一般指微博、百度贴吧、微信或抖音短视频上的虚假粉丝，花钱就可以买到“关注”，是有名无实的。

3

做好定位等于成功了一半

能跑在你前面的人，未必都是对的。

英国的桑德兰举办了一场“北方马拉松赛”。离奇的是，仅有1个人跑完全程，获得冠军，其余5000多名参赛跑手全部被原本的第二名带偏，跑错了路。娱乐之余，不免让人深思。

有了精准目标，不代表就能实现目标，但精准目标总会为你指明前进的方向。专业化的定位，就是运用相关的科学工具和方法论，规避自身判断上的偏差，以便为目标的实现助力。从定账号到定粉丝再到定团队，这所有科学的前期铺垫，都只为后期的发展保驾护航。

3.1　知道自己是谁比什么都重要

所谓账号的定位，就是在入局抖音短视频平台时，你希望自己的账号处于抖音内容生态中的哪个位置。本章将从账号、粉丝、内容、团队等不同的维度详细阐述定位的方法和实际运用技巧。

3.1.1　输在起跑线，也可以绝地反超

抖音账号的定位必须依靠正确的数据分析，而不是盲目地随波逐流，什么容易火就做什么。这就如同在沙漠中前行，如果方向错了，越努力则离成功越远。如果紧紧盯着眼前的美丽景象，就选择按这个方向前行，不相信经过实践验证过的经验和方法，那么危险就很容易随之而来。因为眼前所看到的景象，也有可能是海市蜃楼。

图 3－1 是基于微博和抖音短视频平台中最 TOP 的账号榜单制作的四象图。通过观察可以发现，社交化＋垂直内容的头部账号是最多的。这个结果有点让人意外，因

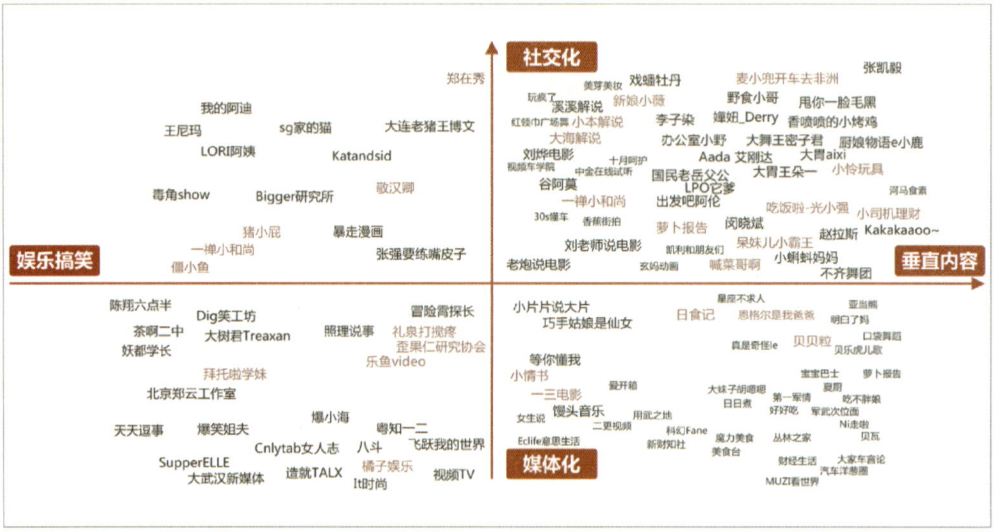

图 3－1　微博和抖音短视频平台中最 TOP 的账号榜单四象图

为大部分人认为老少皆宜的娱乐搞笑内容更能推动账号的成长，然而事实并非如此。所以，目前比较优质的抖音账号都有自己清晰的定位，切中的往往是目标用户实际的需求点，同时也是内容创作者最擅长的领域，即垂直领域。所以，成功的账号往往有其最独特的一项技能，而这项技能往往直击用户痛点，因此也是用户最需要的内容，这一点非常重要。那么，如何为自己的账号定位呢？

在做账号定位的时候，需要明确账号的目标用户群体。唯有一个清晰的用户画像，才能够做出正确的定位，并在长期的输出中明确账号的位置、风格等，使航向不会偏离最初的目标。

众所周知，抖音短视频平台发展已经有一段时间了，目前平台上充斥着大量雷同的内容，因此，无论是在红海领域，还是在蓝海领域，新进入的账号都很难成为某一单独类目领域的第一。但享受不到第一波流量红利，不代表就是穷途末路，只要做到用户心中的唯一，同样能够实现弯道超车，达到目的。

所谓的唯一，就是细分领域的第一。就像周星驰电影里面的如花，她虽不是最丑的，但只要一提到周星驰电影里的丑角，大家多半就会想到她；还有 1986 年版的《西游记》里的唐僧虽是第一代唐僧，但是若提到影视剧中最啰唆的唐僧，则人们多半会想到罗家英版的，因为他所唱的 *only you* 已经啰唆到深入人心了；再比如一提到周星驰电影里爱的眼神，那大家多半会想到朱茵所扮演的紫霞仙子那暧昧的一眨眼。所以，只要做到唯一，用户一样能够记住你。

其实，在抖音上也不乏 IP 定位打造得非常成功的账号，如“papi 酱”“凹凸君说”以及“熊叔厨房”等，以下是关于这几个账号的简单分析（见图 3－2、图 3－3、图 3－4）：

图 3－2　“papi 酱”账号短视频 IP 成功原因简析

粉丝量：21万。

账号内容：专注输出二次元文化内容。

短视频IP成功原因：

视频内容与二次元文化内容深度结合，无论是唱跳还是鬼畜，都离不开二次元这个话题，其粉丝主要从B站导流进来。

图 3－3　“凹凸君说”账号短视频 IP 成功原因简析

粉丝量：50万。

账号内容：主打亲子美食。

短视频IP成功原因：

1.专注亲子美食，讲解如何为孩子制作既营养健康又美味好看的食物。

2.定位十分精细，目标用户群体也很明确，吸引了大量的妈妈。

图 3－4　“熊叔厨房”账号短视频 IP 成功原因简析

这些例子都说明了在垂直领域的内容之下，只要在定位上下功夫，并为之进行精细化打磨，突出个人特色和账号特色，发展自身优势，就能够取得不错的成绩。因此，无论账号的内容属于红海类目还是蓝海类目，只要在某一类目之下突出自己的不同点，成为用户心中的唯一，就极有可能突围而出。

3.1.2　同质化定位内容破局

经过前面的讲解，已经定位在高同质化领域的账号，其运营者是否感到焦躁？若抖音账号已经小有成绩，直接放弃未免太过可惜，而若想转型，则可以记住这个定位口诀：同质内容找差异、同类内容找不足，指数工具找新意、结合自身最擅长，热门爆款微创新，如此则可以快速地为账号转型找到方向。

同质内容找差异、同类内容找不足：一定要厘清想给目标用户留下什么样的印象，这点十分重要。比如现在路边也有很多凉茶铺，它们卖的凉茶的降火功效不比王老吉差，但是现在人们只要提起降火就想到王老吉，这是因为“怕上火喝王老吉”的 slogan 经过十几年的沉淀早已深入人心；矿泉水的品牌有很多，但一提到有点甜的矿泉水，人们就只会想到农夫山泉，这是因为在以往矿泉水品牌大多宣传成分的时候，农夫山泉在味觉体验上制造了宣传点；一提起海底捞，人们就能联想到它贴心的用餐服务，在其他火锅店都在宣扬自己的东西多么好吃的时候，海底捞剑走偏锋宣传自己的服务，这是海底捞的定位，也是海底捞给人留下的印象。

指数工具找新意、结合自身最擅长：利用微信指数、抖抖红指数、百度指数、易观指数、飞瓜指数等工具来分析你的目标用户群体的关注点。同时，结合自身最擅长的领域，考虑自己是否能够持续产出相关内容。

如图 3－5 所示，运用百度指数分析不同年龄段人群对年货、圣诞、元旦、化妆品关注度，可以清晰地看到 30～39 年龄段的人群对于年货、圣诞、元旦、化妆品的兴趣最高。同时，右侧性别分布也清晰地表明了男性对于年货的关注度会比女性高，对圣诞的关注度两个性别持平，而对于元旦和化妆品，女性的关注度明显比男性高。

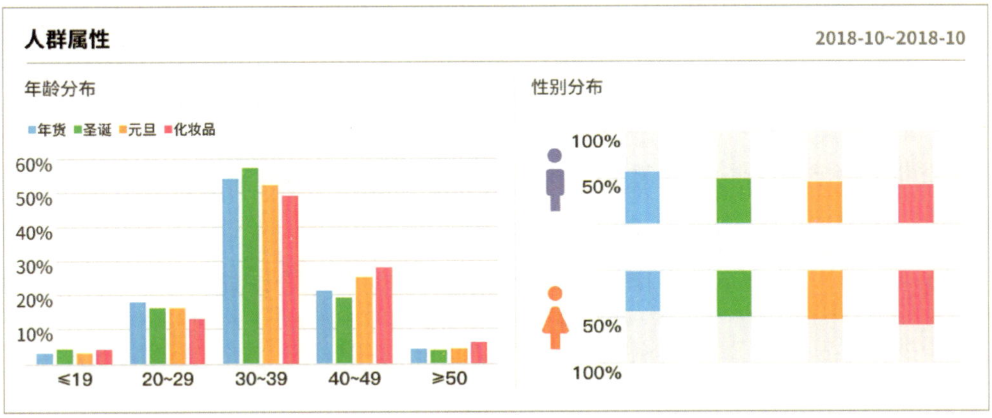

图 3－5　运用百度指数分析数据

通过数据对比发现：在化妆品领域，最主要的目标用户群体是 30～40 岁的女性用户。而不是绝大多数人所猜测的 20～30 岁的女性用户。可见，运用工具做出真实的分析，可以有效地在做内容定位时纠错，避免因决策上的失误而造成损失。

如图 3－6 所示，针对星座话题在各个月份的关注度进行分析。搜索指数越高，圆点越大；红色圆点说明话题上升，绿色圆点则说明话题下降。图中有一个明显的

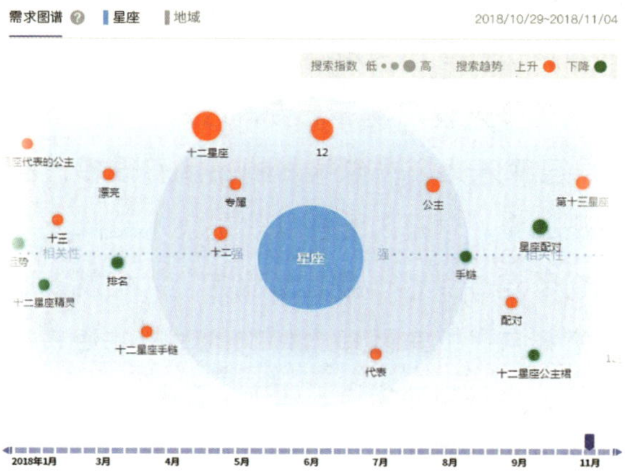

图 3－6　星座话题在各个月份的关注度分析图

大圆点“十二星座”，“十二星座”不仅搜索指数高而且还保持上升趋势。另外，在内容创作上，本月的“十二星座”热点较高，但并不意味着到了下个月其仍然会独占鳌头。（图片数据仅供参考，此图不一定适合当下的情况，想要做星座话题的用户需要研究最新实时数据。）

热门爆款微创新：从全网收集热门的爆款视频、文案、创意，与自己的账号定位相结合，输出符合自己粉丝用户调性的视频。

随着短视频的兴起，一大波玩家涌入短视频领域，一大批网红诞生。大量人才的涌入就会有大量作品的产出，作品多了自然就会出现同质化。那么，如何从中脱颖而出呢？

以红海领域之一的泛娱乐搞笑内容为例，要想在红海中脱颖而出，可以根据以下五点做出调整：

（1）统计分析抖音上本类目内前 200～300 名的所有账号，统计它们的内容形式和所占比例。

（2）关注这些类目内头部大号的视频评论区，从热门评论、互动人数较多的评论、吐槽的评论等寻找创意热点。

（3）运用场景切割法（将会在后面的章节详细讲述），筛选合适的切入点。

（4）寻找内容的创新点。比如，抖音号“淘气陈奶奶”就找到了不错的创新型内容（见图 3－7）。

在抖音的内容生态上，泛娱乐的内容太多，好看的小哥哥小姐姐早就让人看腻了，但纯粹以老人和萌娃为主体的抖音账号并不多，特别是自带娱乐属性的就更少了。根据数据统计，老人与萌娃的抖音账号往往要比其他抖音账号更容易火爆，就是因为此

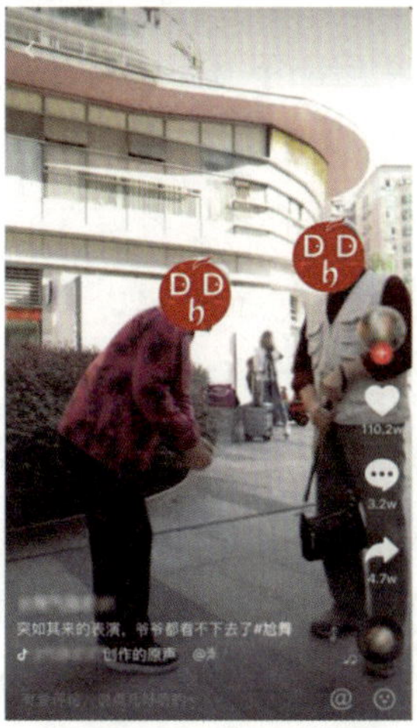

粉丝量： 117.8万。

该视频点赞量： 110.2万。

内容： 奶奶和爷爷在路上逛街，忽然奶奶把包递给了爷爷，然后奶奶在爷爷面前尬舞，爷爷看不下去直接往前走了。

火爆原因：

1.一般提起尬舞人们会与年轻人相结合，而老年人的尬舞引起了强烈的反差，吸引了用户的眼球。

2.抖音上老人和小孩的视频本身就容易火，比较稀缺，娱乐感更强。

3.视频内容蹭了话题“尬舞”的热度，系统将其推荐给参与过该话题的用户。

4.秀恩爱不再是年轻人的权利，爷爷和奶奶的花式秀恩爱也让用户眼前一亮，极具创意感。

图 3－7　抖音号“淘气陈奶奶”火爆原因简析

类型的视频更稀缺。因此，该视频账号的粉丝体量大也就可以理解了。

（5）前期 1∶1 模仿，后期鼓励原创。模仿视频的选择标准：模仿点赞数在 3 万～5 万的准热门视频，寻找参与人数 1 亿以下的话题。这样做是因为涉及抖音算法的一些推荐习惯，跟挑战赛的原理一样，只要超过挑战赛首发视频的正向数据，视频火爆的概率更大。

想开通长视频权限、购物车、直播等功能是需要满足一定的条件的，其中粉丝数量是硬性要求。而定位垂直细分领域的抖音账号，前期涨粉较难，为了能快速涨粉开通功能，可以通过 1∶1 仿拍爆红视频的方式。

进行视频搬运之前，首先要进行以下分析：

①用户特征。

假设你的主要目标用户是“95 后”和“00 后”，可以去他们曾经喜欢的平台搬运这类用户喜欢的内容，比如快手短视频、B 站等。然后压缩再压缩，模仿再模仿，把它们搬运到抖音上来。这里需要注意的是，抖音的用户特征和快手这些平台的用户特征不一样，并不是快手上火的内容，在抖音上就一定能火，用户的调性是不一样的，必须符合抖音用户特征的视频才适合使用。

②平台搬运的安全性。

头条系内的搬运往往是最稳妥的。抖音是字节跳动的产品，它沿用的是今日头条的算法。所以，以往在今日头条、火山小视频、西瓜视频上面火爆的视频内容，其实就是能获得抖音推荐算法青睐的内容。因此，使用这些内容，进行 1∶1 的模仿或者微创新是最稳妥的。特别强调一点，搬运绝对不是你在网上找一个去水印的工具就可以了，水印能去掉，但视频内的 MD5 值①是无法改变的。因此，必须使用剪辑工具对视频进行关键帧的加工，改变视频的 MD5 值。若仅仅去水印，甚至都不需要人工审核，系统就能把它揪出来。抖音鼓励原创，就是为了避免大量同质化内容出现导致平台自身的用户流失。该视频如被系统识别出是搬运来的，也就不用指望被系统推荐了，严重者甚至还会被删除、降权处理。以百家号为例，假设小明在百家号上发文，百家号在进行审核的时候，首先会全网搜索有没有标题雷同的文章存在，然后搜索文章内的配图，最后检测文字内容，如果相似度很高，那百家号就会把小明的文章视为抄袭。因为百家号只检测文章本身，它无法判断其他平台内的同一篇文章是否为小明原创，所以，系统往往会直接将小明的文章删除或设为"仅自己可见"，以免产生纠纷。在图文时代就已经能做到这一点，到了短视频时代，防盗版、防抄袭手段只会更加先进。

③如何搬运。

a. 把去掉水印的视频下载下来，运用专业的剪辑软件增加或者删减它的关键帧数，只要它的关键帧数被修改，它的 MD5 值就会自动更改。

b. 优化它的文案标题，增加一些互动话题，这样比较容易上推荐也容易躲过抖音的搜索雷达。

在搬运视频时可以考虑用"文件全能王"下载视频、"去水印大师"去掉视频自带的水印、"inshot"修改视频的尺寸，还有实现多账号登录的"夜神模拟器"。

④话题选择。

目前，抖音短视频上的话题非常丰富，每个话题也有不同的热度。但不同的平台有不同的话题，比如，在微视上就没有星座这种话题，如果连话题、文案等都 1∶1 照搬的话，则未必适合。因此在视频搬运的时候，要注意与平台的风格、内容匹配。

⑤留意"异常"数据。

在刷抖音的时候，要多留意数据。当看到一些评论数或者转发数很不正常的视频时，可以反复观看视频的内容、标题及文案，仔细研究原因，这对于指导自己做抖音账号有着非常大的帮助。图 3－8 这个视频就是一个非常好的学习例子。

---

① MD5 消息摘要算法（MD5 Message－Digest Algorithm），一种被广泛使用的密码散列函数，可以产生出一个 128 位（16 字节）的散列值（hash value），用于确保信息传输完整一致。MD5 的典型应用是对一段信息产生信息摘要，以防止被篡改。

图 3 – 8　对抖音账号上视频评论数高于点赞数案例的简单分析

在原创内容难度加大、同质化内容较多的时候，多关注其他平台的热点、段子，并进行贴合抖音短视频平台用户特性的微原创，是突破僵局的一个比较好的办法。

3.2 定位红海，如何突破

假如定位在红海领域，抖音账号已经取得一定的小成就，但账号的各项数据已经出现疲态，却不想放弃此前努力的时候，要怎么做才能打破僵局、脱颖而出呢？

3.2.1 破局之计，以段子剧为例

段子剧是娱乐搞笑类目下的主流内容。受制于选题策划逐渐枯竭、变现空间狭隘的原因，大多数段子剧类型的账号在经营了一段时间以后，常常会出现涨粉缓慢甚至停滞的情况。如果想要避免这种情况出现，最好的办法是在账号定内容风格的时候，不要过于狭窄，要具有一定的延展性，可操作的内容素材也要丰富。例如“钟婷XO”，钟婷的矩阵粉丝数大概有1500万个，这个账号基本专注于办公室场景内容，把搞笑段子嵌入与用户息息相关的办公室场景之中，让人啼笑皆非又能引起用户深深的共鸣感。而且，职场之中的二三事素材很多，可以创作的空间也非常大，持续性输出优质内容难度不大。

尽管抖音短视频中娱乐搞笑类的内容十分泛滥，但依然有不少后来者奔向这一块领域。在这个类目之下产出优质内容的难度非常大，但却很有价值，它不仅是抖音短视频庞大内容池中不可或缺的一部分，更是许多用户青睐的内容。现在娱乐搞笑类内容虽然不容易做，但其实这也是一种大浪淘沙的表现，能在众多竞争者当中活下来的，是真正的精英。在内容方面，会逐步从野蛮生长的状态，迈向内容精细化、题材多样化的方向。

那么，目前搞笑段子剧的内容走向又是怎么样的呢？

过去，搞笑段子剧创作的目的是让观看的用户开心，所以，大部分的搞笑段子剧都会包含大量的笑梗，再搭配夸张的表演方式和搞笑的音效与音乐，将整个故事推向幽默的高潮。不过，目前搞笑段子剧除了以“娱乐至死”的内容出现以外，也融入了更多正能量的主题，在内容幽默搞笑之余，也能给予用户有益的内容，让搞笑段子剧内容得到一个升华。例如图3－9这个案例。这是一条关于体谅、尊重聋哑服务员的内

容，视频获得了用户的一致好评，点赞数超过 250 万。

粉丝量： 457.6万。

该视频点赞数： 254.9万。

主题： 尊重和体谅聋哑服务员。

内容： 前半段铺垫食客对服务员充耳不闻的态度感到不满，后半段进入神转折揭示服务员是聋哑人，而顾客也为自己之前的指责道歉。

火爆原因：

1.视频内容具有反转性，开始部分给用户的感觉是要吐槽饭店服务不周，后期的转折道出服务员是聋哑人的真相。

2.食客在结账后，附上“对不起”的小纸条并结合音乐把整个视频推向高潮，引起了用户强烈的共鸣感。

3.此前，抖音有一个网红打卡面包店，里面的服务员全部都是聋哑人，该视频用的桥段也有一点蹭热点的意味。

4.正能量类的视频，基本会被抖音官方推荐。

图 3－9　抖音上搞笑段子剧案例火爆原因简析

搞笑段子剧不同于电视连续剧，它基本没有一个贯通全局的叙事主题，因此每个故事之间相互独立，内容主题、演员角色以及周围场景总会随时切换，这种碎片化的叙事风格更适合抖音短视频平台的观看场景，满足用户在碎片化时间内的娱乐需求。但这也导致演员的形象、主题不断切换，固定元素比较少，不利于演员人设的打造。因此在创作段子剧的过程中，适当地保留某些固定元素，可以在人物名字、造型或是遭遇上做文章，这样更容易在用户的心中留下一个深刻的记忆点。像“钟婷 XO”就是一个很好的例子，在这个主打职场剧的账号中，主演钟婷总会出现一个标志性的翻白眼动作，让用户记忆深刻，打造强 IP，提升用户黏性。

内容创作更贴近平民、更精细化。搞笑段子剧的创作主力军以普通的小团队为主，故事内容以市井人物为中心展开，讲述身边生活中具有戏剧性的琐碎小事。正是因为这种市井风情的内容十分接地气，用户更能够通过内容看到自己的影子，从而深深地打动用户的心。所以，段子剧的内容可以在保持原有风格的基础上，创作灵活、关注生活，从生活小事中索取创作灵感，这样更有助于搞笑段子剧账号的成长。

此外，在雷同内容越来越多的时候，提升内容品质成了搞笑段子剧最主要的竞争点。内容提升的关键在于创意。搞笑段子剧不同于纯粹吸睛的“秀”，它更加考验用户的耐性，如果视频的内容不足以抵消观众所付出的时间成本，那么极有可能引起用户的厌恶心理，因此，对剧本精细打磨、对创意不断优化是这类内容需要攻克的难题。

题材内容从单一走向多样化。随着抖音短视频平台的不断发展，搞笑段子剧的生存也越来越艰难。原因在于同质化内容过多，用户产生了审美疲劳。因此，题材应走向多样化，向更细分的领域发展，这是搞笑段子剧一个重要的突破渠道。目前，恋爱、职场、乡村、校园等各类题材纷纷涌现，例如“小金刚”就是围绕家庭琐事展开的段子剧。

利用数据优化内容，降低风险。如果说创意、灵感、表现能力属于内容生产中不可控制的因素，那么数据就是协助优化内容、降低风险的最有效武器。在抖音短视频平台中，很多成为爆款的内容均紧扣时下热点。因此，通过数据，内容创作者可以第一时间了解平台中的热门视频、热门话题等，并根据这些热点进行微原创，这样更有助于内容的创作，也降低了创作的时间成本。

3.3 定位蓝海，如何切入

目前，抖音短视频的蓝海领域中，生活兴趣与教学两个大类目的比例在不断攀升，对于大部分普通内容创作者来说，爆红的机会仍在生活兴趣类与教学类这种知识技能类内容中。

3.3.1 垂直领域的成功玩法

在抖音的垂直细分领域里，必须坚持一个原则，就是在用户给自己的视频点赞之后，要让用户记住自己。视频的火爆有很大的运气成分存在，怎么在一分钟之后不被人忘记，将运气稳稳接住，是本节的主要内容。

平时人们在刷抖音的时候，看到一个获得百万点赞的视频时，会好奇这个账号的其他视频做得如何。但是，当点击进入个人主页的时候会发现，除了这一个爆款视频以外，其他视频的点赞数寥寥无几，而且粉丝量也少得可怜，例如“Montserrat Caballé”一条展现胡歌非常有礼貌的视频，点赞数突破了100万（见图3－10）。

粉丝量： 1.2万。

总点赞数： 130.2万。

单条视频获赞： 129.4万。

该账号除了一条内容为胡歌非常有礼貌的视频点赞超过百万以外，其他视频的点赞基本上维持在10~50个，这种一夜之间忽然爆红的视频也是有原因的。

爆红原因：

1.胡歌作为一个流量非常大的明星，其本身具备一定的粉丝量和话题性。

2.视频内容展示出胡歌非常有礼貌、非常绅士，名人不经意的正能量传播，得到了用户的肯定和抖音平台的推荐。

图3－10 抖音上点赞数超百万视频爆红原因简析

这些忽然爆红的内容可能涉及某个流量明星、打卡网红店、跟风拍摄热门话题或是突然拍摄到了某个极具话题性的内容等。如果视频内容创作者产出的视频只有偶然的爆发，后续没有创作出更高质量内容的能力，那么当时围观点赞的参与者，大多会风去无痕，不会产生任何的关注行为。

套用用户增长 AARRR 模型[1]解释，野达人的视频最多只完成了第一个 A，即获取用户的环节，但是却无法留存用户，更别说日后的转化了，因为这类野达人基本是随心所欲地进行拍摄，并无详细规划，爆发只是偶然，而不是长时间、持续性的火爆。

不过，有些账号同样累计获得了几十万甚至上百万点赞的账号，其粉丝用户的转化率却非常高，粉赞比能够达到 0.5 甚至更高。通过研究这些吸粉能力极强的账号后发现，这类账号发布的视频以人设场景类及知识技能类内容为主。

生活中有一些人比较擅长讲故事、构思剧情和能演爱演，这类人比较适合做人设场景类的内容，而且这类型的内容在品类上没有限制，在表现形式上也有更多选择，不管是多个人设还是单个人设都可以。比如，走创意路线的萌宠类账号“会说话的刘二豆”就专注于让两只可爱的猫咪加上编剧的创意脑洞，演绎出既有趣又可爱的宠物爱情故事；而走街访路线的“歪果仁研究协会”则通过采访在中国生活的外国人对中国一些具体事物的看法，诱发用户的好奇心理。

知识技能类账号在抖音上的吸粉能力非常强，这主要是因为不断成熟的抖音红利期已经发生了改变（见图 3－11）。

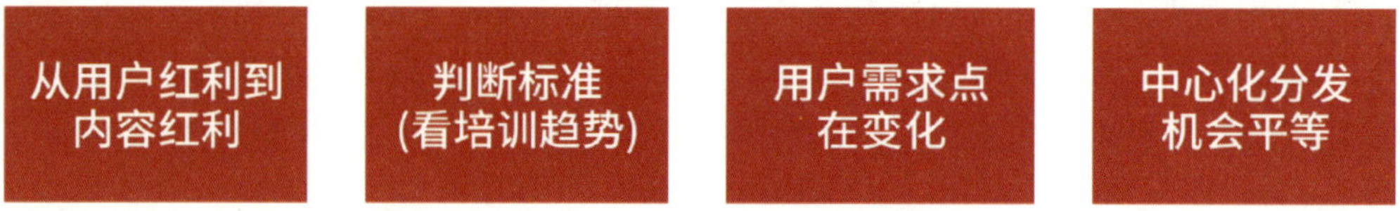

图 3－11　抖音红利期变化图

红利期变化的判断标准可以参考目前市面上的培训趋势，在过去“双微”爆红的时代，可以看到市场上出现了许多课程，教育大家如何吸粉、如何打造爆款文章等，而目前抖音短视频平台也一样，爆款视频课程的培训比比皆是，红人、达人的孵化机构数不胜数。

抖音短视频平台在过去的确给了许多素人、达人一夜爆红的机会，这是由于当时的抖音还处于用户红利期，优质内容稀缺，用户激增使得每个早期加入抖音平台的人，都或多或少地分得了一杯羹。但是，随着专业的内容创作个人、团队和大型机构的加

---

① AARRR 模型指的是 Acquisition（获取用户）、Activation（提高活跃度）、Retention（提高留存率）、Revenue（获取收入）、Refer（自传播）。

入，抖音内容创作的门槛越来越高，用户的眼光也越来越挑剔，因此，对于前期获得红利的内容创作者来说，获粉的道路越来越难，最后，开始的蓝海变为现在的红海。所以，目前在抖音红海类目中一夜成名的概率越来越低，平台对于流量的分配将更为谨慎，红利流量也会逐渐向优质内容倾斜。

另外，用户的需求点不是一成不变的。比如，目前同质化内容十分严重的红海领域，已经引起了用户的审美疲劳。抖音在刚开始火爆的时候，有一个很重要的准则是：段子剧类型的视频，笑点的设置不要过高，因为这样会导致用户理解不了，但是目前就不一样了，由于同质化内容过多，用户经常是看到了开头就猜中了结尾，所以现在的笑点要设置得更高一点。因此，整个抖音平台用户的需求点是在不断变化的，千万不能墨守成规。

此外，抖音目前的分发机制更多偏向于中心化分发，系统会根据机器对内容的判断，将视频推荐给可能对该内容感兴趣的用户，也就是说机会更加平等，无论是头部达人，还是普通的内容创作者，都处在同一条起跑线上。所以，对于内容创作者来说，面临的竞争将会更大，而创作更多的优质内容是最靠谱的道路。

所幸的是，在碎片化的时间内，用户亦渴望能够获得新的知识点或是技能，因此更垂直的知识技能类内容在抖音上可开发的空间还很大，对于出身小公司或是身怀技能的普通人来说仍有很大的发展空间。不过，这是一场速度的竞争，从博客、微博、微信公众号、直播平台到现在的抖音短视频，这样的机会，不是时时都有。因此，对新玩法如何快速探索实践迭代是重中之重。

如果你拥有快速背单词的诀窍、善于表演魔术、能剪出好看的窗花、弹奏乐器很厉害、懂得茶道等，这些内容都可以做。因为在知识技能这个类目当中，有太多的细分领域可以深耕，越是小众越能够聚集精准的用户。例如抖音账号“卷毛佟”（见图3－12）。“卷毛佟”是一个手机摄影师，专门传授用户手机摄影的小技巧。

总的来说，人设场景类的内容更注重创意、演技，而这些与天赋挂钩，创意的密集产出对于个人或是团队的要求会更高，而且能够火爆起来的人并不多，大部分的账号即便有人设，也只是抖音短视频平台中庞大内容池里的渺小一员，与知识技能类相比，难度会更加大。所以，在抖音平台红利期开始变化的这个阶段，切入知识技能类领域是个不错的选择。

那么，知识技能类的账号应该怎么做呢？总结下来，共有以下六点：

（1）知识的垂直精细化，形成差异化。保证内容的高纯度，并在单一类目之下进行精细化打磨。不要什么内容都发，这是获取用户忠诚度的重要因素。内容越杂，粉丝用户黏性越差。另外，如果在账号制作前期，不知道要制作什么内容，可以大胆对标其他账号。对标不等于模仿，目前抖音短视频中有不少的头部大号也是对标其他内

粉丝量： 391.1万。

总点赞数： 622.7万。

账号内容： 传授手机拍摄小技巧，专注手机拍摄。

火爆原因：

1.账号定位非常精准，专注手机摄影，技巧实用而且简单。

2.账号内容小众，并在手机摄影上做精细化打磨，吸引了一批热爱摄影的用户。

图3－12 抖音号“卷毛佟”火爆原因简析

容的，例如“野食小哥”对标“village food factory”，“一禅小和尚”对标“一休小和尚”。

（2）知识稀缺性，用相对稀缺的技能建立自己的壁垒。这就要求内容创作者要有创新意识。这个世界没有绝对的创新，所有的创新都是微创新，所谓的灵感，就是将脑袋里的信息重新组合。就像雷达，灵感来源于蝙蝠的生物原理；导弹系统，灵感来源于苍蝇的蝇眼视觉原理；夜视仪，灵感来源于夜猫的眼睛结构；卫星控温系统，灵感来源于蝴蝶的翅膀结构。

（3）内容制作专业化，前期拍摄在构图上要多用心，注意突出主体。剪辑把握好节奏，在条件允许的情况下，要制作字幕和封面。在制作上提升自己的最好办法其实是去寻找一些专业的机构进行课程培训和实操训练。英虎网络旗下的英虎学院在短视频策划和制作方面的课程方面拥有优秀的讲师，他们都是活跃在抖音短视频平台的实操者，拥有丰富的视频策划和制作经验。这些培训机构的课程一般都比较有针对性，能够让人在短时间内有大幅度的提高。

（4）知识的体系化，有理有据容易学。提供有用有料的知识，例如“生活达人小美”中就会介绍许多生活中的小常识，不仅让用户学习到知识，更能够将这些知识应用到生活当中，提高生活质量。另外，内容要简单易懂学得会，走技术路线，一定要保证别人学了就会，这样可以增加与用户的互动和黏性。

（5）高频次更新＋有用的运营。一般而言，用户如果对视频感兴趣，那么基本不会反感视频作者的某一项简单要求，比如最常见的“觉得不错，点点右边的小爱心吧”等，但如果视频作者提出的要求过多，反而会适得其反。粉丝只会做出一个动作，需要你引导他们做出你想要的点赞、关注、评论。

(6) 叠加人设（视情况而定，扬长避短。不能加分的人设，不如没有）。例如“钞票白”是一个体验类测评账号，与其他测评类账号相比，它更具有娱乐性。短短3个月时间，账号制作了40多个视频，一共获得了451.8万点赞和108.5万粉丝。主持人“小白”的声音和镜头表现力都非常有个人特色，不仅表情丰富生动，语言也非常幽默，能够很好地带动用户的情绪，主持人友好而且直爽的人设叠加让IP有着令人着迷的吸引力。账号的拍摄和后期剪辑也相当不错，画面干净简洁，视频封面标题互联网感极强。字幕清晰，能够简单直白地让用户了解视频内容。不过，这种娱乐体验式的测评，从形式到选题都很容易被模仿。

3.3.2 定位蓝海的注意事项

理清蓝海和死海的区别：

(1) 手机网络是否满足要求：手机网络信号是否满足视频播放需求，地域政治经济是否支持这样的短视频等。很多人认为，5G时代都要到来了，难道还有没信号的地方吗？对于处在城市当中的用户来说，这当然没有问题，但对于很多在偏远地区，或是其他国家的用户来说，则可能会是一个大问题。例如印度，印度有很庞大的农村人口，他们甚至不会下载App，倘若你账号的定位是希望开发印度地区大量的农村人口，那么就目前的客观情况来说是举步维艰的。

(2) 用户对内容的接受程度：开辟蓝海时要做充分的市场调研，充分了解用户对该领域的接受程度。如果用户接受程度低，那是死海无疑了。例如在海外版抖音Tik Tok的印度市场，用户则更喜欢类似国内快手平台的内容，但如果发布辱牛的视频，则会触碰当地受众的内容红线，因为，牛在印度人心中是神圣的。

(3) 平台或地域是否倡导此类内容：平台或地域倡导的未开发的内容属于蓝海；平台或地域抵制不提倡的内容为死海。例如暴力、迷信、辱华等内容。

(4) 本身是否具备持续输出的能力：能够持续稳定更新，策划的内容比较稀缺的属于蓝海；而不能持续稳定输出的内容则是死海。

3.4 精准定位：野马和战马的最大区别

3.4.1 定群体：筛选粉丝群体的三大核心要素

买鞋，第一件事是要知道自己穿多大码。做抖音短视频的第一件事则是精准定位自己的粉丝用户群。据图2－8分析可知：收入在3000元以下的用户，快手短视频最多，抖音短视频最少；收入为3000～5000元的用户，抖音最多，快手最少。从而可以推测出抖音的用户消费力更强。

据图3－13分析可知，抖音用户多是高学历，以本科及本科以上学历的人群为主。可以得出，快手短视频中的用户收入较低，以三四线城市用户为主，走的是农村包围城市的路线；而抖音短视频中的用户则是收入较高、普遍接受过高等教育，走的是以一二线城市为中心向地方扩散的路线。

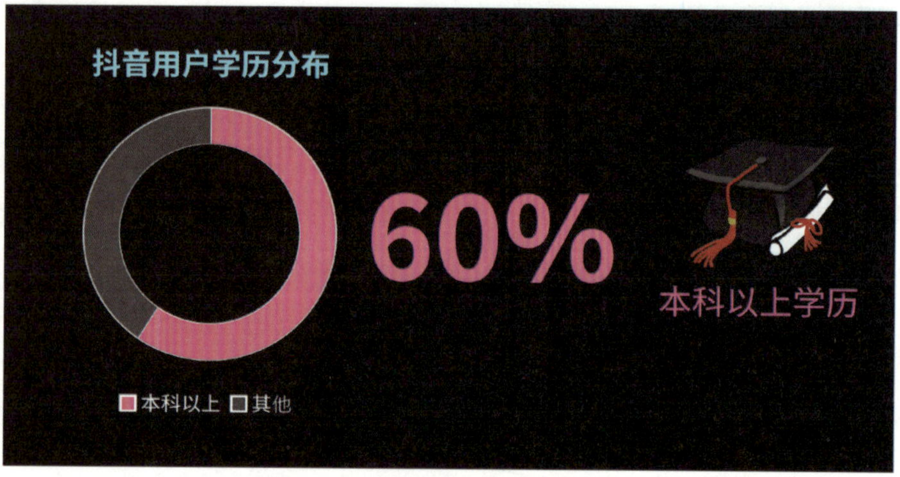

图3－13　抖音用户学历分布图

根据分析结果，可按照以下三点核心要素锁定目标粉丝用户：

（1）深度挖掘主力目标用户。

不同目标用户群体关注点不一样，切忌贪多，捡了芝麻、丢了西瓜的例子太多。做账号定位时，只需要迎合主要目标用户群就好了。另外，采用倒推法与正向拓展法，有助于分析目标用户的需要，从而制定你的内容策略。例如：小明是专门售卖职业装的→主要的客户人群有银行职员、保险业务员→小明想要将衣服卖给保险业务员；那么小明需要怎样做才能吸引客户买自己的衣服？通过倒推和目标用户的画像拓展：保险业务员需要什么→有购买保险需求的客户；保险业务员需要如何增强客户对保险的认可度→需要借助宣传保险优势的文章→小明可以提供这类保险优势的文案；最后，这些目标用户聚拢在文章的源头（也就是小明）下，成为小明的“私域流量”，小明得以顺利地销售自己的职业装。

从上述案例中得到的启发是：在抖音短视频运营中，输出的视频内容并非一定要与自身的变现产品产生直接的关联，分析目标用户的需求点，迎合目标用户的需求点，就不怕吸引不到目标用户的关注。这就如同你在草原上追逐一匹野马，你可能永远也追不到，但当你把草种上之后，野马自然会因为有草可以吃而主动过来。这也类似于电影行业的前后端思维法（见图3－14），简单来说就是前端的资金投入，贩卖电影内容，而后端则获得票房收入、广告收入、周边产品收入等。在抖音短视频平台上，目前也有不少的账号使用这种方式实现转化。

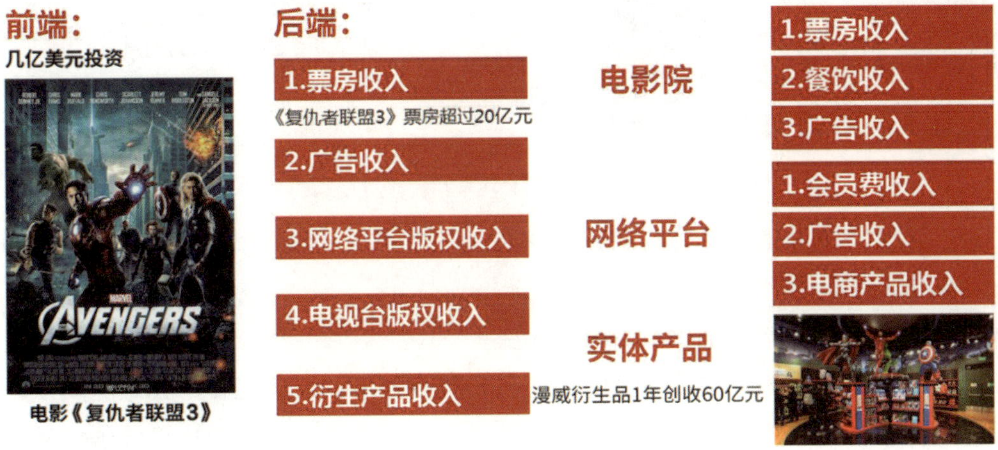

图3－14　电影行业前后端思维图

例如抖音达人“二多”，有100多万粉丝用户，粉丝用户主要为想减肥健身的普通人。“二多”前端在抖音短视频上教学减肥运动方法，后端则是在微信上卖减肥产品（见图3－15）。

还有抖音达人“轩子宝宝”，也有100多万粉丝用户，粉丝用户以女性为主。“轩子宝宝”前端在抖音短视频上表演化妆神技，后端在微信上卖化妆品，引爆了两个微信号，粉丝共8000人（见图3-16）。

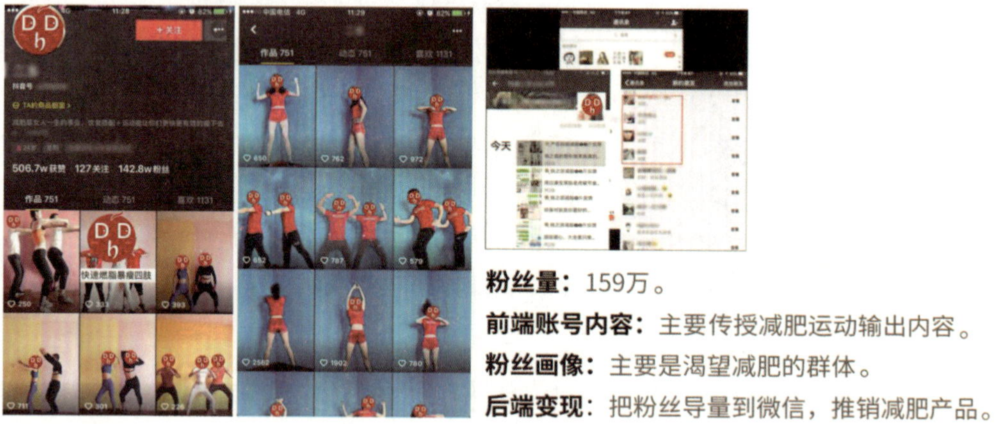

图3-15　对抖音达人“二多”前后端思维的简析

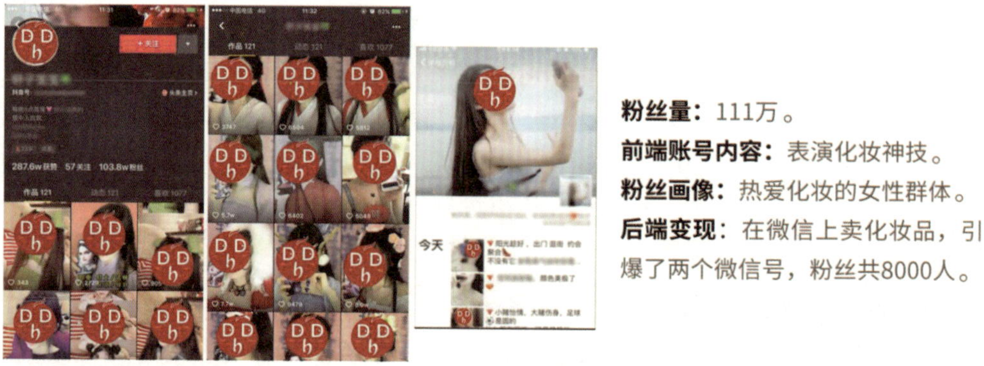

图3-16　对抖音达人“轩子宝宝”前后端思维的简析

经过对以上两个案例的分析和研究，在确定内容方向后，账号可以通过前后端思维，锁定自己的可变现粉丝用户群。

（2）实时结合抖音内容风向标做出改变。

用户红利已经慢慢过去了，但内容红利才刚刚到来。如果现在再去做泛娱乐内的搞笑段子剧已经很难媲美同类型的头部大号，但是，打造人格化的搞笑段子剧却还有一定的市场。比如，抖音号“美少女小惠”总习惯在视频中出现撩头发、搓手的标志性动作，浓重的湖南口音和末尾处的一句“我这该死的无处安放的魅力啊”，都给用户留下了深刻的印象。有时候该账号的视频内容其实不如其他搞笑段子剧优秀，但正是因其抓住了红利期的变化阶段，紧紧地抓住了用户的心理，因此收获了一大批黏性极强的用户群。

（3）紧跟目标用户的需求点。

用户的需求千奇百怪，有喜欢狗的，也有讨厌狗的，一个抖音账号的内容不能够满足所有用户的需求。因此，在定目标用户时不在乎多而全，在乎的是小而精。倘若账号做到一定量级的时候，发现账号中的用户需求点越来越多，那么可以考虑做矩阵账号，正如抖音承接的今日头条算法本身就是“靠内容找人，而不是人找内容”，将用户细分导量到各个针对不同需求的账号当中，做对应的内容输出，以内容优势获取用户关注。

3.4.2　定场景：九宫格场景分割法

目前，抖音短视频的内容生态十分丰富，测评、才艺、段子、鸡汤、颜值、培训等内容充斥整个平台。因此，要想脱颖而出，就需要在内容选题上多花心思，而定场景能够帮助大家从一些比较新颖的角度，发现某些比较贴合用户的选题。

图 3－17 其实是抖音短视频运营的概略图，图中清晰地反映了各个环节的相关性及先后顺序。

（1）进行市场调研数据的统计和分析，给账号定位。

（2）通过九宫格场景分割法确定目标用户出现的高频场景。

（3）场景选定，结合变现可行性，确定定位标签。

（4）完成账号定位，随即进行人物 IP 设定及人员分工安排。

（5）人员分工安排确定后，结合内容季度规划和月度选题大会确定分镜脚本。

（6）视频的拍摄剪辑与上传。

（7）运营推广视频，随后针对视频的数据回馈做出数据统计与分析，适当地调整账号定位。

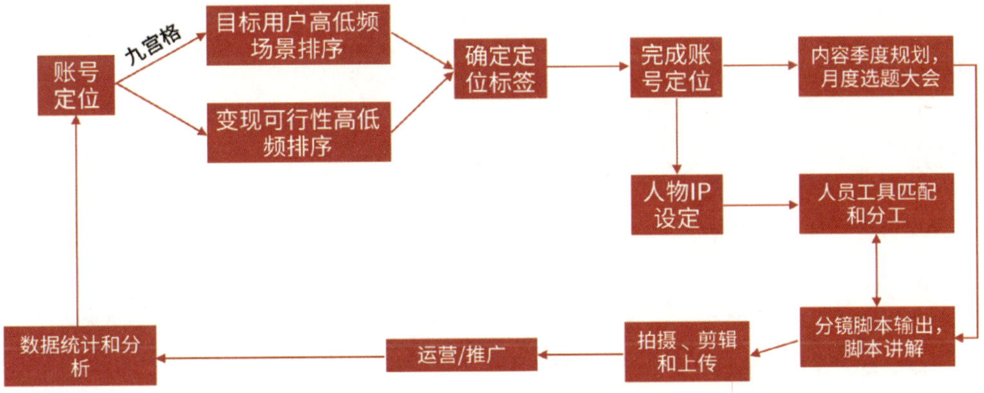

图 3－17　抖音短视频运营概略图

善用图中提到的九宫格场景分割法，在账号定位、筛选内容选题、输出原创内容等多个环节上都可以利用九宫格场景分割法，为抖音账号的运营和维护提供帮助。具体而言，九宫格又分为以下两个维度：

维度一：以用户在不同场景下所占用的时间做场景吸粉，按频率的高低进行排序。

办公室	家/宿舍	娱乐逛街
通勤时间	18~28岁	外出旅游
老家	学习	兼职

1.

基础工作	午休/吃饭	加班
会议	办公室	见客户
聚会	学习培训	外卖

2.

刷剧	个人洗护	聊天
吃饭	家/宿舍	卫生
资讯	做饭	学习

3.

逛商场	吃、喝	KTV
电影院	娱乐逛街	公园
健身房	图书馆	兼职

图 3－18　18～28 岁目标用户群体在特定场合所占时间高低频排序

解析图 3－18：18～28 岁目标用户群体，在特定场合所占时间高低频排序（由高至低）：办公室—家/宿舍—娱乐逛街—通勤时间—外出旅游—老家—学习—兼职。

针对最高频的三个场所进行分析：

（1）办公室特定场景时间占用的多少（排序由高至低）：基础工作—午休/吃饭—加班—会议—见客户—聚会—学习培训—外卖。

（3）家/宿舍特定场景时间占用的多少（排序由高至低）：刷剧—个人洗护—聊天—吃饭—卫生—资讯—做饭—学习。

（3）娱乐逛街特定场景时间占用的多少（排序由高至低）：逛商场—吃、喝—KTV—电影院—公园—健身房—图书馆—兼职。

场景1.

工作交流	娱乐交流	会议
午休交流	跟同事	通勤同步
私下聚会	公司聚餐	加班

场景2.

工作计划	工作安排	工作汇报
工作未完成	跟老板	工作完成
外出出差	聚餐	加班

场景3.

实时对接	同事配合	初始方案
应酬接单	跟客户	咨询服务
效果反馈	售后服务	用户调研

图 3－19　18～28 岁目标用户群体和特定人群相处时间高低频排序

维度二：以不同场景下的人际关系以及可能会发生的事件筛选场景，按频率的高低进行排序。

解析图3－19：18～28岁目标用户跟同事相处的时间最多，其次是跟老板，最后是跟客户。

(1) 跟同事在特定场景占用时间（排序由高至低）：工作交流—娱乐交流—会议—午休交流—通勤同步—私下聚会—公司聚餐—加班。

(2) 跟老板在特定场景占用时间（排序由高至低）：工作计划—工作安排—工作汇报—工作未完成—工作完成—外出出差—聚餐—加班。

(3) 跟客户在特定场景占用时间（排序由高至低）：实时对接—同事配合—初始方案—应酬接单—咨询服务—效果反馈—售后服务—用户调研。

利用上文提及的方式确定好自己的抖音账号的目标用户群体以后，就可以利用场景分割法，围绕目标用户发散思维，考虑用户所处的场景以及可能发生的事件，并筛选出高频场景，或是平台内还没有被其他账号做过的场景，然后围绕这个场景内容做精细化打磨，如此则能够在心理上拉近与目标用户之间的距离，让这些用户自发地关注自己的账号。

在确定了自己能够拍摄和驾驭的场景以后，在拍摄成本及预算这一块一定要把握好尺度，尤其是针对外景拍摄，更加要做好前期成本预算和后期转化收益。例如，此前红极一时的“成都小甜甜”让很多人跟风做街访，但这种方式不仅变现比较艰难，而且街访的不确定因素很大，击中用户内心的“神回复”不是时常都会出现，而且在内容产出上也会遇到瓶颈。原因是脚本策划跟不上，做一个抖音账号不是短短3个月就结束了，可能需要持续好几年，倘若没有足够的素材，策划跟不上拍摄进度，很容易走向失败，因此要学会利用多方资源。

就街拍而言，选题其实很广泛，遇到选题瓶颈时，还可以从以往的综艺节目中找到素材源。比如，参考《奇葩说》的辩论题，这是相对比较容易引起用户讨论和投票的话题，先把《奇葩说》里面的辩题都了解一遍，其间还可以插入一些时事热点，丰富内容弹性，如此一来，就能保证至少一段时间内的内容选题不会出现枯竭。

3.4.3 定标签：持续吸引目标粉丝

为什么要定标签？为抖音账号定标签的作用是识别，简而言之是让用户识别你、认出你，从而使抖音账号抢占用户心智，增强粉丝用户黏性，留住粉丝用户。另外，定标签还有以下几个重要的目的：

(1) 被系统记住：必须让系统知道该账号会持续输出何种内容，系统才能把该账号的视频内容推送给对此类视频感兴趣的用户。

（2）被用户记住：因为该账号的内容能持续为用户输出用户需要的、感兴趣的内容，用户才有关注你的理由。

（3）切忌随意更改标签：风格可以更改，但标签不能随便改，因为“标签一改，等于跳海”。为什么这么说？因为标签更改后，系统还是会把你更改后的内容推送给原来对你视频感兴趣的用户，而这些用户很有可能对你之前的内容感兴趣，但对你现在输出的内容不感兴趣，最后导致视频互动率极低、账号被不断地降权，以至于账号最后变成一个僵尸号。

（4）切忌轻易放弃：如果变现空间太窄，但是账号的操作、内容输出成本不高，也有了一定的粉丝用户群，那么可以将这个账号打造成为助攻号。抖音推荐机制内的时间效应决定了只要有用户对该账号的老视频进行了互动，那么系统就会重新推荐一次该视频，也许这个视频在刚刚发布的时候并没有勾起用户的兴趣点，但过一段时间后，它就有可能引发用户的兴趣。例如，抖音号“陆超”连续发了几千个视频后才小小地火了一把。它就是通过火了的视频带动用户互动老视频，从而获得了抖音的再推荐而火起来的。

3.4.4 定人设：镜头前的人物如何打造 IP

所谓人设，就是视频中角色的外在形象、内在性格、日常爱好和通过视频传递给用户的印象打造。要定人设，首先要确定人物的性格、喜好、阶层等基本信息。目前抖音上的人设可以分为两类：虚拟人设和真人 IP，它们在抖音上的人数比例为 2∶8，操作成本是 8∶2，在变现空间上则是 4∶6。抖音平台上做真人 IP 的账号占了八成，这种账号的操作成本低且变现的空间大；虚拟人设则相反，不但操作成本高，而且变现的空间也窄。

那么，要如何详细地设置一个甚至多个人设呢？其实可以参考影视作品的操作方式。这里简单举个例子，列举电视剧《粉红女郎》对人物的描述（见图 3－20），包括性格、需求点、口头禅、习惯动作等。

在抖音短视频平台上，也不乏精准人设打造的案例。学习的过程就是不断地参考借鉴别人成功的经验。这里举几个例子，建议大家去查看这些账号的主页。这样不仅能够明确如何让人设与视频内容结相合，还可以通过这些账号之下的粉丝用户评论进行分析，总结出这些人设成功的原因，学习这些大咖自我包装以及对外形象展示的方法。比如：

（1）“黑脸 V”（内心充满正义感的视频剪辑大咖）：他的人设是人气视频创作者，

结婚狂

本名：方小萍；年龄：29岁；身份：幼儿园教师；外貌：努力想从平庸外表包装成美天鹅的追梦女郎。个性：心地善良，有同情心，在母亲的压迫下见男人就追；招牌动作：用手捂住两颗门牙笑；简介：已届适婚年龄的她，多次婚恋失败，内心狂热于结婚，却始终无缘付诸言语行动，最终出现在她身边的追求者竟是“白马王子”王浩。她该被动去玩爱情游戏，还是主动去改造他？

男人婆

本名：何茹男；年龄：24岁；身份：城市里的外来打工妹；外貌：帅气利落，一头乌黑的齐耳短发；个性：果断独立，爱恨分明；招牌动作：威胁人时，把一只脚伸到面前；简介：她有一个深埋心底的良好愿望——为自己的老家建一所农家小学，所以她成了工作狂，不惜从头干起，哪怕把自己累垮。她干练吃苦、打拼好强都过了头，以致大家都把她当成不屑于情感、不谈婚姻、拒绝男女私情的怪物。

图 3－20　电视剧《粉红女郎》中对人物的描述

视频特点酷帅，真人出境，名字与形象相符，戴着黑色口罩、黑色鸭舌帽，充满神秘感，能引起观众的好奇。

（2）“美少女小惠”（闷骚自恋的女性形象）：与“美男子顾北”如出一辙，口号也是“我这该死的无处安放的魅力啊”。

（3）“手指上的艺术”：内容定位为陶瓷制作，与账号名称相符，看着一直在转的泥团，有强迫症的人简直停不下来。

（4）“王小喵”：打开他的主页看到的全是猫，一个靠猫主子吃饭的“铲屎官”。这个账号的人设是成精的猫，主要也是讲述猫主子的日常。

通过学习这些账号对人设的包装、自我性格的展现方式、语气等，也可以尝试给自己的账号打造 IP。在打造精准 IP 的时候，可以从以下几个方面入手。

（1）最擅长的人设：表演者本色出演，拍摄更简单，表演更真实，比较贴地气，能吸引同类型用户。其中最受欢迎的人设是贴近主要目标用户画像，易于被粉丝用户接受的人设，这种人设能抢占用户心智，让表演者从素人变成网红。

（2）单人出镜和多人出境：两者之间的区别在于多人出镜易于账号裂变的同时易于视频推荐，主配角间人设的差异化形成对比，吸引不同的粉丝用户群。例如“钟婷 XO”和“天天笑园”多人出镜账号裂变形成团队矩阵，积累大量粉丝。

（3）人设不能腐，要有正能量（见图 3－21、图 3－22）：因为正能量的人设更能够被抖音平台推荐，例如王宇，国家跳高运动员，毕业于清华大学，形象良好，给人一种阳光活力的感觉，满满的正能量扑面而来。

（4）评论区风格要与人设结合，不能结合则直接表明不是本人。评论区账号主理

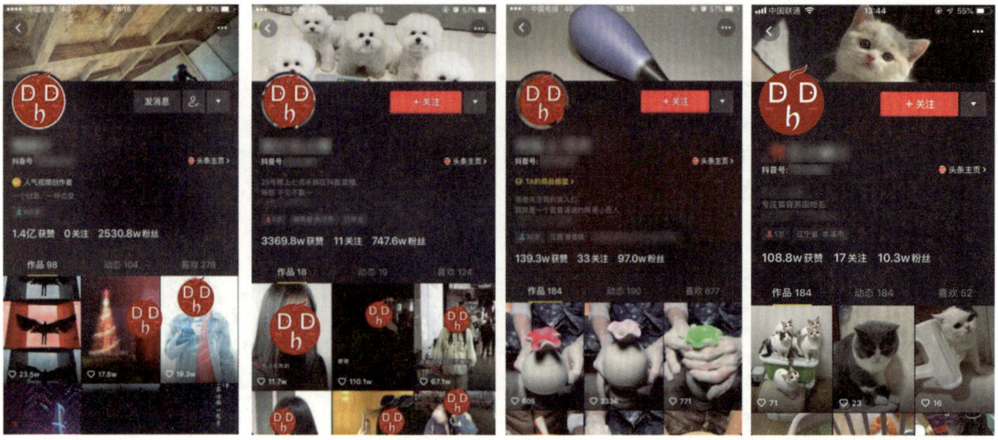

图 3－21　抖音上的正能量人设（一）

人的回复要与视频账号中的主角性格定位相结合，如果不能结合的则直接在评论区表明并非表演者本人回复。

图 3－22　抖音上的正能量人设（二）

在完成人设 IP 定位后，如何持续性地塑造精准 IP 则成为下一步的工作重点。需要注意的有以下几点：

（1）视频内容要和产品的调性相符合。例如，内容创作者建立抖音账号的初衷是为了售卖英语课程，但是视频的内容却以吸粉速度较快的搞笑段子剧为主，那么账号所吸引的用户群基本以热爱看段子剧内容为主。若账号在后期售卖英语课程，账号内的用户基本上是不会感兴趣的，他们不仅不会购买课程，甚至还会取消关注账号。

（2）坚持以原创为主，否则容易引起纠纷：要想打造可持续发展的 IP，就必须坚持原创，若账号内的视频一直以搬运为主，在某一天账号红了以后，就比较容易引起原创者或其他用户的举报和投诉。

（3）确定内容：确定内容的输出风格，同样的内容可以有不同的风格。比如：同样是做星座内容的账号，有的选择真人出镜纯粹讲述星座性格、运程等方面内容，有的选择以段子剧的形式表现十二星座的不同性格，还有的选择动画形式。不同的内容风格所产生的转化比也会不一样，需要具体权衡。

在抖音账号人设的打造上，基本可以得出如下结论，以供参考：

（1）做自己擅长的事：如此更能够快速地输出内容，并更好地与粉丝用户互动。

(2) 结合自己现有的资源：不要盲目跟风拍摄，因其耗时长且成本高，要结合现有的资源。例如“王小喵”，一部手机、几只猫就能吸引大量的用户。

(3) 分析自己能不能拍好视频（个人 IP 必须原创）：为避免出名之后引起司法纠纷，先研究怎么拍好视频，再做 IP。

(4) 优先顺序：原创—封面标题—画质色调—背景音乐—时间点。在人设打造中，若是从一开始就抱着打造带有独立性格特征的抖音头部账号，则必须将视频原创放在最先的位置。比如“美少女小惠”，视频一开始传递出来的便是一种自带喜感、自恋、高冷且创意十足的形象。在原创之后，便是视频的封面和标题，要坚持统一的风格，避免因过于杂乱导致用户的视觉体验感差。紧随其后的是视频的画质色调，画质需要保证高清，色调不宜过于鲜艳。另外，背景音乐需要贴合视频内容，最好选择抖音上的热门歌曲。最后是要保持有规律的视频发布时间，以便培养用户的习惯。

3.5　一群人的抖音怎么玩

团队的搭建和实力决定了抖音账号的内容能否持续输出，在很大程度上也决定了这个抖音账号能够带来多大的价值。一个抖音团队与传统纸媒或新媒体最大的区别就在于短视频所需的人力、物力成本更高。如果想要享受大量的流量红利，那么就必须承受成本增加的压力，但相对传统媒体，短视频的投入产出比无疑高出十几倍！

目前，抖音团队搭建分为三种类型：高配版、中配版和低配版（见图3－23），要运营好一个抖音账号至少需要2个人去完成前期内容创作和后期拍摄制作等工作。

<table>
<tr><th>高配版</th><th>中配版</th><th>低配版</th></tr>
<tr><td>编剧/文案</td><td rowspan="3">全能编导</td><td rowspan="8">万能文案策划/新媒体运营（不建议）</td></tr>
<tr><td>导演</td></tr>
<tr><td>运营</td></tr>
<tr><td>摄影师</td><td rowspan="5">拍摄制作</td></tr>
<tr><td>录音师/配音师</td></tr>
<tr><td>灯光师</td></tr>
<tr><td>剪辑师</td></tr>
<tr><td>美术包装</td></tr>
</table>

图3－23　搭建抖音团队的三种类型

在抖音团队里面，成员各自所扮演的角色与岗位职责分别是：

（1）导演：负责把控基调，视频的画面、内容和调性基本是由导演全权把握的。在前期策划的时候，导演只有对整个剧本有深入的了解，才能够在调动演员情绪和镜头内容上得心应手。

（2）策划：把控题材。结合自身账号的属性撰写能够引起受众共鸣的题材、搞笑段子或是热点信息的内容，是作为策划最主要和最重要的工作。因此，这要求策划对热点信息有一定的敏感度，也要求他具有一定的逻辑性，以及较强的把控文字的能力。

（3）演员：把控人物。演员是呈现剧本内容的核心人物，通过演技展示人物背景和特点，赋予人物灵魂是一个演员的职责。另外，对台词的把控能力，对每一次表演动作的完美重现都很重要，若是遇到需要重拍的镜头，完美地重现上一次镜头的动作，不让穿帮镜头出现，是一个演员要具备的基本素养。

（4）摄像：把控画面。根据导演要求和剧本内容拍摄画面，画面是视频内容给观众的第一印象。一个干净、清晰的画面能够给予观众良好的感官体验，因此，拍摄亦是呈现策划内容非常重要的一环。

（5）制作：把控节奏。在短视频的制作过程中，尤其是在抖音视频的制作过程中，后期需要把视频内容和音乐相结合，能否卡好每一个节奏点，把用户情绪推到最高点，至关重要。

（6）运营：把控规则。视频完成以后，负责把控做视频推广时的核心规则。如果运营这一个环节有所缺失，即便视频内容再优质，也有可能会不见天日。

另外，短视频属于专业化运营。作为一个新兴行业，它与过去一个万能小编负责多个微博、微信公众号、头条号、搜狐号的局面不同，凭单打独斗而成功的概率太小，唯有团队化合作才能最大限度地完成运营目标。而作为团队，就必然涉及团队的管理。

团队中每个个体需要有独立的完成各项本职工作的能力，让专业的人干专业的事，同时，团队的负责人也必须了解整个抖音短视频从 0 到 1 的各个环节和技巧，从而进行人员分工和培训，有效地利用团队的人力资源。

与此同时，抖音短视频需要高频地产出内容，因此，团队成员必须往一专多能的方向发展，才能有效地弥补团队个体临时缺席的局面，规避断更的风险。

此外，抖音团队是一个高度依赖创意的部门，更需要有创意上的自由度，以便于输出更多优质的内容来吸引粉丝用户的关注。因此，一旦组建了抖音团队，就意味着需要公司给予团队尽可能多的空间去发挥，避免盲目、过多地干涉其内容创意，特别是要避免外行管理内行的极端事件，否则不仅不利于团队成员的成长，也留不住真正有能力的团队成员。学会用目标管理人，培养团队为了完成目标而主动求变的意识非常重要。设定一个团队目标，目标的设定既要激发整个团队的动力，形成团队的约束力，又要避免“假大空”导致士气消沉和懒散的负面情绪。因此，团体目标十分重要，它可以通过以下这三步来确定：

（1）与同类型视频账号进行横向比较，设定合理的发展目标。

（2）了解大盘流量的总体概况和本领域流量增长减少情况。

（3）与工作饱和度相匹配，按照视频内容的难易程度、账号类型吸粉难易度设立合格标准，追求内容的质量，而不是内容的数量。

将目标定下后，需要持续跟踪目标完成的进度，并对内容进行审核，避免触碰风险较大、触及内容红线的领域，但同时应该避免过多的创意干涉，营造积极的创作氛围。

在管理学中，关于团队的建设还包括了团队激励，要知道一条橡皮绷得过紧就会导致橡皮断裂，因此，一定的激励是必要的。激励的目的在于激发创作激情。激励与目标挂钩的同时，也要与惩罚相辅相成，避免安逸区的形成。有相应的惩罚机制，以目标为导向，设定标准为“跳起来够得着”的目标，往往会收到意想不到的效果。短视频团队需要相对宽松的工作环境，才能有更优质的内容产出。另外，营造团队成员内在动力，营造为自己而工作的概念。例如：浙江东阳浩瀚影视娱乐有限公司在成立的第一天起，就被华谊兄弟以价值10.8亿元的估值购买了70%的股份，涉及的艺人有陈赫、李晨、冯绍峰、郑凯等，而这些明星之前也基本都是华谊兄弟旗下的艺人。目前，华谊兄弟旗下的一线艺人很少，但和旗下的艺人关系较好。签合同只能约束艺人几年，即使艺人合同结束，人设IP也依然还在，公司只有与艺人处理好关系，才能通过合作赚到与艺人解约后的钱。最后，就是激起团队精神，共同成长。营造良好的团队合作关系，降低团队矛盾风险。如果出现团队矛盾，如团队成员不和睦，则要及时进行调和，不然除了会影响抖音账号运营效果外，还可能导致一个优秀团队分崩离析。

另外，在目标设定时要尽量避免外界的干扰。在做抖音账号的时候，会遇到很多的诱惑和干扰，比如：

（1）短视频大盘数据的波动干扰，用户红利到内容红利的转变。以一场球赛来比喻，短视频的现状是刚刚结束篮球比赛的第1节，后面还有3节比赛甚至加时赛，可想而知短视频未来发展空间有多大。但要清楚现状，不同时间段内平台数据的增长是波动的，包括在线用户时长，并不是永远都在增长的。随着优质内容的不断产出，抖音已经从用户红利向内容红利转变，也就是说，在制定目标时，需要考虑到目前全平台整体流量的起伏状况。比如，抖音的流量在年底时会呈现下降的趋势，原因在于年底时多数行业都进入了业务旺季、学生群体忙着考试，用户停留在抖音上的时间也会相应地缩短。但是，抖音的流量又会在春节和寒假、暑假期间迎来高峰，因为这个时期用户的空余时间较多，自然而然地，用户停留在抖音上的时间也会更多，如此一来，平均分到每个账号上的流量也会相应增多。因此，制定目标的时候一定要三思而后行，结合实际考虑后再做决定。

（2）本领域的数据干扰。竞争对手通过资本运作手段也能打造出爆款，但它的爆款不一定就符合自己的目标用户的调性。因此，盲目地搬运爆款视频，也有可能会搬起石头砸自己的脚。

（3）时事热点干扰。不是所有热点都适合自己的抖音账号，热点有利也有弊，热点有流量倾斜优势，但热点的竞争者也多，如果没有绝对好的创意，宁可不做热点内容。

（4）竞争对手的干扰。竞争对手的运营复盘内容分享，并不一定都能适用于自身。首先，很多运营不错的抖音账号，其团队未必会分享底层的操作技巧；其次，同样的套路在竞争对手上能够适用，却未必适合自己；最后，竞争对手恶意竞争，也有可能会故意误导他人步入运营迷局。

在选题和策划上，还需明白“民主选题”未必是最优选题，毕竟团队成员是有限的，团队成员并不能完全真实地代表目标用户的需求。要尽量避免“伪民主”的出现，简单来说就像是小区要装修，需要粉刷外墙，刷外墙的颜料选择上有白色、红色和黑色三种颜色。当喜欢红色的人知道红色肯定不会胜出的时候，为了避免让自己最讨厌的颜色胜出（比如：黑色），那么原本喜欢红色的人往往会选择另外一个自己不那么讨厌的颜色，所以民主投票选择得到的数据结果，未必能真实地反映出用户的需求。因此可以得出一个结论：对于选题，民主选择出来的结果未必是最优选择，通过数据分析出来的结果才是最优选择。另外，确保只有一个声音的指导，若公司出现多个领导，领导之间意见不统一，团队成员的工作方向不断调整，是无法产出连续性内容的。所以，“一个司令”有助于提高工作效率，避免朝令夕改，团队成员间亦可各司其职，让整个团队的力量做到“1 +1 >2”。

签订合同也是重要的环节，这个主要针对素人演员、红人或明星等。因为素人良莠不齐，比专业艺人更难管理，红得太快，性子便沉不住，容易骄傲自满。举个例子，此前某大型 MCN（多频道网络）机构旗下的一位红人，就是在没经过机构同意的情况之下，与其他综艺节目签约，并上节目进行表演。公司因为艺人违约，将艺人的抖音账号收回，然后删除了账号内的所有视频，导致公司空有几百万粉丝，但却没有任何视频内容，也没有接替者，相当于为打造账号付出的时间、人力和物力都浪费了，而红人也没有办法与公司和解并通过账号获得变现，导致红人和 MCN 机构出现两败俱伤的局面。因此，企业必须加强法律维权意识。

在合同管理上还要考虑账号裂变的因素，可以明确合同到期后的交接事项，做到未雨绸缪。管理层应提前做好应急预案，若是与红人之间有矛盾难以调和的，一套行之有效的应急方案是破局的最好选择，可以及时止损。

总结下来，就是团队组建不仅要找对的人，还要做到快准狠，把时间和金钱用在刀刃上。团队负责人必须了解整个短视频领域的所有环节，按需匹配团队人员。高创意的视频创作需要精力来打磨，盲目地加量不加人，会使视频内容质量下降。而且，还要进行精细化运作。在账号裂变环节加入新人，也会让视频内容制作和运营变得更加容易。

在组建团队时，可以考虑招聘成功者。例如，某家居品牌的抖音账号运营良好，其团队成员经常遭遇被人挖角的现象。这个账号的运营者基本上算是运营企业抖音号当中的成功者，他们不仅有自己的蓝 V 账号，还裂变出了多个与家居设计、装修相关的账号，实现了在抖音平台内与家居相关的类目全覆盖。寻找成功者，是能够最快达到运营目标实现变现的。当然，成功者不是那么容易挖得到的，传统视频行业或是新媒体行业优秀的转型者也是不错的选择，他们具备一定的实操知识和背景，如果能够灵活变通且举一反三的话，基本上很快就能上手，并做出成绩。此外，可塑性极强的应届毕业生，如果对其加以约束、设置行为画框，很多时候也能得到突飞猛进的成长。之所以对其设置行为画框，原因就在于大多数刚入社会的应届毕业生阅历少，容易触碰内容红线，或者“戏精”上线，盲目自嗨，所产出的内容并不受用户的欢迎，且不知改变。

抖音账号的打造离不开团队，即便不能第一时间内找到具备成熟经验的抖音运营者，也一定要试图培养出具有强烈视频敏感度的人才。只有“自我驱动型”和“学习型”的团队，才是抖音专业化运营中最需要的团队。团队的组建咨询可登录网站：www. doudouhong. com。

4

输出优质内容，引爆抖音潮流

短视频的内容，就是围绕着从粉丝用户的拉新到促活，再到变现的一系列视频。而短视频中所包括的所有元素就是内容的组成部分。抖音中心化的分发机制决定了“依靠内容找粉丝”的底层逻辑，并且给予新来者和原有的头部网红同等的起跑机会。2018 年末因一句“好嗨哟，感觉人生已经到达了高潮”而爆红的“多余和毛毛姐”，并不是最早通过用户红利期而得益的人，但他仍然在短时间内完成了粉丝积累过千万的壮举。“机会面前人人平等”，这在抖音上并不是空话。能否把握住机会突出重围，需要专业化的运营；而能够帮助实现突围的工具，就是内容运营。

4.1 不可或缺的内容运营

抖音短视频的成长与爆发，无疑成为各方内容创作者、MCN 机构、企业争相抢占的流量洼地，“双微一抖”的内容运营模式亦基本成型。这其中不可或缺的是内容运营，其实就是规划短视频内容，准备选题及拍摄制作等相关工作，这也是短视频运营人员的工作重心所在。毕竟在泛娱乐化的视频时代，去同质化才是各位短视频运营者突围的最好方向。

4.1.1 火爆的抖音内容概括

抖音的运营要承认有运气成分，大部分昙花一现的火爆视频，连视频的作者都不知道为什么会成为爆款。爆款只是个例，不是每一条视频都能火，做短视频要有一颗持之以恒的心。本书编委成员分析大量的资料研究后得出视频能否成为爆款的特征，总结如下（见表 4－1）：

表 4－1 火爆视频的六大特征和视频不能火爆的六大坑列表

火爆视频六大特征	视频不能火爆的六大坑
官方挑战赛	黄赌毒、荤段子
励志的话题	虐待动物、人
公益的话题	容易引起误解
情感类的话题	炫富的视频
小争议的话题	违背道德人伦
全网热点	骂人脏字

抖音火爆内容总结见图 4－1。

抖音玩法导图中统计了抖音上所有火爆视频的内容，火爆视频都有的共同点是接地气、亲民、接近用户的生活，能让用户产生共鸣。除此以外，在观看了大量的视频后，本书编委成员得出抖音爆款内容的 7 字真言：燃、正、转、技、酷、萌、美。这是一个底层逻辑，具体而言就是：心灵鸡汤、能量要正、转折点要有、技巧（技术）要独一无二、炫酷、呆萌、颜值不能差。

此外，对于单条视频而言，若想获得比较优质的粉丝用户互动数据，在内容策划中还有一条“三想三要”的规律可以借用：

（1）想要转发高，要做既简单又实用的内容。简单而且实用的内容，一般都会受用户的青睐。就像以往微信公众号的文章一样，只有对粉丝用户有传播价值的实用内容，用户才愿意转发或者分享给自己的好友。

（2）想要评论高，要有吐槽点。对于抖音的视频评论区，若想调动用户进行互动评论的意愿，最好的方式就是让视频中含有可以让用户彼此倾诉的内容，比如带有小争议的投票、情感类话题的吐槽，或是视频本身含有的细节瑕疵（例如穿帮镜头），或者心理测试等等。有可以评论的源头，才能吸引用户进行评论。

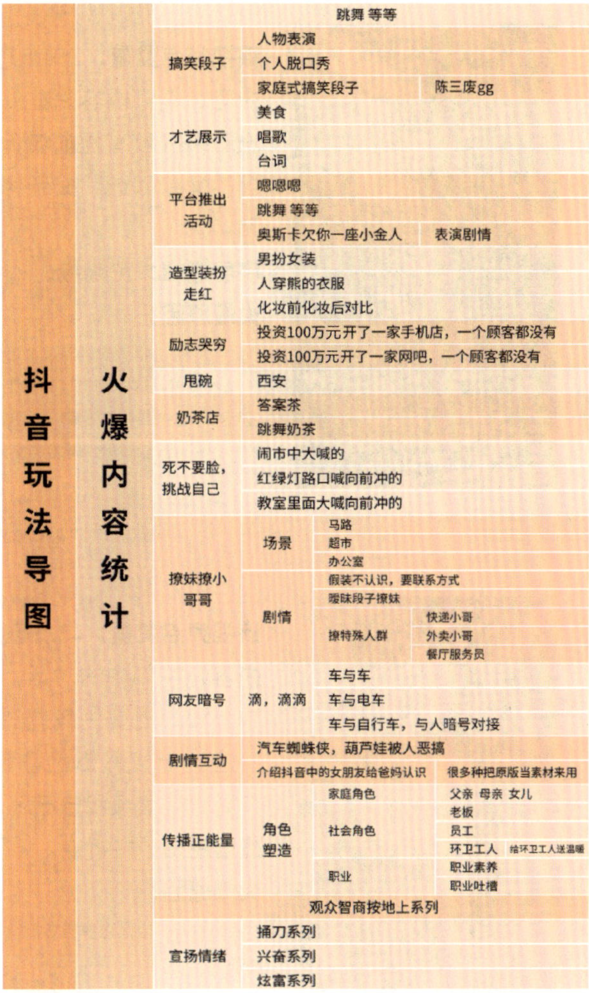

图 4－1　抖音玩法导图

（3）想要点赞高，要调动情绪。用户对视频的点赞，往往是视频的内容满足了自己的某个兴趣点或是共鸣点，因此若想激起用户的点赞欲望，最好的办法就是让视频具有点赞的价值。比如，“小鹿式女友”的视频内容按男女朋友之间的故事情节展开，视频中的女主角虽然有点小任性，但是在大事上会给自己的男朋友面子，而且亦会向男友解释自己作为女生的一些想法，不仅吸引了大批男性用户的喜爱，其内容更是直击女性用户的内心，调动了用户的情绪，因此点赞量一般都比较高。

在抖音上，百万赞以上的视频中往往契合的是这些爆款视频的底层逻辑，传播范围广，往往有数千万次的曝光，比如图 4－2、图 4－3 这两个案例：

该视频点赞量： 264.6万。

内容： 视频内容是在外工作的女儿，大半年才回一次家，这次回来并没有提前告诉自己的父母。女儿假装成路人站在自己的父亲面前，父亲经过短暂的愣神，随后笑着踢了女儿一脚。

底层逻辑： 正能量。

火爆原因：

1.父亲的脸上是满满的惊喜，踢的那一脚也饱含爱意，抖音上的用户群主要集中在一二线城市，这些城市以外来工作者和流动人口为主，并不能经常回家，这个视频正是切中了这些用户的痛点，并引起了他们强烈的共鸣感。

2.隔着屏幕都能感受到暖暖的父爱，切中的是亲情，传递了满满的正能量。

图 4－2　爆款视频的火爆原因简析（一）

该视频点赞量： 43.2万。

内容： 视频中的对话，老婆说“我真的很烦你”，老公说“我也是”，老婆生气地说“你有种再说一次”，随后老公复述一遍，老婆默默地拿起了三脚架准备动手，老公立马补充“我也是很烦我自己”。

底层逻辑： 转折点。

火爆原因：

1.视频中有一个很奇妙的转折点。此类转折点也是在日常使用抖音过程中最常见的视频类型。

2.夫妻之间的日常打闹，切中了一大批情侣和夫妻，视频中老公强烈的求生欲也让用户捧腹大笑。

图 4－3　爆款视频的火爆原因简析（二）

4.1.2　内容运营方法论

抖音的内容运营为账号的持续发展提供了保障，目前市场上还没有规范的抖音专业化运营体系，经过大量的实操检验和学习研究后，本书编委成员总结出一套系统的运营方法，从大层面的方法论到底层的实际操作，道法部分罗列了在内容运营过程中通用的方法论和心得体会，心法部分就如同经验的总结，而术法和技法则更多的是讲道法和心法在实际中的运用技巧。

4.2 道法

短视频的更新迭代异常迅速，碎片化的消遣也必然会带来内容上的推陈出新。因此，具体的细节技巧往往也会有其生命周期，使用的次数多了，粉丝也就不再感兴趣了，最重要的还是要从中学会万变不离其宗的方法论，才能永立潮头，产生更多的创意源。

4.2.1 内容为王，差异化原创

随着抖音内容红利期的到来，抖音上积累了大量内容相似的视频，同质化现象严重。比如，泛娱乐搞笑板块已成红海。越是这种视频泛滥且良莠不齐的时候，视频的内容质量就越显得重要。做出高质量内容的同时要做到与别人不同，做出自己的特色，探索新的创意。

4.2.2 外部助力：找到或是培养跟拍者

例如，“成都小甜甜”的案例，短视频首发时，点赞量并不高，但由于该视频的内容切中了抖音男性用户中的内心希望，引起了用户的强烈共鸣，随之而来大量的视频跟拍者以及合拍者，最后在一段时间内形成刷屏般的效果。而这就是跟拍者的力量，它不仅包括使用声音拍同款，也包括在原视频的基础上进行创新，如各种去成都请小甜甜吃饭的视频等。这里的跟拍者就是外部助力。

4.2.3 大道亦简

把抖音账号运营好需要追求极致的简单，如此才能抓住用户的心智。在新媒体行业流传着这样一句话：“永远别把用户当傻子，也永远别忘了他们就是傻子”，前半句的意思是不要试图欺骗用户，他们未必不如你；后半句的意思则是，采用最简单的方

式，以用户听得懂、看得懂的语言来传递你的内容。首先，内容不能太深奥，如果用户需要大量时间思考，视频的受欢迎度必然会大受影响。因为抖音的主力用户群更多的是抱着消遣的心态，而不是面对一场考试，需要高度集中注意力。其次，内容不能太浮夸，脱离实际难以引起共鸣，内容不能太复杂，否则不利于跟拍者模仿和延伸内容创作。

4.3 心法

4.3.1 模仿法：1∶1 模仿爆款视频

所谓模仿，指的就是通过搜索全网的爆款视频，再在实际的内容创作中 1∶1 地模仿整个爆款视频里面的内容，或者在此基础之上稍微进行创新，此举既蹭了爆款视频的热度，实现快速涨粉，又能从中学习到爆款视频的一些玩法。

4.3.2 翻转法：改编爆款视频，营造反差点

翻转法就是将整个视频的内容进行翻拍和转变，营造结果反差。例如，视频的内容是："天太冷了，不适合约会，我们先分手，春天再和好吧。随后两人各自离开"。可以将其翻转为："天太冷，不想出来约会，干脆结婚吧！这样就可以捂被窝里约会了……"

要善于总结各个爆款视频的转折点、创意点和吐槽点，这样在原有爆款视频基础上的反转，意味着给用户营造了强烈的反差感，更易于勾起用户的兴趣。因此，好的翻转往往会比首发视频更受用户的欢迎。

4.3.3 千套法

收集全网爆款，与自己的内容输出做结合，运用到自己的账号内容上。例如，在抖音号"星座充电宝"的视频列表中，基本是按照一个系列的视频，以分集播放的套路操作，但偶尔也会突然插入一集与整个系列并无关联的视频。比如，图 4－4 中"金牛座的分手套路"，该视频是通过全网收集的爆款视频，找到的一条男女分手、男子将送给女子的戒指在最后一次牵手中悄悄摘下来的视频，该条视频的男子形象刚好能契

合“星座充电宝”这个星座类账号中金牛座的性格特征，因此，“星座充电宝”就将该视频的创意运用到自己的内容创作中，也获得比较良好的反馈。

图 4－4　千套法案例

4.3.4　搬运法

在以往微博、微信等自媒体端，或者资讯类的视频网站以及国外的视频网站中，其实还存在着大量的优质视频或者 GIF 动图，若获得版权授权直接使用这样的视频，或将这些被广泛使用的 GIF 动图拍成具有情节的视频，搬运过来使用，其成功率也非常高。

4.4 术法

4.4.1 五步教你“智”造爆款选题

（1）场景切割后的高频场景。

在账号定位章节所提到的九宫格场景切割法，同样也是内容创作中必须掌握并加以运用的方法，尤其是以原创为主的短视频账号。遇到选题瓶颈是很正常的事，通过场景切割法可以细分出无数个场景，在这些场景中策划的视频内容才会更容易引起粉丝用户的点赞和共鸣，尤其是高频场景，往往能给粉丝用户营造出一种“我也经历过”的心理暗示。

（2）筛选场景后选择合适的既定热点，提前布局选题周期。

蹭热点，尤其是比较大众的既定热点，视频往往能获得大概率的成功。比如，关于“春节”这个选题，从春节延伸出火车票、同学聚会、催婚等内容，而节后又能延伸出假期综合征、开年红包、工作变动等等，抖音用户群中往往都经历过这样的场景，能吸引这些用户进行转发，并作为生活中的一种谈资。因此，在选定了场景后，将热点内容和自身账号定位相结合，提前做好脚本策划，保证脚本跟得上拍摄的速度。

（3）总结分析全平台同领域所有爆款视频，挖掘视频的吸引点，丰富选题。

时刻关注平台热门视频，总结分析其优缺点，挖掘符合自身定位的内容并加以改变，应用于自己账号的视频中，这样不仅能蹭热点还能丰富选题。

（4）抢占合适的突发性热点，与之结合。

这里的重点在于“抢占”二字，对于突发性热点内容，只有抢在同质化内容还没有刷屏前发布，才能获得更多粉丝用户的关注。在时间上，突发性热点的发布时间与热点发生时间最好在5小时内，超过了5个小时，平台上已经有大量的同类内容，你的视频只能淹没其中。

（5）满足用户对未来的幻想和好奇。

人性中有一个非常突出的特点，就是都喜欢自己没有的东西，或者对于自己缺乏的事物抱有美好的幻想。在短视频创作中，若能满足粉丝用户的这种幻想，往往也能收到意想不到的效果。比如网红景点，大部分用户虽然没去过，但其美丽的风景仍旧能勾起用户对该景点的向往。

4.4.2 爆款视频打磨的五大原则

4.4.2.1 巧蹭平台热门达人

抖音平台的原生达人①，特别是数千万粉丝用户群的头部大号，经过近一年的经营，其大部分粉丝用户的黏性都比较强。在内容创作中，若能紧跟这些达人进行内容创作，并@这些头部达人，或是在文案中植入与这些达人有关的内容，往往能吸引这些头部达人的粉丝用户的关注。

在运营中千万不要忽视这股粉丝用户群的力量，前有范丞丞在微博上50元卖出一张电子照片获得大额收入的事，后有吴亦凡新专辑登顶北美音乐榜的案例，背后都有粉丝的大力支持。在抖音上也有类似的案例，比如昵称“吴亦凡最胖的媳妇儿”就是这样的例子，其凭借吴亦凡的名头和自身不俗的实力圈粉二十几万，随后再改名“胖翔儿!”，这也是合理利用热点的技巧。

图4-5 巧蹭平台热点

① 纯粹依靠抖音火爆的达人，而不是在抖音之前就已经在别的平台上火爆过的人。

此外，还可以通过手机端上传自己的歌曲音频，成为抖音的音乐达人，当其他用户使用你的这段歌曲音频作为背景音乐时，相当于为你做了一次推广宣传，这也是蹭热点的方法之一。

如图4－5（左边）与摩登兄弟合拍，通过标题文案的引导，吸引“摩登兄弟”的粉丝用户的关注，顺利蹭到了热点。通过图4－5（中间和右边）的操作步骤，还可以申请音乐达人，如果声音足够有特色，尽管不是原创歌曲，依旧可以吸引众多粉丝用户使用和关注，达到蹭热点的目的。此外，音乐达人的门槛不算高，几乎每个人都可以申请。

4.4.2.2 巧蹭热门话题

通过蹭热门话题，或者直接在抖音短视频平台创建一个虽然目前还没有但却非常有潜力的话题，通过话题的曝光吸引用户的关注，提高抖音的推荐。以图4－6为例，话题“戏精”是由抖音上一个普通的内容创作者创建，最后在该话题下，有大约17亿的用户浏览过该话题下的视频，开设这个话题的内容创作者也附带获得了大量用户的关注。

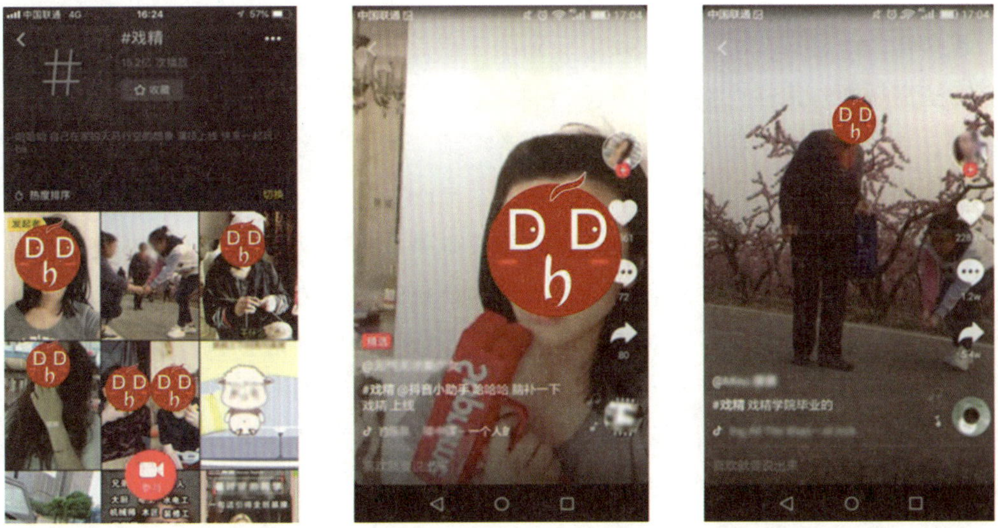

图4－6　巧蹭热门话题

4.4.2.3 模仿同款

模仿同款，也可以是搬运同款，或者将众多的爆款视频直接通过搬运和巧妙的策划进行组合，最终剪辑成一个全新的爆款视频，图4－7中的视频同时搬运了4个爆款视频，加上自己真人出镜的视频，一共由5个视频组合成一个全新的视频，累计获赞高达百万。为此，抖音短视频官方还创设了“心痛线条舞”的话题，让广大用户一起参加到其中。

不过，类似这样的直接搬运也是存在巨大风险的，当视频获得数百万赞时，视频的曝光量也必然达到了数千万的级别，如此一来，被搬运视频的原作者会有很大的概率浏览到该视频，因此不可避免地会产生一些版权纠纷或是用户举报的问题，导致账号限流或者被封。就上述的这条视频，也是被发现搬运了其他的视频，最终被抖音官方下架，这个抖音账号也因此被抖音系统进行了降权处理。

所以，模仿同款的最好方式是，模仿同款视频的拍摄，而不是直接搬运原视频，如若搬运，也最好在完成涨粉的一段时间后，自行删除视频或设置成“仅自己可见”。

图 4－7　模仿同款

4.4.2.4　潜规则

在抖音的内容运营中，除了以上提到的 3 点之外，爆款视频的内容打磨其实还存在着一些潜规则，包括：参与官方发起的挑战赛、热门的背景音乐、排名靠前的贴纸和道具、平台倡导的内容以及不断地刺激老视频。读懂抖音潜规则，有助于让视频更大概率地获得曝光：

（1）挑战赛：多参加和内容相关的官方挑战赛。官方挑战赛分为两种，一种是平台为活跃用户而开通的挑战赛，比如：各种新式舞蹈；另外一种，则是广告主通过购买而发起的官方挑战赛，可以通过关注抖音官方的公众号与抖音官方洽谈发起你想要的挑战赛，或者直接与抖音官方的工作人员联系合作。此两种挑战赛均是平台短时间内优先扶持的领域，会有相当多的流量倾斜。在这样的背景下，如果挑战赛本身和自己运营的账号有一定的相关性，都可以参与。

（2）选择使用人数较多的背景音乐：选择比较受用户喜欢的音乐作为背景音乐，有助于获得额外的流量补充。比如：一款在抖音上的魔性笑声音乐，该笑声已经在抖音上形成了刷屏的效果，绝大多数人都浏览过使用该笑声的视频，那么在算法推荐的机制下，如若新视频也使用这款笑声作为视频的背景音乐，那么视频将有很大的概率被推送给那些曾经给这款笑声的视频有过互动行为的用户，这其实和抖音上的“拍同款”功能是一样的，可以获得这首热门背景音乐的流量。

（3）多使用官方的贴纸和道具：排名靠前的抖音官方的贴纸和道具，基本都是近期的广告主通过购买而来。比如，在 2018 年 11 月迅速刷屏的“supreme”贴纸，该贴纸通过抖音短视频被大量用户使用，迅速地提升了品牌的知名度，同时，使用这款贴纸的视频也能获得相应的官方流量扶持，获得了更高的曝光量。

（4）平台倡导的内容：实时关注并了解官方扶持的领域。比如，正能量的视频一般都会获得较高的推荐，国内的热点一般会比国外的热点获得更多的流量推荐。例如，在同时段热点中，“华为孟晚舟”的热度就远胜其他热点，还有此前抖音上“全民消防 show”就胜过了万圣节的流量推荐。

（5）不断刺激：利用其他的抖音账号不定期地刺激自己账号的老视频，为自己的主账号做助攻，这样做的目的是为了给系统一个提示：“该视频仍然有人感兴趣”，因此，往往也能让系统再度对该视频进行推荐。

4.4.2.5 完善细节

所谓“人靠衣装马靠鞍”，一个优秀的视频同样需要完整的个人主页、视频的封面、标题、字幕等来吸引用户。

（1）完善个人主页：个人主页是促使用户产生关注行为的诱导因素之一。个人主页又包括：主页头图、个人头像、昵称、个人签名、性别和年龄等内容，完善这些个人信息，能够让新用户了解该账号的人设、视频的内容主要是讲述哪一方面的，进而让目标用户产生关注的行为。

（2）标题：在抖音的专业化运营中，标题的作用更多在于引导粉丝的互动，因此也可以理解为，视频真正的标题在封面，而视频编辑中的标题则变成了以往微信公众号的文章末端中的引导，承担了吸引用户进行点赞、评论、转发和关注的作用，而不仅仅是吸引用户完整地看完视频。

（3）字幕：专业内容创作者或团队和普通内容创作者最明显的差距之一，就在于视频中是否有字幕，字幕担任着视频的旁白或者台词的描述，特别是针对带有方言性质或者普通话不标准的抖音视频而言，字幕更是对视频本身的补充。在字幕的制作中，首先字幕本身要贴合目标用户的调性，不建议使用繁体字或者潦草的字体，以便于提高用户的浏览体验。其次，字幕的位置既要避免被视频的标题所遮盖，视频中人物的面部也不能被遮盖。

4.4.3 内容优化迭代的五个方法

一是全平台的流行趋势和总体风格的转变。平台内容风向标在实质上是实时变动的，正如抖音短视频从最初以歌舞才艺类的音乐短视频为主，到现在的内容全覆盖一样。在不同的时期内，内容的受欢迎度也在不断地变化和调整，切莫墨守成规、一成不变。

二是关注头部大号的动态和官方发起的一系列变更通知。抖音的头部大号多半被MCN机构掌控，此类机构往往拥有专职的内容策划和调研人员，以及官方渠道的信息源。关注此类机构的内容风向，将有助于低成本、正确、高效地追随内容热点。此外，抖音官方正式公布的一些系统消息，是抖音经过深思熟虑而发起的通知，通过此类通知并将其运用至内容创作中，是避免内容触碰红线的必要标准。

三是分析自己的账号以往发布的较优质的视频数据，找到目标用户的关注点，再次深耕。在抖音账号以往的内容中，如若存在比较受欢迎的视频，可以尝试从粉丝用户的评论中发掘出他们为何偏爱本条视频的原因，分析视频中的哪一点比较容易引起他们的兴趣。比如：渣男分手的场景，通过策划多个分手的场景进行发布，就能筛选出目标用户更认同哪一种风格的渣男分手，以及哪一种比较贴近真实场景，从而在以后的内容创作中尽可能往这样的表演风格贴近，以增加目标用户的共鸣感。

四是关注竞争对手评论里的真实留言反馈，输出大多数用户所需要的内容。如若自己运营的抖音账号中缺乏优质的视频作为参考，或者优质的视频数量较少，也可以在同类型的达人账号中找到答案，关注他们视频中用户的吐槽点，以这样的吐槽点作为视频策划的出发点，也能起到意想不到的作用。

五是舆情调研，从种子用户中直接找答案。当视频账号的关注量在10万以上时，就可以考虑将这部分用户引导到私人微信中，并在此基础上构建种子用户群。如此一来，就可以直接在种子用户群中调研出种子粉丝用户喜欢的内容风格或者更具体的内容。

除此之外，内容迭代还可以通过一些提前的规划作为补充，比如以下的方法。

（1）季度/月度选题规划。

筛选每一季度或者月份中固定的热点节假日、受众较广的网络节假日等，将这些节假日融入自身运营的抖音账号视频中，打造成热点型内容，本身也是一种内容的迭代补充，因为这些节假日属于必定会发生的事情。此外，还包括部分既定的名人热点，比如明星的生日、演唱会、赛事等等。在视频的打磨中，如若视频时间过长，还可以打磨成系列的分集视频，往往一个系列就足够一星期的内容发布需求。

（2）从“双微”历史中找选题。

从“双微”的历史热门话题中找选题。不怕点子老，就怕精人脑，“双微”经过多年的内容沉淀，本身就已经完成了无数次的内容迭代。因此，当内容创作陷入瓶颈期时，最直接的方式可以尝试从“双微”或者其他综艺节目中找到内容源。

（3）调配原创比例和抢占话题制造。

根据统计，在抖音上纯原创的视频，其火爆的概率相较于微原创的视频至少要低10%，甚至存在大量原创不火、仿拍者的视频爆红的案例。因此，在内容策划上，并不一定要求都是纯原创，可以先设置相应的原创占比。同时，原创视频的内容产出也相对较难，基于内容迭代的速度在加快，更需要注重原创的比例，以规避抖音账号的增长速度受制于原创视频火爆概率更低的影响，导致抖音账号始终不温不火。

4.4.4 引起粉丝关注的五个方法

抖音短视频大爆发期间带火了不少的个人抖音号和企业抖音号，抖音巨大的流量池吸引了无数品牌入驻并收割红利。

但是，直到目前为止抖音上依然存在许多运营情况不理想的账号，由于关注度、完播率、点赞数、评论量和转发量等数据都不太理想，抖音系统基本不会推荐这些账号的内容，所以其获取用户关注的难度非常大。深究其原因，可以归结到大部分的账号都以一种简单粗暴的方式生搬硬套别人成功的经验，即跟拍抖音热门爆款视频，期待通过造就一个火爆的视频来吸引用户关注。

这种蹭热点的方式存在一定火爆的概率，但即便取得了短期流量，如日后缺乏正当的运营和维护，也很难做到留住用户和发展新用户。因为用户只关心他们在乎的热点，而不是每个热点，所以，总的来说，让用户产生关注行为的，绝对不是因为账号偶然产生的爆款，而是这个账号能够持续输出能满足用户某种长期需求的内容。而用户的各种需求，80%以上由下面5种动机触发。

（1）输出快乐、正能量的内容。

抖音短视频让人深陷其中、无法自拔的一个原因，很大程度上是因为平台上的视频大部分展示的都是快乐的小事、美好的事物和让人感动的正能量内容，这满足了用户寻找快乐的需要。

在现实生活中，人们或多或少都会产生一些负面情绪，甚至有段子手自嘲人生总是“起起落落落落落落”，而排遣消极负面的情绪时，人们会主动选择一些能让人身心愉悦的内容来观看，这是人的本性。因此，当用户在抖音上发现了能随时随地满足自己此类需要的账号时，就会产生关注行为。那么，要怎么样才能够持续满足用户追求愉悦的需求呢？

留意一下抖音上提供这类内容的搞笑账号，他们都十分注重人设的打造，在账号成立之初就会定位一个人设。只要搞清楚了人物的性格特征、行为习惯，就能够树立一个固定的形象，并通过内容不断强化人设，让用户对内容和人物形成一定的期待，用户自然会关注该账号。

简单来说，食客不会对一家今天卖火锅明日做意大利餐的餐馆有任何期待，因为他不知道这家餐厅明天做的是哪个国家的料理，是否满足他的口味。但是，他会对一个坚持卖云吞面20年的小店抱有期待，在食客想吃云吞面的时候他会光临该店，因为这家店的云吞面非常好吃，正是这种确定性会让用户有所期许。比如：抖音号“多余和毛毛姐”，这个账号主要是一人分饰多角，但每个角色有自己固定的服装和装扮，每个人物的性格特点都十分鲜明突出，而且表演风格长期保持一致。这种长期的一致性人设能够让粉丝对演员形成一定的期待感，还会因为喜欢这个演员而认可其产出的内容。

但是，如果人物形象因剧情需要而不断转变，这会造成一个比较严重的后果，即弱化粉丝用户对演员的期待感，导致用户对整个账号输出的故事内容、布景设计、人物演技等提出更高的要求。这无疑增添了更多困难。所以，利用一个清晰的人设在用户心中形成一个刻板的印象极其重要。

（2）好奇之心人皆有之。

除了搞笑类账号以外，在抖音短视频平台上还有一种类型的账号同样让人不可小觑。这类账号专门为用户提供一些冷知识或者是新颖的内容，能让用户增长见识、满足好奇心。例如抖音号“生化观察员”，它的内容主要是介绍一些新奇且脑洞大开的冷知识来满足用户的求知欲，该账号输出的关于颠覆人们常识的化学冷知识获得了156.9万的点赞，这些视频不仅能够满足用户对知识的渴求，还能够为人们的日常社交提供谈资，脑洞大开的知识会让身边的朋友惊叹，同时亦满足了用户自身的虚荣心，即：这些知识只有我知道。再比如“歪果仁研究协会”，这个账号主要以街访外国人为主，但无论是采访者还是被访者基本上都能够流利地讲普通话，而采访的选题则偏向于外国人对中国一些事物的看法，能满足用户的好奇心，因为人类作为社会性动物，对于他人如何评价与自身相关的事物是特别在意的，像早期QQ设置的“朋友为你贴标签”，到现在微信朋友圈经常出现的“限今晚评论说出你对我最真实的看法”等游戏，就是很好的佐证。

因此，如果一个账号可以输出这类满足用户好奇心的内容，同样很受用户的青睐。

（3）提供学习效仿的参照物。

有一句俗语非常准确地表达了这一个观点，那就是“隔壁的饭总是香一点的”。在抖音上有一类特别火爆的账号就是通过设置“别人家的哥哥、别人家的男/女朋友”的人设，让用户产生羡慕心理的。例如：“你的子笺子凛”，就是通过输出帅气双胞胎哥哥独宠妹妹一人的完美哥哥形象来吸引用户的关注的，同时也诱发了大批网友的模仿。古语有云：“三人行，必有我师焉”，人天生就会通过学习他人优秀的品德以及模仿他人良好的行为习惯来规范自身。简单来说，就是渴望成为画家的人，会临摹大量名家大作；渴望成为网红的人，会参照网红的穿搭和学习被参照者拥有的某项技能；等等。

类似这种“别人家的哥哥”，就是很多人都渴望的，甚至会大呼一声“世界欠我一个这样的哥哥”。因此，许多人也会通过关注这些账号来规范自身和他人的行为，有兄长的人会以此提醒自己的哥哥：学习一下别人是怎么宠爱自己的弟弟妹妹的。也有人可能以此作为寻找另一半的标准，或者提醒自己未来也要成为这么优秀的人。

如果账号的人设有足够强大的吸引力，能打造为大部分人都渴望成为的对象，就能够带动用户关注。那么，具体要怎么操作呢？其实，答案很简单，只需要思考一下，什么群体是目前的目标用户渴望成为但却还达不到的，就是账号所需的人设了。

（4）提供解决问题的方案。

日常生活中人们会遇到各种各样的问题，比如：怎么收纳才能让家居空间更大？电脑的某些软件要怎么操作？这些问题的出现，会困扰用户并阻碍他们进一步达成某项任务。所以，能为用户提供解决方案的账号也能够诱发用户的关注行为，像在抖音上就有很多 office 软件教程的账号，“Excel 办公教学”就是其中一个做得比较好的，还有一些 PS 教程、动画教程和英语教育等等。这类账号最大的特点就是工具化，即用户会因为某件与这类账号相关的事情而想起它。比如，当在工作中遇到某个关于 PS 的问题时，用户可能会想起某账号曾经解决过类似问题，然后忍不住打开抖音查看教程。

这类提供解决方案的网红，其实会比其他仅提供感官刺激的网红有着更长的生命周期。因为，颜值终有厌倦的一日、搞笑亦有麻木的一天，当用户适应了这些内容，渐渐地就会产生审美疲劳。但是，工具化网红不一样，这类账号的存在只是为了提供一些便捷的方式，帮助用户解决问题，所以，用户不会对这类账号产生疲劳感，反而会有点“上瘾”地去刷这些账号来提升自己。这些工具类网红的出现，能让用户更好地完成任务，同样能够受到用户的青睐。

（5）协助用户实现自我价值。

最后一种能诱发用户关注的，是心灵鸡汤式的账号。正所谓“时势造英雄”，在这个快速变化的时代里，通过媒体的渲染，许多名人大咖的成功案例鲜活生动地呈现在普罗大众面前，不断地刺激着人们去追求成功，实现自我人生价值。但别人的成功同样会对用户造成精神压力。而抖音短视频平台上一些鼓舞人心的心灵鸡汤，则给予了用户一种阳光、积极地获取进步的思路，同时名人的成功经验也更具说服力。例如，马云、马化腾、许家印等名人的成功学说就能振奋人心。

现代人生活压力大，工作的不如意、失恋、经济压力等都会令人感到沮丧，这种沮丧会让大部分人产生一种无法把控生活节奏的感觉，让人产生焦虑甚至是抑郁情绪。如果这个时候，有人告诉你“遇到困难，不要担心，马云在成功之前也是这样子，在他做了以下事情后，他成功了”，用户就会思考，也许我像马云一样做了这些之后就能脱离困境了，这让用户重新产生了生活尽在掌握之中的感觉。所以，如果账号能够源源不断地提供心灵鸡汤和丰富的成功学知识，那么该账号的曝光量一般不会太差。

通过上述的 5 个诱导方式，各位读者可以从用户的角度入手，深入地了解目标用户喜欢什么类型的内容，从用户的痛点出发。

4.5 技法：十大内容制作技巧

人们都是喜欢自己没有的，在创作内容的时候不妨多思考图 4 – 8 所列的技巧。

内容技巧	共鸣	遭遇
		经历
		身份
		观念
	好奇	是什么
		为什么
		怎么样
		视觉享受
	利益	身边的事情
		地域的利益
	思考	感情
		人生
		子女
		生活
	欲望	食欲
		爱欲
		保护欲
		追求美好的欲望
	未知	新鲜的食物/人
		新奇的事物
	幻想	对未来的幻想与现实的对比（“别人家的……”）
	感官	
	价值观	知识技巧，最容易被点赞（可以有一部分，几乎所有账号都可以用）
	冲突	情节冲突/反转

图 4 – 8　抖音账号创作内容制作技巧

至于如何应用，不妨从下列的案例分析中找到规律（见图 4 – 9 至 4 – 18）。

共鸣： 农村小付。

截至目前，抖音的用户群仍旧以18~30岁的中青年为主，该群体大多是刚走出校园、步入职场的新人，因此，该视频的内容定位为粉丝群体中的职场新人。在职场新人中，犯错，尤其是犯较为低级的错误是很常见的一种情况。视频中的小哥哥因为犯错被老板责骂，本身就能在粉丝中引起强烈的共鸣，而老板的强势和暴力，则为视频添加了更多的吐槽点以供粉丝评论。

图 4－9　抖音账号创作内容制作技巧（一）

好奇+利益： 在国外友人心目中，中国人文风俗以及中国的人、事、物是什么样子呢？

正如前些年火爆的一条直播，直播的内容是欧洲的一辆列车，这辆列车会经过欧洲多个国家，直播的内容本身并没有多么有趣，但却吸引了大量的用户观看，其关注的核心就是这辆列车会不会从自己的家乡经过，自己的家乡会不会成为他人口中的谈资。潜在的逻辑就是，人在内心深处，对于自己身边发生的事，往往会倾注更多的注意力。

图 4－10　账号创作内容制作技巧（二）

好奇+利益： 这其实和上一个案例有着类似之处。

视频内容：身处成都的法国小哥哥，将自己的母亲带到中国，然后吃中餐，以及对中餐进行评价。

这就有效地勾起了粉丝的好奇心，此外，由于视频涉及成都，也因此吸引了大量成都的抖音用户参与到互动中来。

图 4－11　账号创作内容制作技巧（三）

思考+共鸣：涂磊，作为《爱情保卫战》节目中的大咖级情感导师，在本视频中讲述关于完美的婚姻需要彼此忍让的案例。

引起强烈的粉丝共鸣，此类视频多为分享人生的感悟，让受众对视频中聊到的事情产生思考。

图 4－12　账号创作内容制作技巧（四）

欲望：此类主题主要是萌娃萌宠、美食类等能激起大众的保护欲、食欲的视频。

正如左图这么可爱的猫，是不是很能激起你想要撸一把的欲望？

图 4－13　账号创作内容制作技巧（五）

未知+利益：重庆的轻轨，是抖音上有名的网红景点，尤其是李子坝站点，更是一改以往用户对地铁站的认知。

如左图中的视频，在视频剪辑中，融入科幻色彩的魔术VFX（视觉效果），更是吸引人，这类新奇事物，更多的是构建于未知所带来的好奇心理，以及身处重庆的用户内心的自豪感。

图 4－14　账号创作内容制作技巧（六）

幻想：小鹿式女友。

视频中男生初次见女生家长，但是却迟到了，让女生等了很久，但女生并没有特别生气。此外，当视频中的男生并没有准备好登门的礼物时，女生早已猜到，并提前为男生准备好了礼物，以及不忘提醒男生应该注意的细节等等。所传递出来的除了男女之间的恩爱，还有粉丝心目中现实和幻想的对比，这种视频里乖巧懂事的女生，几乎是绝大多数男生都梦寐以求的，也就是抖音上经常出现的“别人家的女朋友从没让我失望过”的场景。

图 4－15　账号创作内容制作技巧（七）

感官+好奇+未知：极具欣赏价值的美丽景点。

通过拍摄和剪辑上的优化处理，在视觉上给人带来美好的享受，也是抖音上比较受欢迎的视频风格，此类风格的延伸还有视频博客，运用的技巧也基本都是构建在“感官+好奇+未知”的基础上。

图 4－16　账号创作内容制作技巧（八）

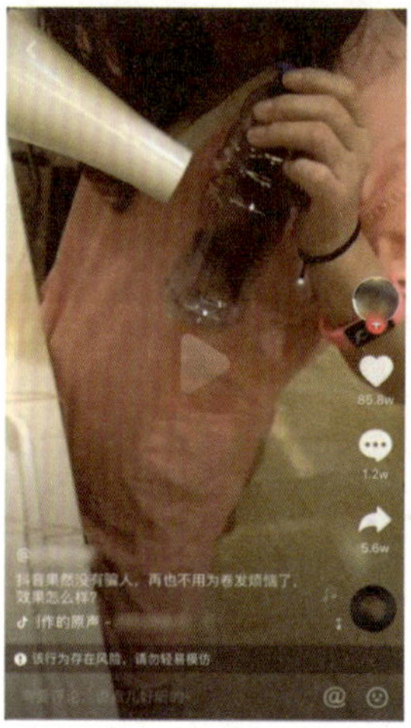

价值观：此种手法除了有观念上的求同存异，也有实际中的技巧分享。

在抖音的内容生态上，实用而简单易行的工作或生活技巧，往往是极具吸粉和转发效果的。因为此类内容能使浏览者在观看之余，学到更多低成本可实行的小技巧。比如左图的视频，通过普通的塑料水瓶和常用的家用吹风筒就可以自己做出卷发，这无疑更吸引女生的关注和转发。

图 4－17　账号创作内容制作技巧（九）

冲突+共鸣+思考：以往，剧情冲突常用于娱乐搞笑类型的视频，但并不代表着其他类型的视频就不适用。

比如在左图中，该账号本身以做亲子教育为主要标签，而且视频的内容风格也很具正能量。

本视频最大的吸引点在于：一般家长看到孩子成绩差时，都会批评孩子，或者叱骂孩子笨、不用心读书等。尤其是遇上孩子叛逆期时，更是家长管教孩子的无解题。视频中的父亲也遇到了这样的难题，但在内容策划中，反其道而行之，父亲给出的条件很简单：只要孩子能考一次0分，那么以后家长就再也不约束她，前提是不能交白卷！按以往的经验，即便全都闭眼睛填瞎选，也很难考到0分，因此，若想真正地考出0分，就必须确保所有题都不能答对。

图 4－18　账号创作内容制作技巧（十）

通过以上的内容可以发现，爆款视频往往不会单独地采用某一单独的创作手法。事实上，多种手法的彼此叠加，往往能起到“1＋1＞2”的效果。这同样也适用于在IP定位章节里面的内容。比如，抖音账号“山林吉他”（见图4－19），视频的内容创作者在原来的视频账号里只是单纯地教粉丝如何弹吉他，但得到的反馈并不好，粉丝也不多，经过几个月的运营没有太大的效果。于是内容创作者开通“山林吉他”重新做账号，作者将吉他、美景、科幻等元素融合在一起，单单两条视频就获赞700多万，涨粉100多万。这既是IP定位的组合拳，也是内容创作中的组合拳。组合拳的运用，是内容创作者必须掌握的核心技能之一。

门槛越高，竞争越少

图 4－19　组合拳运用案例——“山林吉他”

4.6 爆款标题成就爆款视频

标题和文案是一个抖音短视频的灵魂和骨骼，尤其是对非歌舞类的抖音账号而言。视频的拍摄本身就是围绕着视频的文案脚本，将文案用视频表演的方式展现出来，以此达到勾起粉丝兴趣点的目的。

4.6.1 爆款标题：与用户发生“关系”

视频制作中所涉及的标题其实有两种，第一种指的是视频发布时所编辑的标题，第二种指的是视频封面的标题。现在先重点对第一种标题进行详解。第一种标题其实承担着引导的作用。在标题设置时，并不需要过多地阐述视频内容本身是什么，而是试图引导用户进行互动。以关注数超过 1630 万的抖音账号“惠子 ssica”为例，观察和分析她的视频就可以发现，标题本身并不会描述她跳的是什么舞、蹭的是什么热点，重点在于如何激起粉丝的评论热情。

因此，对于标题的把握需要从以下几点出发。

（1）精简的表达，和视频的内容有一定的相关性。

（2）和“我”有什么关系，“我”即代表用户。比如“惠子 ssica”的视频标题会直接问“你们喜欢的是什么样的女朋友”，这样的标题加上惠子在视频中的人设表现，就比较容易吸引用户的评论互动。

（3）故意引导和故弄玄虚。此类标题很简单，类似标题为《天呐，这样都行……》《你们看到了吗？》的视频拍摄的是当时台风“山竹”在广东过境时的天空，实际上天空并没有任何异常的情况，但此类标题却能吸引用户的好奇心、反复观看视频和评论，各种各样的评论随之而来，视频也得到了短暂的爆红。再比如，某视频标题为《快划，什么也没有》，浏览者基于好奇心理反而会真的看完该视频，在强烈的反差对比下，视频的评论和转发自然会水涨船高。

（4）标题要留有悬念和小争议。留有悬念和小争议的话题往往会吸引比较高的评论和点赞，同时用户会反复观看，提高完播率，因为用户发自内心地投票站队，在投票之后多半还会关心投票的结果，关心自己所支持的观点是否能够胜出。

除此之外，在标题设置上还有以下要求。

（1）幼稚化的文案。比如，类似《为了我那5个粉丝，拼了》等视频标题。在抖音上，最受欢迎的就是幼稚化的文案，因为这样的文案往往极具喜感。抖音整体上并不是卖弄文采的平台，太过高深的标题让人理解费劲，往往难以获得用户的互动。

（2）脑洞大开的文案。比如《我要出门了，看好你们的男朋友》。视频本身就是女生化完妆后立刻变得异常美丽的样子，使得视频本身极具看点。同时，视频借助于标题的引导，又能给用户留下足够的吐槽空间和想象余地。

（3）接近原型性格。这其实指的就是需要接近目标用户的原型性格。比如，电商教程类的视频，就不适用过于娱乐化的标题。娱乐内容，就不适合太严肃认真的标题，比如《插座君，麻烦你正经点》这种拟人化的文案就非常适合娱乐内容，会让人浮想联翩，产生观看视频的兴趣。

4.6.2　爆款文案：我们不一样

文案是视频内容的骨架，文案的优劣是决定视频能否成为爆款的核心之一。比如：2018年火爆的“成都小甜甜”视频，其文案的精华就在于被采访者对男朋友的标准仅仅只在于“能带我吃饭就好了”，这样的文案对于承受巨大压力的抖音中青年男性用户而言，无异于一股清流，对受“房、车、彩礼”三座大山压迫的抖音中青年男性用户而言，“成都小甜甜”更是理想中的女朋友。因此，爆款的文案都有一个共同点，那便是“我们不一样”。像“成都小甜甜”（别人家的女神）、歌词乱改（别人家的幽默）、方言梗（自己家的幽默）、常识梗（刷牙前到底要不要沾水）、常见的痛点（女生大多路痴、起床困难症）、旅游打卡或是海底捞花式吃法打卡（代入的参与感），等等。

文案中最难以把控的就在于如何迎合自己的目标用户，迎合自己的目标用户就需要输出目标用户所青睐的内容。事实上，不同的目标用户其关注点是不一样的。比如：面对的用户群体是青少年，如果输出的文案内容是描述失恋后如何的痛苦，那么就难以吸引目标用户的共鸣感，因为目标用户大多没经过失恋的痛苦，难以体会那种失恋的感觉。青少年用户群体更多的是对未来的美好幻想。对于已婚已育的女性用户而言，她们的关注点更多的是老公、孩子和婆媳关系等，对这个群体输出类似对初恋的美好幻想是难以引起共鸣的，因为她们已经明白，那些幻想已不复存在。再比如“成都小甜甜”视频中的文案“能带我吃饭就好了”，这样的文案其实是很难吸引青少年关注的，因为他们难以体会“房、车、彩礼”的压力，因此无法产生相应的共鸣。

因此，在文案策划中，必须学会结合目标用户关注的焦点，用对方能够解读和理解的语言阐述内容，并进行视频的拍摄。具体总结如下：

（1）13～18岁群体主要关注：初恋、学校、甜蜜。

（2）19～30岁群体主要关注：治愈系、吐槽、公司及家庭。

（3）30岁以上群体主要关注：孩子教育及叛逆、老公与家庭、婆媳关系、孩子恋爱等。

4.6.3 引导文案：粉赞转之间究竟谁优先

引导型文案主要出现在视频的结尾，用于引导用户的某一个具体的行为，起到一个补充作用。比如，在抖音上常见的“觉得我好看的点点旁边的小爱心吧”和“加关注，每日更新……”之类的视频结尾，其实都在引导用户进行互动。需要注意的是，引导用户互动的动作不宜过多，过多容易引起用户反感，使结果适得其反。一般只有具备一定规模化的高黏度粉丝用户，才适合进行多次的引导，因为忠实的粉丝用户本身就具备自我传播的属性。

那么，在视频中最适合什么样的引导文案呢？这要基于不同的粉丝用户阶段和视频需求。比如，为了快速地开通某些权限，就需要迅速地积累粉丝用户群，这个阶段就需要更多地引导用户进行关注，如果是接了广告的，就需要视频有更大的曝光度，可以引导用户进行点赞或者评论，以便于视频滚入更多的流量池。在此基础之上，引导性的文案也有优先顺序：

（1）一般而言，最好的方式还是坚持点赞优先的原则，视频只要能上“热门”，滚入更多的流量池，关注量的增长自然可观。

（2）只要视频能戳中用户的痛点，自然会转发。一般而言，视频的评论和转发基本一致，多数情况下是评论比转发要多，但爆款视频基本是转发多于评论。所以，引导用户转发是爆款打磨最常用的一招。转发量越多，代表视频的共鸣感越强，视频贡献值越大，这其实就像微信朋友圈的文章转发一样，转发好文章除了让更多人看到、了解到文章内容，另一层面也代表自己赞同文章的内容，文章观点代表了用户的价值取向，这在短视频领域也是一样的。

（3）如果账号的视频内容在一定时间段内处于不温不火的状态，可以选择通过一些测试类的视频文案激发用户的点赞热情，从而带动账号中老视频的重复推荐。比如图4－20中的视频案例，第一条视频的内容是“长时间用眼看20秒，缓解眼部疲劳感”和“收藏就对了”，本条视频的目的就在于隐性地引导用户点赞收藏（在抖音平台，用户点赞过的视频会被收藏到自己的主页中），视频的内容是否真的具备缓解眼部疲劳的功能并不特别重要，但基于用户的需求，特别是长时间用眼的抖音主力用户群，类似这样有可能带来实际缓解作用的视频，被点赞收藏的概率要远高于普通视频，这也是该条视频得以成功的原因所在。第二条视频的标题文案其实就是将视频里面的台词对话做出延伸，传递出“在外面，女人给男人面子，在家里，女人最大”的意思，从而吸引大量男女性用户进行转发，这都是众多视频引导性文案中的典型案例。

图 4－20　通过一些测试类的视频文案激发用户的点赞热情

最后，本书编委成员经过长期的统计和实际的检验，总结出标题、封面和视频字幕、文案创作中所不能使用的词汇，这些词汇不能出现在视频中，且不论是视频主角，还是视频中的路人，均不能使用。如若视频中含有此类内容且无法避免，建议对视频中该词汇的出现点，运用类似马赛克等后期剪辑功能，做模糊化处理，同时也可以使用剪辑音效给相关的字词进行掩盖或者代替处理。

具体的内容如图 4－21 至图 4－26 所示：

图 4－21　视频中严禁使用的不文明用语

图 4－22　视频中严禁使用疑似欺骗用户的词语

图 4－23　视频中严禁使用诱导消费词语

图 4－24　视频中严禁使用淫秽色情、赌博迷信、恐怖暴力用语

图 4－25　视频中严禁出现有碍善良风俗有伤风化的内容

图 4－26　视频中严禁使用民族、种族、性别歧视用语

详情可登录 www. doudouhong. com 查阅。

5

用好看的皮囊和有趣的灵魂，诱惑 TA

专业内容创作者（个人或机构）与普通的内容创作者最大的区别，并不仅仅在于能否输出爆款视频。事实上，在抖音上超过百万点赞的视频中，普通内容创作者所占的比例并不算少。此外，即便是上千万粉丝的抖音头部达人，也不是每个视频都能达到上百万的点赞。真正让专业内容创作者与普通内容创作者拉开距离的是：能否持续输出用户喜爱的内容，即在过百万点赞的视频之后，其他的视频也能获得十几万的点赞量。而这一切，都依赖于专业内容创作者对视频细节的打磨。

5.1　封面、片尾选择与制作

视频封面的重要性，首先体现在提升视频的完播率上，不管是抖音还是快手，或者其他短视频平台上，这都是通用的。当用户在首页划到本条视频，首先浏览到的就是视频的封面，封面是否有足够的吸引力往往决定了视频的打开率，这其实和传统的微信公众号、信息流自媒体是一脉相承的。

此外，视频是否有封面，封面是否有标题，往往是最直观体现出该视频是普通内容创作者制作的还是专业内容创作者制作的。通过数据收集分析可以知道，普通内容创作者和专业内容创作者最明显的区别之一就是粉赞比的比例，两者都可以打造出百万点赞的爆款视频，但普通内容创作者的账号，粉赞比往往低于0.05，而专业内容创作者的视频账号，粉赞比0.1就已经是不合格的了。因此，在视频拍摄剪辑完毕、上传之前，必须注意以下五原则。

5.1.1　封面选择五原则

（1）封面与视频吸睛点相结合。

在一段完整的视频中，如果存在非常漂亮、可爱、酷炫的瞬间，这个瞬间就是视频封面的最优选择。本书编委成员通过整理随机的近万条视频，得出这个结论：当视频封面中的小哥哥小姐姐特别帅气或漂亮时，或者封面的画面特别唯美时，那么这条视频的完播率往往很高，其中的原因在于，这样的封面成功地勾起了用户对该视频的期待，从而完整地看完该视频，从中找到封面中的画面。运用抖音自带的封面选择时间轴工具，就可以筛选出这样的瞬间作为视频的封面。如若视频中没有特别亮眼的地方，也可以在剪辑时事先制作一张封面。抖音专业化运营还需要在视频的封面中设置标题，并对整个视频进行内容概括。所以，封面是否优质是吸引用户将视频完整看完的关键。

（2）封面与主页视频列表的结构相结合。

普通内容创作者和专业内容创作者之所以在粉赞比上差距明显，是视频账号的标签属性。当用户通过抖音短视频的首页观看到某条视频并产生兴趣后，产生的第一个动作是点赞，其次才是评论和转发。通过权威的数据统计发现，当用户完成这其中一个或者多个步骤之后，有近 67% 的用户将直接划过视频，浏览下一条视频，而剩下 33% 的用户中，除了有近 4% 的用户会直接在视频页点击关注外，剩余 29% 的用户则会访问视频创作者的主页。因此，账号主页的运营往往是提升账号关注转化率的核心。在账号的主页中，占幅最大的就是视频的列表页，除了需要运营账号的头像、昵称、背景、简介之外，视频的列表页是主页运营的重中之重！

通过图 5－1 我们可以看到，左边的视频列表页不仅简洁，而且风格统一，让用户在视觉上非常舒适，用户可以直接通过封面找到自己感兴趣的视频，然后点击观看，最后再关注该账号；而右边的列表则显得杂乱无章，用户在视频列表页很难找到自己喜欢的内容，当用户随机点击其中的视频时，所看到的视频很大概率不是自己喜欢的内容，然后用户就会直接跳出、不再关注。在设置视频封面时还必须注意单条视频的风格与视频列表页的风格保持一致，以提升用户的体验，从而提升关注转化率。

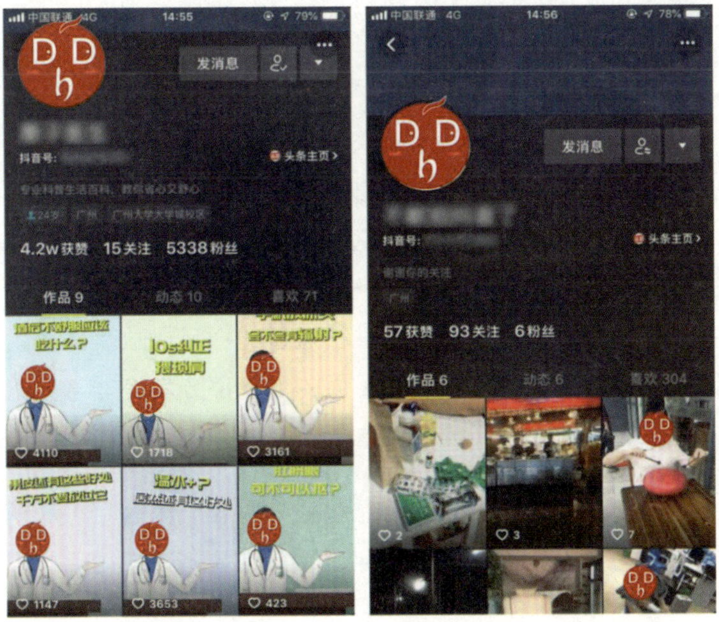

图 5－1　视频列表优劣对照

（3）封面与标题内容相结合。

通过第四章的学习，大家已经知道标题的作用在于引导用户，而真正的视频标题，实质上就是视频的封面文字。封面承担的作用是，通过最直观的方式展示视频的主要内容和吸引点、亮点。因此，封面的内容必须与标题的内容关联起来，才能最有效地解释视频的核心内容，引导用户理解该视频所传达的信息。

（4）封面必须“精简+痛点”。

作为引导性标题的前奏，封面的文字描述是每一个用户在抖音首页浏览到该视频时最先看到的内容。因此，封面的文字描述在本质上并不是解释视频的内容本身，而是给用户一个完整浏览该视频的理由。在抖音短视频上，由于有海量的视频，同时，基于抖音的算法推荐机制，每一个用户所看到的视频基本都是自己感兴趣的内容，因此，当抖音系统将视频推荐给用户时，这条视频本身就已经是跳过了用户筛选这个步骤，直接与同行竞争，抢夺用户的时间。长此以往，用户看到的同质化内容将会越来越多，对首页中单个视频的耐心阈值也会不断地降低。根据统计数据显示，有近80%的抖音用户对首页中的单个视频容忍度已经下降到1秒，这也就意味着用户只需要1秒钟的思考，就决定是否观看该视频。这带来最直接的负面影响，就是内容创作者必须在1秒内勾起用户的观看欲望。而在短短的1秒时间内，最有效的方式就是通过文字直截了当地告知用户视频的内容，让其做出完整浏览的选择。而最好的文字描述方法，则是参考以往在微信公众号、信息流自媒体等领域对标题的编写，直击目标用户的痛点，并且尽量将字数控制在5~10字以内，字体清晰、易于识别，最大化地利用这1秒的时间。例如，“丁香医生”抖音号对视频封面的文字描述，堪称视频封面描述的典范。

（5）封面文字的位置（动态封面与静态封面的选择）。

有视频亮点时选择动态封面，无视频亮点时选择静态封面。此外，在账号的设置页面中有一个“通用设置”选项，在通用设置中，用户可以选择是否开启动态封面。需要特别注意的是，一旦开启动态封面，账号的视频列表页中所有的视频封面都将围绕着最初所选择的视频封面的初始画面，进行短暂的循环播放。基于用户体验的角度考虑，如果本账号内所有的视频封面初始画面的上下部分均有非常亮眼的吸引点，那么建议开启动态封面，否则不建议开启。这也是绝大多数专业内容创作者不选择开启动态封面的主要原因。

5.1.2 片尾设置注意事项

随着大量的专业内容创作者入局抖音短视频平台，高质量的内容也在呈指数级快速增长。为了最大限度地开发在首页浏览到视频但最终没有访问账号主页的那67%用户，让用户不必通过访问账号主页也能直接在视频中了解到该视频账号会持续输出何种内容，引导用户产生各种行为，从而提升视频的互动率、获得系统算法的青睐、实现更多的曝光和转化，片尾的设置显得尤为重要。

引导用户互动。在抖音上，有大量的短视频在视频的末尾都会加上类似“如果喜欢，点点右边的小心心”或者引导用户双击视频点赞的语言或者文字，这种操作手法其实是对用户的一种提醒。根据数据显示，有将近 23% 的用户在对视频感兴趣之后，会跳过点赞这一步去视频的评论区，看完以后用户会直接划转到下一个视频。这些行为虽然不会直接对视频产生负面影响，毕竟用户已经完整地看完了这个视频，对该视频的完播率已经做出了贡献，但还可以通过引导，开发更多可以利用的点。根据本书编委成员对近万份调研数据分析后显示，有 91% 的用户如果被视频的内容触发到吸引点，并不介意被该视频创作者引导去点赞；此外，还有将近 13% 的浅度抖音用户或者年龄偏高的抖音用户并不知道自己点赞过的视频会被收藏到自己的主页中，引导用户点赞，其实也是在教导用户收藏本视频。用户对该视频进行收藏以后，在日后如需要再度观看该视频时，也更容易找到。

另外，评论和转发也是引导的重点，这两者在冲击流量池的过程中所起到的作用要比单纯的点赞作用更大。本书编委成员经过近千次的测试，分析得出，两条曝光量接近的视频，评论或转发数量较高的视频，即便点赞率只有 6%，但该视频所获得的曝光量却要高于点赞率超过 15% 的视频。这也从侧面验证了，截至目前，在视频播放页，越往后的互动动作，所占的视频正向评估分量越重。

此外，值得注意的是，视频片尾的引导不宜过多，引导动作过多往往会引起用户反感，进而起到与自己目的背道而驰的负面效果。数据表明，单纯的只引导用户做一个互动动作，用户的完成率高达 81%，而引导用户做两个及两个以上的互动动作，用户完成率则只有不到 6%。因此，引导必须有，但切忌过多。

5.2 账号设置

狭义的账号设置，是指抖音账号的主页设置，包括头像、昵称、抖音ID号、简介、背景和视频列表页、动态页、点赞过的喜欢页等，这些页面主要是普通的用户都能浏览到的页面；而广义的账号设置则除了主页设置外，还包括抖音账号的身份实名认证，抖音账号与头条系其他产品的绑定，抖音账号与用户手机、微信、微博、QQ等的绑定。

从严格意义上讲，主页设置是为了展示给用户看，提升用户的关注转化率。而广义上的账号设置，更多的是为了满足抖音平台切入社交领域的布局，提升抖音短视频App的社交属性，建立先发优势壁垒。同时也是社交推荐算法的重要组成部分，有助于将该账号的视频内容推荐给更多与账号持有人有社交关联的抖音用户。此外，还有一个潜在的影响因素，即：若账号发布了某些违规内容，而且在视频审核环节未被及时察觉，造成大范围的舆论负面影响，或者产生涉及版权等的法律纠纷，实名认证将有效地协助抖音官方找到违规内容的创作者，协助警方行动，理清抖音官方在此类事件上的有限责任或者无责任。

因此，广义上的账号设置，也是获得抖音官方增加对该抖音账号认可度的重要渠道，资料越详细越真实，账号所获得的官方认可度越高，这在发布视频的审核中也有所体现：在同一时间段内发布的所有视频中，账号持有者的信息越详细，官方越会优先审核该账号的视频，从而更早地将视频推向流量池，同时，审核的时长也会更短；反之，资料越简单，不仅审核的顺位会相对滞后，审核的标准也会更严格，用时也较长。若一条视频在18：00上传，审核过程耗费了2小时，一直到20：00才通过审核，那就容易错过流量的高峰时间，无法实现流量的最大化利用。

通常一个新申请的抖音账号的初始权重为3，为了保证账号的健康度，避免被抖音系统定性为营销账号或者机器账号，还需要进行“养号”的操作，即：

（1）完善账号持有者的信息和绑定信息。此阶段，账号昵称、头像等可暂时不用刻意设置。

（2）连续3~5天以上对抖音账号进行模拟真人操作。包括完整地播放视频、给优质视频点赞、评论、转发，并随机关注部分账号。

（3）“养号”期间，每天不定时进入抖音直播间，随机选择直播的主播，观看直播半小时以上，并参与直播互动，发布一些评论或表情。

（4）在“养号”阶段，不适合发布视频，首发的5个视频的质量往往决定了抖音系统对该抖音账号的优质度判定，所以对于首发的5个视频，必须坚持宁缺毋滥的原则，待“养号”过程结束后，再进行视频的发布和运营。

（5）一机一卡一账号原则。为了最大限度地保证账号的健康度，必须保证一部手机、一张手机卡、一个抖音账号的配置，避免在同一部手机上，不同的抖音账号来回切换。当同一部手机来回切换抖音账号超过10次以上，该手机所登录过的所有抖音账号都会被视为营销号，轻则降权至1，重则直接封号。因此，对于有抖音矩阵打造计划的企业或者个人，必须坚持一机一卡一账号的原则。

除此之外，广义上的一机一卡一账号还具体包括：IMEI①、Andorid－ID、手机号码、MAC address②、IMSI③、GPS位置、手机卡序列号、手机型号、Wi－Fi SSID、运营商、制造商、品牌。具体操作上，坚持使用不同品牌、不同型号的手机，不同运营商的手机卡设置不同的GPS位置，在账号使用过程中尽量使用手机流量等。

由于账号主页是普通用户能浏览到的页面，是提升关注转化率以及变现操作的主阵地，因此在具体的账号主页设置中，需要对以下5个具体事项进行严格的把控。

5.2.1 头像选择

（1）头像主色调选择。

统计该账号所定位的类目前100名账号，分析这些账号头像的主色调，做主色调的差异化设置。若该品类的抖音账号较少，可参考全平台的头部大号的头像主色调，若无特定的参考要求，则建议考虑将主色调设为蓝色或黄色等对眼球识别度较高的色彩。

（2）头像要与账号内容建立相关性。

抖音账号的头像就像一个全新品牌的LOGO，一个新生品牌想要迅速扩大知名度，除了海量的广告宣传之外，LOGO易于识别、易于理解也是关键。所以对于账号的头像也可以借鉴新生品牌LOGO的设置标准，目标是用户只需要通过头像就能大致猜测

---

① 即通常所说的手机序列号。

② 即一个用来确认网上设备位置的地址。

③ 国际移动用户识别码，是区别移动用户的标志，储存在SIM卡中。

到该视频账号是以输出何种内容的视频为主的，同时，也能在自己的关注列表中迅速地找到该账号。那些做得比较成功的账号，比如：美妆测评推荐类、美食推荐类或者二次元、娱乐搞笑类等等，都会直接在账号头像中嵌入自己所输出的内容元素，以便于用户快速识别。

（3）头像要与昵称建立相关性。

昵称是账号 IP 打造中的重要组成部分，而在头像中与昵称建立相关性的目的则是为了加深用户的记忆。比如“老爸评测”，直接将自己的昵称融入头像中，配以父女牵手的背景，营造出一种温馨的感觉，从而传递出“老爸评测”所打造的人设：为了让自己的女儿在日常购物中，避免跳坑，“老爸评测”通过对商品的评测，给予自己女儿同一时代的人群带来更多更专业的产品测评。

（4）头像以真人出镜为好，虚拟头像则按主角的主造型设计。

设置头像时，为了加深用户对账号 IP 的记忆，可采用账号的主要出镜人物 IP 作为首选。具体而言，如果是真人 IP，则采用主角的真实头像，比如“兔子牙”；如果是虚拟 IP，比如“一禅小和尚”，那就采用一禅小和尚作为头像。通常情况下，应该尽量避免采用动漫人物、风景或者人物的背影作为账号的头像，专业的抖音账号头像运营，根本目的在于加深头像在用户心目中的印象，而非彰显自己与众不同的个性和格调。

5.2.2 昵称选择

账号昵称设置的目的首先在于易识别，其次在于方便用户输入搜索，最后则是便于粉丝用户的延伸创作。比如，方便用户给账号的主要人物 IP 打造一些更具亲和力的雅称。在设置昵称时，应从以下 5 点着手。

（1）与通俗常见的事物相关。包括常见的动物、植物、蔬菜水果等；常用的俗语、网络流行词汇的变更、同音字、词汇等，或者在此基础上，对这些常用的俗语进行篡改也是有效的手法之一。

（2）优先考虑复词。测试表明，复词、复字的使用能有效地加深用户对昵称的记忆，QQ、陌陌等采用的均是此方法。因此在昵称设置的时候，如果适合使用复词复字，那么最好采用复词复字。当然，这里有一个前提条件，那就是昵称的字数不宜超过 6 个字，昵称太长，也不方便在手机页面完整地显示。同时，字数越多，用户的记忆成本也会更高。

（3）尽可能避免输入法的不断切换。输入法在中英文、大小写之间的来回切换，实质上是增加了用户在输入时的时间成本，操作起来也容易出错。因此，昵称设置时应该尽量避免输入法的不停切换。另外，建议在抖音上使用中文作为昵称，这样可以吸引到更多外语水平一般的粉丝的关注。

（4）避免使用表情符号等。抖音的昵称设置，是不支持添加表情符号的，昵称中的表情符号更多是源于手机上的输入法。因此，不同型号、不同品牌的手机，不同的输入法中的表情符号也是不同的，为了吸引最大范围的用户关注，方便用户输入昵称搜索，应当避免在昵称中嵌入表情符号。

（5）利于打造个人人设和粉丝对其的称呼。例如抖音上的“钟婷 XO”，粉丝自发创造的昵称则是“壮婷”。还有“面筋哥”“多余和毛毛姐”等，都是在昵称设置时，就已经考虑了方便粉丝进行昵称延伸和 IP 变现。

5.2.3 背景选择

背景指的是抖音账号主页最上方的图片，类似于手机网站上的 banner① 图。作为账号主页中，占幅面积仅次于视频列表页的单独板块并且置于主页的最上方，它是主页运营的重点区域之一。在背景页的设置中，应该从以下 4 点着手。

（1）背景选择要凸显 IP 人设的性格特点。

例如，“多余和毛毛姐”的账号背景页，采用账号 IP 人设的不同发型和表情，彰显视频的主要风格和标签，凸显该视频账号就是一个男扮女装、以娱乐搞笑为主的视频账号。如此设置有利于主页访问者通过背景就能快速识别该账号的主导风格，从而快速决定是否关注该账号。

（2）诱导用户进行关注。

对于一个正在向抖音头部大号奋力前奔的账号，在成为拥有百万粉丝的准达人之前，不妨放下单纯的个性追求，主动引导粉丝用户关注。本书编委成员在统计了近 3000 个百万粉丝以下的准达人账号后发现，其中有将近 38% 的抖音账号都在直接引导用户进行关注，这种做法所带来的直接益处就在于，账号背景页的右下角就是关注按钮，此类操作手法与传统微信公众号的引导手法是一致的，相对于单调的背景页，关注转化率的提升是显而易见的。

（3）避免商业广告嫌疑（企业蓝 V 号除外）。

虽然抖音官方并不排斥账号持有人在背景页插入广告，特别是那些已经开通购物车功能的账号。但从用户体验的角度出发，过多的商业元素，不仅变现效果极差，而且会引起用户的反感，不利于账号的快速吸粉和促活，严重的还会导致用户取消关注。

---

① banner 是网络广告中最常见的广告形式。一般翻译为网幅广告、旗帜广告、横幅广告等。

（4）与头像及视频列表风格相匹配。

这主要体现在主色调的选择上，与文案风格、主页视频列表的文字风格相统一，避免出现3种以上的风格。否则账号会显得杂乱无章，影响用户的体验度。

5.2.4 简介选择

主页中简介的作用主要体现在通过文字的形式简述该账号的内容风格和优势，这与微信公众号的简介是一致的。抖音相对微信公众号而言，由于涉及人物出镜，因此更有利于人物IP的打造。所以，主页的简介也可以有兼顾对人物IP性格的描述，吸引更多与之类似的用户的关注，成为其忠实的粉丝。主页简介需要注意的事项，主要有以下5点。

（1）强调自己的与众不同，阐述自己的优势所在。

（2）给用户关注你的理由。选择通过走心的文案，激起用户的共鸣，形成类似于朋友的关系，从而给予用户关注的理由；或者选择个性化强的文案，将自己打造成用户膜拜的对象，从而实现关注的目的。前者适用于账号的成长期，后者适用于账号的成熟期。此外，还有把两个风格相结合的文案，“papi酱”的简介就是如此。

（3）避免盲目地自吹自擂。在账号的成长期，尚未形成黏度极强的骨灰级忠实用户，盲目地自吹自擂不仅很难让用户产生崇拜的心理，反而会让用户出现抵触的心理，导致粉丝用户体量增长的潜力空间过分狭窄。

（4）建立自己与矩阵账号的引导关系。对于矩阵打造的抖音账号而言，个人简介是最直观的为矩阵账号引流的渠道，直接在个人简介中介绍与该账号有关的其他账号，一般通过简介互相导流的抖音账号，粉丝重合度都相对较高，所产生的用户黏性也较强。

（5）种子粉丝用户加入入口。在抖音上最常见的“合作加V……”这种方式，一来可以直接吸引广告主的注意，二来也能将用户导入“双微”端成为自己的“私域流量”，或建立种子用户群，为后续的电商变现提供引流的入口，种子用户群也能为后续视频的内容选题的舆情测试调研提供帮助。

5.2.5 抖音号设置

抖音ID号作为抖音账号的“身份证”，每一个新的抖音号都自带一串数字，在此后的过程中，只允许修改一次，这就类似微信号，天生具有排他性，既方便用户精准地搜索到账号，同时也限制了用户的输入搜索空间，不能有任何的输入错误。因此，抖音号的设置，目的在于方便用户搜索。在抖音号设置时，注意事项主要有以下 3 点。

（1）慎重选择，一旦确定，不能二次修改。每一个新的抖音账号都有一串初始数字作为抖音 ID 号，这串数字并无规律可言，用户在搜索时的记忆成本很高。因此，为了方便用户记忆，抖音 ID 号是非常有必要加以修改的。但前提条件是，必须明确将要更改使用的抖音 ID 号足够符合账号的其他要求，所以必须慎重考虑后再作修改。

（2）便于识记是关键。与昵称设置类似，最好的抖音 ID 号往往都是越简单越容易让人记忆。用户在搜索时，如果一次就能成功，无须反复查看确认，这就是抖音 ID 号的设置标准。

（3）拼音优于英文单词，英文单词优于纯数字。在抖音号的设置中，是支持英文和数字的。而在英文字母中，最便于国人记忆的则是拼音的格式，当抖音 ID 号与账号的昵称拼音一致时，是最便于用户识记的。当账号的拼音已经被他人抢先注册为 ID 号后，可以通过在拼音的后面或者前面加上一串易于识别记忆的数字作为区别。此外，应当尽量避免使用并不常用的英文单词作为抖音号，其原因与昵称设置相同。

5.3 重内容，轻剪辑

在抖音的内容运营中，最重要的原则就是“内容为王”，尤其是原创内容，更容易受到抖音系统的青睐。

在内容创作中，特别是热点型内容，可以大胆地对标或者翻转热门的视频，作为一种拉新的手段。但在标签性的内容创作中，适当地加入原创内容往往是制造首发爆款的机会，因为原创的首发爆款将有机会被抖音官方纳入精选视频范畴，享受巨大的流量扶持。

原创视频对创意的要求较高，在具体的执行层面，往往在创意策划层面就需要耗费将近70%的时间和精力，而剩下的拍摄、剪辑、运营则只占用30%的精力，甚至更少。因此，好创意难找，好的内容策划更难寻，在没有找到天赋异禀的内容策划之前，也可用一些方法对现有的内容创作者进行训练和打磨。在经过长期的探索后，本书编委会成员整理了50个创意训练方法，在此罗列其中的10个方法，对其他的40个训练方法感兴趣的读者，可以访问本书的官方网站加以查看。

5.3.1 联想法

“杯子与苍蝇”这个训练来自詹宏志的《创意人：创意思考的自我训练》[①]。詹宏志称之为反分析训练，也可以叫作共通点训练。其基本思路是：找出两个完全不相干事物的共通之处。类似这种创意训练在写作中也存在，“杯子与苍蝇”的训练方式只是一个例子，在日常生活中也可以试着自己寻找这些看似毫不相干的两个事物进行关联。在寻找关联的过程中要做到以下两步：

（1）在一个限定的时间段内，找出两个事物之间相同的地方。

（2）在限定的时间内为两个事物找一些有用或是有趣的组合。

通过以上两个步骤得出的内容越丰富越好，即使非常不合理也没关系。回到“杯

① 詹宏志：《创意人：创意思考的自我训练》，人民交通出版社，2003年。

子与苍蝇”这个创意训练中，举个例子，这两者之间相同的地方是它们都经常出现在餐桌上、两者都不能吃、落在头上会让人感到不愉快等等。这两者之间会出现什么样的组合呢？也许是两个处于暧昧关系期的青年男女出来约会，男生为了吸引女性侃侃而谈，却没有发现杯子里面有一只苍蝇，在女生还没来得及提醒的时候，男生因为口干舌燥而喝了下去，这可能会是一个让人终生难忘的约会经历。

这些创意训练的答案不是唯一的，也没有对错之分，只要符合基本逻辑就可以了。而且，在日常生活中自己也可以寻找一些毫不相干的事物对其进行类似的创意训练。比如，试着找一下白板和公交车之间有什么共同点，这两者之间又能产生什么有趣的组合？

5.3.2 观影讨论会

相信现在很多人都有看电影的习惯，那么千万不要浪费了一次讨论电影的机会，因为这样做有助于锻炼内容创作者对细节的把控能力，在日后用文字表述脑中画面的时候能够更具画面感和更加细致。

具体的操作方法是在看完一部电影以后，与朋友相互提问一些关于影片画面中的细节问题，例如在看完电影《毒液》以后，可以进行以下提问：

（1）剧中流浪女歌手第一次出现的时候穿什么衣服？

（2）每一只来自外太空的毒液外形有什么差异？

（3）男主角的邻居第一次出场时穿的是什么衣服？

（4）男女主角最后坐在楼梯上聊天时，女主角穿什么颜色的外套？

很多时候创意源自生活中的细节，这种训练方式可以逼迫自己关注电影的细节，不仅能够迫使自己记住电影中的场景和内容，更能够提升自己对画面的思维能力，积累创意素材，为创作优质内容奠定基础。

5.3.3 善用记录工具

随着科技的不断发展，智能手机的功能越来越多，这时候需要最大化地利用这些功能。在生活中遇到一个好的创意时，不妨利用手机的录音功能、拍摄功能甚至是记事本功能，把发生在自己身边的小事、趣事或者好的想法记录下来。因为，随着生活节奏的不断加快，如果不及时把这些内容记录下来，这些思绪很快就会被遗忘。这就好比很多人在上洗手间或洗澡的时候，头脑中会涌现出许多不错的创意和想法，如果不立即记录下来，很快就会被抛诸脑后。人的记忆力是有限的，“好记性不如烂笔头”。当遇到好的想法时，一定要记录下来。

而手机作为我们日常生活中最常用的工具，便于随身携带。将好的创意想法储存在手机上是最理想的方式，但手机自带的记事本在功能上并不完善，而且一旦更换手机，就要对储存在手机记事本上的内容进行导出导入，并不方便。

这里可以考虑用微信收藏夹功能。它可以储存包括“图片与视频”“链接”“文件”“音乐”“聊天记录”“语音”“笔记”和“位置”等内容，分类也比较清晰，同时有基础的自动筛选功能，寻找起来也相对便捷；而且不受手机更换的影响，直接储存在微信的服务器内，数据内容相比于其他的储存方式更安全，不易丢失。因此，微信收藏夹是截至目前比较适合国人使用的一个创意收集储存工具，将有效地提升我们记录创意想法的效率。

这个训练的方法在于日常的积累，能否持之以恒地做这件事，是创意能力能否得到提高的关键。

5.3.4 词的接力

本训练的目的在于锻炼内容策划的关联性创新，特别是在完成账号对标之后，在进行微创新时，对此项技能的运用依赖更明显。

具体而言，本游戏并不是传统的成语接龙或者词语接力，而是没有具体范畴和规则的联想。比如，在纸上写下了一个词：“圆形”，从这个词一个接一个地联想下去，从“圆形”想到“太阳”，从“太阳”想到“夏天”，不用犹豫，想到什么就写什么，只要有所关联即可，并且快速地写下去，不必纠结正确与否。

答案示范：圆形—太阳—夏天—大海—海鲜—渔船—海盗—杰克船长……

正如一万个读者有一万个哈姆雷特，每个人对于词的联想都会有所不同，这就为创意提供了多个切入点。多写一点，无关逻辑正确与否，结果就会有很多变化。随着联想的加深，人们就能够从一些词语中找到创意点，并继续发散，而不是愣在原地。这不仅是一个有趣的游戏，更是一个富含魔力的训练，人们在空闲的时候就能顺便开动脑筋。

5.3.5 改造产品，锻炼创新

这种创意锻炼方式要求人们找一样东西改造自己的产品或者服务，通过不断地联想，就会有意外的收获。比如：试着用手提电脑的原理或现象改造单车（见表 5－1）。

表 5－1 创意锻炼方式：用手提电脑的原理或现象改造单车

手提电脑原理/现象	改造后的单车
能折叠、易于携带	可以放在书包里的单车，可折叠，更方便出行，目前市场上也出现类似的单车产品
能充电	能充电的单车，类似于现在的电瓶车，让人类骑单车的时候不会那么疲劳
利用键盘和鼠标控制	有遥控器可以操控单车，使不会骑单车的人也能够使用这项节能环保的交通工具
能播放音频	单车的提示铃声可以更加有趣，能够播放用户喜欢的音乐。

经过类似联想以后，是不是觉得这个世界变得有趣了很多？

5.3.6 腹中有案例，创意太容易

做创意需要懂得站在巨人的肩膀上。世界上真正很有创意的人并不多，多是依靠日常的案例积累。目前，广告行业是对创意需求最大的行业，在这个行业之中沉淀多年的人或多或少都有自己的创意素材库。做短视频内容创意其实也差不多。大师的创意经过了多年的验证，证明是优秀的创意，因此要多看创意类的书籍和视频，积累优质素材，在日后遇到相似的产品时就可以马上调动出来，经过自己的微原创以后，形成一个不错的点子。另外，细细理解大师的想法，对突破自身固有思维也有帮助。

5.3.7 联想画中人

由于制作短视频与写文章不同，作为短视频的内容创作者，一定要有画面感，甚至从文字表达开始就要有一定的画面感。例如，简单一句“这个男生很爱他女朋友”没有任何的画面感，亦不能打动用户。但是，如果把这句话的内容修改一下，变成：“这个男生每天早上 8 点就会到街口的那家包子店，买上一个她最爱的豆沙包和一瓶牛奶，放在怀里，匆匆赶回家拿给他刚梳洗完的女朋友吃”。通过这样具有画面感的描述之后，即便男生不说出口，别人也能从这些行为当中感受到他满满的爱意。因此，仔细打磨画面，提升自己对画面的敏感度和细腻度，能够让视频的画面内容提升到另一个高度。

那么“联想画中人”这种训练方式，对于画面感的培养则是非常有用的，让处于

现实中的自己走到画面当中，细细体会画面里的一切细节。具体的操作方法是：找到一张自己喜欢的图片，然后让自己融入画面中成为图片中的一员，利用六感，即视觉、听觉、触觉、嗅觉、味觉和心感（也称第六感、心灵感等），对画面的细枝末节进行细致的观察，从而获得对画面更加深入的理解。

以图 5－2 为例，你融入这张图片中，然后给自己设置一系列的问题，仔细回答，设置问题的时候，可以以六感进行分类。

图 5－2　联想画中人举例

从视觉的角度看这张图片：这张图片的光源在哪里？有没有室外的光照进来？画面中的每个人物是什么关系？那顶鸭舌帽是新买的还是戴了一段时间了？大家穿的衣服说明现在是什么季节？他们吃的是什么菜式？看起来好不好吃？

从听觉的角度看这张照片：他们都讨论了什么内容？是公司事务，还是简单的朋友聚会？餐厅里面有没有音乐？播放的音乐是舒缓的还是欢快的？餐厅内有没有其他食客聊天的声音？

从触觉的角度看这张照片：穿黑色衣服的女生，她的衣服是什么材质的？摸上去是什么样的质感？是柔软的，还是稍硬的？玻璃杯上有没有纹路？里面的饮料是冰的、常温的还是热的？放食品的桌子是木头做的还是石质的？

从嗅觉和味觉的角度看这张图片：图片中每一种食物都散发了什么样的味道？吃上去是酸的、甜的还是咸的？人们有没有喷香水？等等。

从心感的角度看这张图片：人物的情绪怎么样？是开心的、忧伤的、烦闷的还是在争吵？每个人心里都在想什么？

通过这一训练，可以让训练人对画面产生身临其境的感受，这种仿真实、多角度、全方位的感受更有利于想象力的扩大，让创意的触角更加敏锐。

5.3.8 记录童言

“萤火虫都是星星吗?”

“妈妈，树叶落下，它是生病了吗?”

“我要看汪汪!”

“咱们去跑单车吧!”

“我真的是从石头里蹦出来的吗?”

上面的这些话语都来自孩子。俗话说，童言无忌，小孩子的语言总是充满了创造力和想象力，不仅引人发笑而且还十分鲜活。因为他们从来没有被常识、学识所束缚，所以通过孩子的语言，有时候能够想出脑洞大开的创意。

在联想创意的时候，不妨把自己也变成一个小孩子，回到过去，按照小孩子的思路去思考问题，创意和妙语也许就能够源源不断地涌现出来。

此外，在抖音上比较火的视频文案、优质评论中，占比最多的就是这种幼稚化的文案。这种文案不仅有趣点，还自带娱乐属性，比较容易吸引用户互动。另外，幼稚化文案也是缓解用户吐槽的最有效的回复方式，可以避免大多数用户的吐槽往消极的方向发展。幼稚化文案使用得比较好的，可以参考“三只松鼠”这个品牌。

题目：下雨

要求：以儿童的角度，描述下雨时的一切现象

答案示例：天空在哭

5.3.9 篡改习惯用语

有时候，人们会习惯用惯有的思维方式进行思考，这时候可以考虑篡改一些习惯用语，说不定会有意外的收获。例如：“对不起，您拨打的用户已关机”这句话在打电话中经常听到，如果把这句话修改一下，变为“对不起，您拨打的用户已成婚”，插入一些小剧情中，是不是会引发不错的效果呢?

经过篡改习惯用语以后，既翻新了词意，又能反映事物最真实的一面，这种方式也能够很好地呈现出一些戏谑的效果。

5.3.10 善用路上的时间

提起“红色之旅”，可能很多人都会想起过去革命先辈的英勇事迹。但这里所说的“红色之旅”并无此意，而是更为简单的意思，指在一段旅行当中，按照某个主题，寻找某个事物。比如寻找“红色”。在训练的过程中，可以采用以下的操作方法进行训练：利用上班时间，从离开家门开始，留意周边环境中出现过的红色，直到步入公司，训练停止。

通过这种训练方式，可以挖掘出平时被人们习惯性忽略的隐藏事物。做了这种训练以后，你可能会惊讶地发现红色的事物数不胜数，多到令人惊讶的地步。当然，这种训练方式不限定于红色。可以举一反三，为自己制定其他的主题，在路上寻找自己感兴趣的颜色、事物、字句等等，同样会有不错的收获。

以上 10 个创意训练，都可以为我们的视频创作提供素材。想要了解更多的创意训练内容，可以登录本书的官方网站进行下载：www. doudouhong. com。

5.4 效率提升最大化

科技发展是飞快的，人性变化是缓慢的。作为内容输出的重要环节，把握人性的需求点，进行创意输出，是从当前的同质化竞争中脱颖而出的最大法宝。

而在视频创作中，70%的时间都用在了思考创意上，因为爆款视频95%以上依赖于创意。但是创意的产生是随意的、不定时的，你坐在树底下等很久都不一定能等到一个苹果掉下来，但当你走在路上时，可能会被突如其来的苹果给砸中了，而你在这个时候或许不需要这个苹果，或者说等到晚上再吃，那你应该怎么处理？很简单，将砸中你的苹果找个袋子装起来就好了。

效率提升最大化，就是将你所有的碎片时间有机地整理起来，形成一个完整的关系链，就如同一直都在做某件事情一样。积少成多，或许某个不经意间，你就会发现你的袋子里装满了苹果。具体操作方法，请参考以下。

5.4.1 建立题材分类库

（1）最好的创意来源于日常生活。保持每日1小时左右浏览国内外新闻的习惯，并将自己觉得有意思、有共鸣感、参与讨论人数较多的新闻、事件、观点、文章、图片、见闻等等，进行详细分类整理。

（2）记事本随身带，利用前文提到的微信收藏夹功能，素材随时保存。

（3）锻炼洗澡时的创意能力。科学测试表明，人在洗澡时，身体的皮肤受到水流的刺激，大脑皮层非常活跃，所受到的刺激比较多，这是人的一天中最容易想出好创意的时刻，很多电影、电视或者故事中一些比较好的创意，都是源自创作者在沐浴的过程中突发的灵感。

5.4.2 善于借助工具

（1）经常使用各种小众素材网站和分发推广工具。

首先，在创作素材的收集上，充分借助全网的素材源作为“弹药”补充，特别是某些垂直细分领域的小众网站，或是国外的专业性网站，都有取之不尽、用之不竭的素材源。在日常的新闻浏览中，留意图片、文章的出处，能有效找到这些小众网站。

其次，在视频推广环节，将该账号的视频进行全网分发，吸引站外流量的关注，也是重要的涨粉方式，使用包括火星云、西瓜等专业的视频分发网站，可以进行一键分发操作，极大地节省了视频发布的重复操作，节省用时。同时，也能从这些分发网站上浏览到目前比较热门的短视频，节省优质视频的找寻时间。

（2）购买一套用于短视频数据分析的系统，提升运营效率。

在短视频的数据运营环节，会涉及大量的数据统计和分析，若完全依靠人工统计和记录，不仅耗时较长，而且不能实时更新数据，而数据的实时更新和抓取，对短视频的数据运营来说异常重要。此外，人工统计相比于软件统计最大的劣势在于误差率较高，在数据统计中，数据的记录错误往往会导致错误的分析结论，会给整个抖音账号的运营环节都带来难以逆转的损失。特别是对于多个账号的抖音矩阵运营来说，依靠人工统计和预判不仅不现实，成本也更高。当运营人员出现职位变动时，账号的波动也会更明显，不利于平稳过渡。

（3）建立舆论调查库。

整合过往每一年度的重大事件、热点，从中寻找创意源。时代发展是飞快的，人性发展是缓慢的。能成为热议的事件必然击中了人性中的某个部分，将这些资料整理归档，对视频的创意输出提供案例依据。同时，抖音也是怀旧系列内容的温床，不定期地出一条怀旧系列的视频，有助于拉近与用户的距离，产生共鸣感，对提高用户黏性和关注转化率有着巨大的作用。

5.4.3 编写分镜脚本

视频的脚本创作分为文字脚本和分镜脚本，二者的区别在于文字脚本类似于小说的话本或者电影电视剧的剧本，文字脚本并不会要求演员如何表演；而分镜脚本则会详细地要求演员采用何种肢体语言、何种语气、何种情绪及表情进行表演，对演员的妆容和服饰等都会有严格的要求，同时还会考虑到后期采用何种背景音乐及音效、何种特效。另外，分镜脚本中更会严格地控制时长和提供视觉参考源。因为，短视频最大的特点就是内容精简，分镜脚本就类似于一个画框，将演员的表演牢牢地控制在这个画框内，在有限的时间内完成拍摄内容，简要概括就是让演员戴着枷锁跳舞，不能有太过跳脱的随性表演，自己加戏或改戏，其具体的作用和要点如下。

（1）能大幅提升拍摄和剪辑的效率，更能完整地表述出视频创意策划对创意把控的要求；完整的分镜脚本有助于让表演者在接到脚本时快速地理解内容创作者的意图，按需表演，同时视频剪辑人员也可以快速地领会剪辑的要求，节省沟通时间，提高理解内容的正确度，并可在剪辑过程中随时查看脚本内容作为参考，避免重复的沟通成本。

（2）能在拍摄前紧跟运营者提供的选题方向，避免出现方向上的紊乱。专业的抖音运营需要不断关注过往所发布视频的反馈数据、全网突发的热点事件和新闻，以及抖音平台最新的内容倡导，因此，在内容输出的选题上，既是一个不断变动的过程，又是一个相对固化的过程。分镜脚本在编写之初，是根据既定的月度或季度内容选题策划，做定向的内容输出。分镜脚本是最贴近选题策划的第一环节，有了分镜脚本，导演和演员在拍摄时就有本可依，不至于出现与既定方向发生偏差的情况，同时也能规避某些视频内不宜出现的画面、字词、音乐、背景等。

5.5 如何抢占流量高峰

视频拍摄制作完毕后，就立刻上传发布吗？当然不是，严格来说，视频的发布时间除了涉及当天的视频发布选择，还要兼顾节假日的发布时间以及视频的储备。要想获得流量利用的最大化成效，甚至享受流量溢出的意外红利，就必须了解流量的基本规律和内容创作者的发布规律（见图 5 - 3），做差异化的错峰借势。

发布时间
- 通勤时间（6：00—9：00；17：00—20：00）→ 资讯类
- 客厅时间（20：00—22：00）→ 需求休闲类
- 卧室时间（22：00—24：00）→ 娱乐类
- 周五至周日流量高，视频少，主推视频建议放周末
- 建议最好每个号每天一条，一般每周3~5条

图 5 - 3　抖音短视频平台在不同发布时间宜发布的内容

5.5.1　好马配好鞍，你的内容适合在什么时间点发布

抖音账号运营者应考虑：在什么时间段发布视频能获得更多的推荐？

首先，在内容风格上，用户不同的时间段对内容的需求度是不一样的。

在上下班的通勤时间，用户往往面临着拥挤的人流车流、嘈杂的声音环境，因此，用户难以将注意力完全放在抖音短视频上，简短实用的资讯类短视频反而比较容易获得用户的青睐。那些需要用户进行思考，走内心共鸣路线，或者会诱发用户不顾形象放声大笑的视频，则相对不受用户的青睐。这其实是国内用户多年来养成的一种习惯，在移动互联网普及之前，用户更愿意在地铁、公交车上浏览资讯类的报纸、杂志；在移动互联网普及之后，用户开始在通勤时间浏览包括今日头条、微信公众号在内的新闻资讯类内容。这种用户习惯在短视频时代也被一直延续下来，并从新闻资讯类慢慢扩展到歌舞才艺类。

在通勤时间结束后，用户进入饭中、饭后的娱乐消遣时间。在这个时间段内，用户有大量的时间收看内容，同时也需要在繁忙的工作中抽离出来，放松一下。因此，

在这个时间段内，娱乐搞笑、新鲜事物、休闲、实用教程、美妆护肤等视频比较受欢迎，这些视频还可以作为用户间的谈资来进行分享。

在一天当中最舒适的莫过于卧室时间。用户习惯在睡前看一下手机，而这个时候比较适合看那些走内心共鸣的视频，比如：心灵鸡汤、正能量、情感剧、娱乐剧等内容。这个时间段内，不需要高频地刺激用户的大脑。走心类的视频在这个时间点内所获得的点赞量往往是一天内的最高峰，用户无须掩饰自己的情绪，不必在意旁人的看法，浏览自己感兴趣的视频内容。

此外，在周末或者节假日，需要考虑到用户的起床时间较晚，或者在户外娱乐，所以，周末或者节假日视频的发布时间也需要进行相应的调整。因为在周末或者节假日，由于假期的关系，有部分专业的抖音运营会选择停更，在这个前提下，周末或者节假日发布的视频所面临的竞争要比工作日小，甚至会出现优质的视频数量不够，流量又过剩的现象。为了满足用户的观看需求，抖音系统会降低流量池的冲击标准，将原本可能已经陷入停顿状态的视频推荐给更多用户观看，一般称这种现象为“流量溢出”现象。这种现象在黄金周期间尤为明显。当前，不少新账号凭借着这种“流量溢出”现象完成了弯道超车，追赶上部分抖音头部账号。

根据本书编委会成员的研究调查并结合抖音官方出具的部分数据分析发现，用户在不同时间段内，打开抖音频率的概率数据如图 5－4 所示。

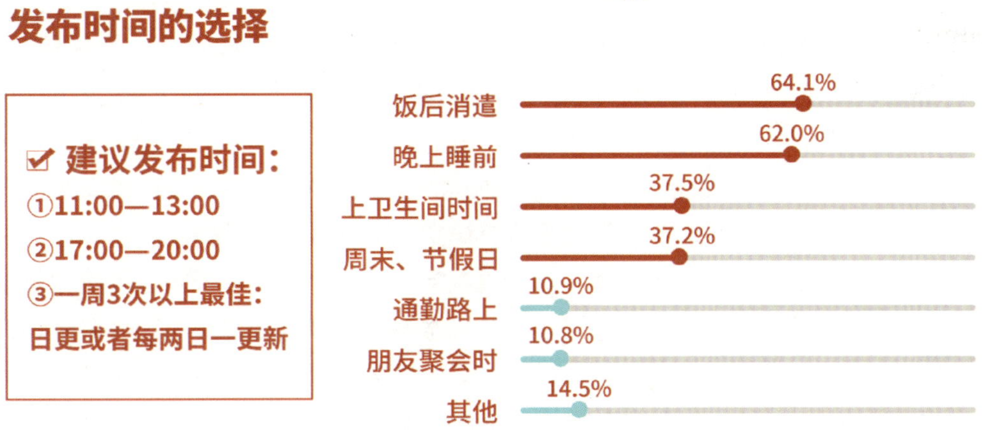

图 5－4　人们打开抖音频率的概率

在饭后的消遣时间，每 100 个人中有 64 人会打开抖音；在睡前的娱乐时间，每 100 个人当中有 62 人会打开抖音；另外在周末、节假日，每 100 人打开抖音的概率和上卫生间时打开抖音的概率相近，都为 37% 左右；在朋友聚会和通勤时间，用户打开抖音的概率会降低到 11% 左右。

结合抖音的推荐标准，视频发布后最初的 2 小时，是抖音系统对视频质量进行判断的数据采集时间，因此，最佳的视频发布时间基本集中在工作日的 11：00—13：00

和 17：00—20：00。

视频的发布频率，建议保持日更或者两日一更。更新的频率会影响抖音系统对账号内容输出持续性的判定，频率太低或者从未发布视频，有可能会被系统定义为营销号；若发布频率过高，平均每天发布 10 条，则会损害自己的推荐流量池。抖音鼓励优质视频的内容创作，排斥劣质视频的大量发布，这也是抖音维护自身生态的重要措施之一。

当然，随着越来越多的专业内容创作个人或机构入局抖音，如何选择视频发布时间几乎已经是业界公开的秘密。所以，竞争也加大了。因此，现在也出现了“错峰发布”视频的反向操作，部分账号的错峰发布效果也不错，这不仅需要考虑视频是否足够优质，也需要兼顾视频目标用户群体的作息时间。

比如，大多数运营者都会选择在 17：00—20：00 时间段发布视频，虽然这个时间段内流量巨大，但在这个时间段发布的视频也多，视频间的竞争因此变大，平均每个视频所获得的流量推荐并不一定比非高峰时间段多。

因此，选择错峰发布的运营者，会固定地选择 22：00 或者凌晨去发布视频，具体还是得看账号属性以及粉丝用户画像。例如：做睡前故事或者夜听等账号，选择在 22：00 之后发布效果会更好，但也有很多美食类账号选择在深夜发视频，俗称“深夜放毒”。

5.5.2　地点选择小技巧，助你赢在起跑线

视频的发布定位，指的是视频在发布时，可以自定义地选择同城内的目标位置。基于抖音的算法推荐机制，新发布的视频会优先推荐给视频定位所在区域的抖音用户，再从同区到相邻的区、城，最后到同省份的其他城市。所有的推荐都是根据视频在该区域内的用户反馈数据，决定是否将视频推向其他的流量池。

以在广州做星座分析的抖音账号“星座充电宝”为例，该账号的目标群体是 18 ~ 30 岁且对星座感兴趣的办公室女性白领。假设这些目标群体白天是在天河区上班，考虑到上班时是没有时间使用抖音的，那就必须把焦点放在目标群体下班后的居住聚集地。经过数据统计后分析，在天河区上班的白领中，有近 36% 的人在下班后会往车陂、黄村方向走。那么在发布视频时，该账号所选择的地理位置就可以优先考虑车陂和黄村。

5.5.3　挑战赛选择小技巧，助你的目标用户更精准

官方发起的挑战赛或者参与人数较多的话题，都属于“编辑推荐”算法的重要组成部分。打开一个话题查看，挑战赛后面的参与人数，指的是有多少人参与过这个话题，包括参与该话题发布过视频的用户、通过点赞和评论等与该话题下视频互动过的用户。在视频发布时，如果选择了某个话题，所发布的视频将会优先推荐给这些曾经

参与过该话题的用户。因此，准确地挑选视频发布时要参与的话题，有助于帮助账号运营者直接跳过初级筛选，直接触及可能对本视频感兴趣的用户，从而增加视频被点赞、评论或转发的概率。当这些正向的互动数据越高时，那么就越有可能成功冲击下一个流量池。在话题选择时，可以对以下 3 点重点关注。

（1）浏览系统发布的新挑战赛和新话题。这种挑战赛和话题因为受到官方的推荐，往往会获得额外的流量倾斜。其中，包括从未参与过该挑战赛和话题的用户也会收到参与了这些新挑战赛或新话题下的视频，账号的运营者可以从中挑选与自己账号定位相符或者内容相关的最新挑战赛和话题。

（2）以往发布过的老话题、老挑战赛，挑选与自己账号视频相符的话题。

（3）当不确定新话题是否能够火爆，或者新话题与自己运营的账号内容关联性不是很大时，可考虑将新旧话题搭配起来，相当于双重保障，确保所发布的视频的播放量不至于遭受太大的滑坡。

5.5.4　@谁很重要，抖音小助手也可能是抖音小杀手

（1）账号裂变，@你的矩阵账号。

在视频的发布过程中，@某个账号也是一种引流手段。通常情况下，@与本账号互相关联的矩阵账号，将有助于将本账号的粉丝用户引导至被@的账号中。同时，那些曾经互动过包含“@你的矩阵账号”的抖音用户也会被系统推荐该条视频，从而增加视频的播放量和互动概率。

（2）账号合作，@你的合作账号。

此种操作手法常见于账号间的合拍。视频首先会推荐给被你所@过的合作账号，包括曾经也@过该账号的用户；其次，视频被推荐给曾经与这些“@你的合作账号”进行互动过的用户。这种操作在账号建立的初期，可以获得部分额外的流量扶持。

（3）蹭名人、网红的热点。

@你所想蹭的名人或者网红，其中的好处除了和上一小点的内容相关之外，被你@的人是可以看到你的视频的。假如你的视频内容足够优质，获得对方的转发或者回复，那么随之而来的流量红利也是巨大的。因为即便是网红账号，它也需要在抖音上参与必要的互动，给部分视频点赞或者评论，这是维持账号健康度的必要手段之一。

（4）@抖音小助手。

所有@抖音小助手的视频都将被抖音系统优先审核和重点审查。因此，@抖音小助手时需要格外注意。首先，必须有绝对的自信判断视频内容不存在违规行为，对视频内容的质量也有绝对的把握；其次，若是搬运的视频内容则千万不要@抖音小助手，否则，不仅不会获得流量的扶持，反而极有可能会被官方限流，甚至降权封号。

5.6 评论区运营，提高粉丝用户黏性的不二法宝

随着短视频行业从最初的用户红利期过渡到现如今的内容红利期，有越来越多的用户在使用抖音短视频的过程中一遇到感兴趣的视频，就会直奔评论区，查看精彩评论。具体而言，评论区中脑洞大开的用户评论对视频本身往往起到画龙点睛的效果，甚至有评论的获赞量超过视频本身获赞量的极端情况出现。之所以会出现这样的情况，一方面目前抖音的确存在给评论内容刷点赞的漏洞；另一方面，评论区是用户的直接互动，这种互动关系甚至比内容创作者回复本身更具亲和力。比如，目前抖音上就已经有部分账号专门收集抖音短视频中的“神回复”，作为内容素材的账号，但是碍于变现空间过窄，这里就不详细展开了。

之所以需要针对评论区进行专业的运营，其目的主要在于两点：第一，提升评论率，诱导用户参与评论，从而提升视频在正向维度的数值，成功地冲击下一个流量池；第二，评论区的点赞，也被系统计算入点赞总数，只不过评论区的点赞不会直接显示在视频的总获赞量上。据数据分析显示，若两条视频的获赞数相近，所获得评论数也相近，那么评论区被点赞较高的视频将会获得更高的系统推荐。也就意味着，如果视频的创意不够，其实是可以通过评论区的创意进行弥补的。

5.6.1 提前拟定评论区的引导性评论，诱导粉丝用户互动

这主要分为以“创作者”的名义直接参与互动和运用其他的抖音小号进行评论。

账号管理者直接在视频中发布评论内容，往往是对视频的标题和内容的一种补充和解释说明，特别是视频可能会涉及敏感内容，或者可能会引发用户争议，在视频发布的同时发布作品评论，将是对视频提前“洗白”的重要步骤，能有效规避不必要的举报或者投诉。

抖音小号评论的作用在于“抛砖引玉”，是为了更好地利用视频发布后最为宝贵的黄金两小时。所有的爆款视频在发布后的两小时内，通常都会有比较突出的评论数据和转发数据。因此，视频发布后的两小时为运营推广的重要时段。如果在浏览视频

评论时，有精彩的评论可以与用户互动，甚至可以诱发出更为优质的爆款评论，视频能成为爆款的概率就要远远高于没有做评论区运营和维护的视频。抖音小号的评论内容可以是与视频内容相关的，也可以是与视频内容不相关、纯粹是为了娱乐搞笑而评论的。当然，二者若能结合起来，才是最好的抖音小号评论。

5.6.2 统计评论区关键词

评论区的用户评论，往往是用户需求最直观的体现。由于没有前提条件的预设，因此，用户需求的精准度甚至要高于有偿的用户调研。

在做选题规划和账号定位时，通过查看每一条用户评论统计评论者反响最多的话题、热词，断定用户的兴趣点，细化评论区的用户需求，并将分析结果反哺到创意策划上，将有助于提升接下来作品的吸引力和共鸣感。

5.6.3 多翻牌，贴地气，把用户当朋友

所谓的“翻牌”，指的就是回复评论区中粉丝的评论，如不能做到对每条评论都回复，也要尽量做到给每一条评论点赞。其好处在于当用户看到自己的评论被点赞的消息后，有 75% 以上的概率会查看是谁点赞了自己的评论，进而再次打开自己所评论的视频，或者进入该视频账号的主页，翻阅该账号的其他老视频。若其再度对其他老视频进行互动操作，则会又一次刺激到系统的推荐机制，将原有的老视频推荐给更多的用户观看。

此外，评论区回复率、粉丝用户私信的回复率也关系到抖音系统对抖音账号优质度的评判。长期回复较少，或者屏蔽粉丝用户私信的账号，很大概率会被抖音系统判定为营销号，进而被降权限流。

在抖音账号运营的前期，要尽可能地对每一条评论都给予回复，因为在这个时间段内，有时间和精力去培养用户的黏性，而且这样的隐性玩法是普通的抖音内容创作者的一种优势。因为头部大号评论数太多，所有评论都回复的操作成本过高。当抖音账号逐渐做大做强、视频的评论数量逐渐增多时，也要确保每条评论都看过并点赞，然后选择性地回复。那么，对哪些评论需要重点回复和注意呢？

（1）活跃的种子用户。此种类型的用户关系若是维护好了，种子用户会主动帮你去回复其他的粉丝用户，减少账号运营的工作任务。

（2）对带有敏感性话题的评论，一定要及时解释和洗白，把隐患扼杀在萌芽期。

（3）一些比较有特色的回复能在评论区形成刷屏式的评论，这时账号的内容创作

者最好也参与到用户讨论中。

（4）对于视频中可能出现的冲突点，一定要在评论中提前做好解释和引导，避免遭遇极端用户的投诉举报，带来不必要的麻烦。每天固定回复一定比例的新增粉丝用户，提升他们的参与感，拉近与他们的关系。

（5）若涉及站队投票的评论，最好不要以账号内容创作者的身份参与。

5.6.4 筛选高互动粉丝，建立种子用户群

参考一些微信公众号、自媒体账号的做法。第一，种子用户是账号变现和账号裂变的基础，同时也是创作账号视频内容素材的重要源泉之一，一个视频的素材可以让种子用户评定、投票、发表，这是最稳妥的爆款打造攻略。第二，种子用户群也可以有一定比例的升降级机制，用以保持种子用户群的活跃度。第三，按照固定的收益比，给予种子用户一定的特殊回馈和奖励，这也是部分抖音头部大号惯用的手法：提前说明自己会接部分广告，并阐明自己会拿出部分广告费转换成礼物，以抽奖的方式回馈给自己的粉丝。例如，“毒角 SHOW”就会采用抽奖送宝马的方式回馈用户。

这种做法，一方面能让粉丝用户更易于接受账号需要接广告、发广告的生存需求；另一方面通过奖品的刺激能激励粉丝用户间积极互动，提升粉丝用户的活跃度，提高广告宣传的效果。

6

让数据说话，做最抖的玩家

如果说每一个抖音账号都是在流量的海洋中劈波斩浪的一叶小舟，那么运营，就是这一叶小舟的掌舵者。专业的抖音运营与非专业的抖音运营，就如同船长和船夫的区别，前者依靠科学的知识，朝着新大陆的目标进发，后者则依靠个人的经验，探索着彼岸的方向。从视频的推广到广告视频的植入技巧，从数据化运营到账号的复盘演练都离不开运营。它就像一个抖音账号的母亲，呵护着自己的孩子茁壮成长。

6.1　视频要疯，还需东风

在短视频运营环节，单纯依靠平台系统的推荐引流不仅成功率低，而且见效的时间也更长。其实只要吃透了推荐机制，所获得的流量是巨大的。但随着短视频行业由用户红利期向着内容红利期的转变，吸引着海量的专业短视频制作个人或机构入局，内容的红利期也很难超过6个月。快速成长为抖音头部大号的难度系数正在不断地加大，对绝大多数后入局的人来说，增长乏力已经成为共同的焦虑。

正因如此，参考以往“双微”的内容红利期的增长策略进行短视频的推广，是最稳妥的成长方式。虽然短视频是一个全新的行业，但仍旧属于新媒体这一大范畴，吸引目标用户关注、促进粉丝用户活跃度的底层逻辑是不变的。抖音短视频的推广可以分为站内推广和站外推广两大部分。

6.1.1　站内推广必备四杀招

所谓站内推广，指的就是从短视频平台内直接进行引流。其好处在于站内引流的目标用户本身就是该平台内的忠实用户，不论是用户的活跃度还是平台的熟悉度，都有较高的保障。另外，站内引流所带来的粉丝用户基本为精准的目标用户，他们是因为对推广源的内容感兴趣而直接产生关注行为的，这对内容的接受度有保障。具体的操作手法有以下几点：

（1）关注抖音头部大号的热门视频和新发布视频，其中也包括同行业的优质账号。开通专门用于推广的抖音小号，使用这些抖音推广小号在抖音头部大号和行业优质账号的视频评论区发表相对有趣且实用的评论，同时附带上需要推广的账号，从而借助这些头部大号的巨大流量池为需要推广的账号进行精准引流。

同时，根据需要，也可以运用部分站外工具对评论的内容进行点赞，使评论的内容能够获得在评论区置顶的位置。

（2）高效利用抖音推广小号。可以使用抖音推广小号参与推广账号的视频合拍并发布，以此借助小号的基础推荐流量，增加需要推广的账号的视频曝光度。抖音推广小号的申请可使用真实的手机号，如果需要大量的抖音小号作为推广账号，同时在预算成本有限的情况下，可在“易码”等平台购买手机的验证码，完成抖音推广小号的申请。

同时，抖音推广小号也需要有一个完整的“养号”过程，以避免被抖音系统判定为营销号。在“养号”过程结束之后，可以通过“夜神模拟器”等工具，在电脑端直接实现对抖音推广小号的批量操作。此外，如预算充裕，建议采用真实的手机号进行抖音推广小号的申请和实名认证，以便于增加推广的效果，并且规避从网上购买的手机验证码不安全和不可持续等麻烦。

（3）高频次转发。视频转发的作用基本分为两大块：第一，增加被转发视频的曝光度从而吸引用户关注；第二，转发是抖音系统对视频质量的重要判断标准，被转发次数越多，抖音系统对账号视频的受欢迎度判定就越高，同时还有助于提升被推广抖音账号的权重。

因此，如条件允许，除了使用专门的抖音推广小号转发外，还可以考虑发动公司员工、朋友参与进来，与需要推广账号的视频进行互动。并将所有用于推广的抖音小号、真实抖音账号分成若干小组，分不同时间段、高频次地转发需要推广的视频。如果条件不具备的，可考虑采用上一小点的操作方式，通过抖音推广小号大批量转发。需要注意的是，切记不要从外部平台购买转发数据，该数据不仅没有实质的推广效果，而且被抖音系统审核出来后也会被清空。此外，这种行为存在限流和封号的高风险，最好不要尝试。

（4）分时段与视频进行互动，合理分配抖音推广小号为需要推广的视频进行互动的时间。虽然视频发布后的两小时在很大程度上决定了视频能否火爆，但并不意味着在视频发布后的两小时如果拥有较好的互动数据，视频就一定能火。爆款视频的基础仍然是优质的内容，但如今的短视频市场，酒香也怕巷子深。为了保证自己的视频不被流量高峰的海量视频盖过，最大化地利用抖音系统的“时间效应”，就需要通过不断地在视频推荐暂停时，通过抖音推广小号与需要推广的视频进行互动，刺激抖音系统对视频质量重新判断，再次推荐视频进入更多的流量池播放。

另外，分时段与视频进行互动，最好也最有效的途径是：在抖音短视频 App 的首页刷到被推广的视频，最能激活系统对账号和视频的重新推荐。具体的操作方式分为以下 2 种：

（1）通过抖音短视频 App 给用户发送的消息，直接进入视频浏览页面。关闭并退出抖音推广小号，待需要推广的抖音账号发布视频后，抖音系统会给该账号下所有的粉丝发送一条提醒消息，内容就是关于该账号发布了新作品。此项消息功能基于抖音短视频 App 在设计时的“用户召回”机制，因此，通过此种途径与视频进行互动，是最有效且最真实的。

（2）通过视频首页推荐，直接与视频进行互动操作。具体操作为：关闭并退出抖音推广小号，待需要推广的抖音账号发布视频后，抖音推广小号开启抖音短视频 App，在 App 的首页页面内，抖音系统一般会在前 10 个视频内为抖音推广小号推荐本账号经常参与互动的抖音账号的新视频，这 10 个视频基本就包括需要推广的抖音账号的视频。此种方式能有效刺激视频进入下一个流量池，因为抖音系统推荐机制的原则性目标就是“让红的更红”，每当有用户挖掘出账号的视频时，系统都会重新推荐一次账号视频。例如“陆超”，在该账号发布了 1000 多条视频之后才突然火爆起来，其内在的原因是依赖抖音算法的“时间效应”机制，建议大家多加使用。

6.1.2 用新媒体的思维做站外推广

除了精准的站内推广外，站外推广也是为抖音号增加流量的重要组成部分。相对于站内推广形成的刷屏效应，站外推广在转发环节还有着比站内转发更多的益处，这就是额外的视频加分。具体而言，就是将抖音短视频转发到微信、微博、QQ 等非头条系的外部平台，一方面可以为自己的视频做精准的用户引流，另一方面也是为抖音短视频 App 做了宣传。因此，抖音系统的判定，视频站外转发的贡献值要高于站内的转发。例如，岳云鹏作为抖音的明星 IP，将自己的抖音视频转发到微博上，本身就为抖音带来了众多原来不使用抖音短视频 App 的用户，这就是站外转发对抖音短视频 App 所带来的流量效应的一个典型案例。

此外，站外转发推广也需要注意以下几点：

（1）视频一键分发。在所有的主流短视频平台均注册短视频账号，使用包括“火星云分发”在内的视频分发网站，将已经在抖音上发布过的无水印原视频，一键分发至各个平台。需要特别注意的有以下两点：

①所有需要一键分发的无水印原视频，都需要避免用 QQ 或者微信发送，最好的方式是使用 U 盘进行复制粘贴。

②抖音平台对视频有首发要求，其他平台无此特殊要求。因此，在视频的一键分发时，最好与抖音账号所发布的视频有 48 小时以上的间隔。

（2）在微博、百度贴吧、行业论坛、知乎、小红书等媒体网站，或者目标用户聚集的其他网站同步发表视频、视频的封面截图或者视频的链接等。

（3）添加目标用户聚集的 QQ 群、微信群，在此类社群组织内发表与该账号视频有关的观点和视频或视频链接，具体的操作步骤类似于传统的加群推广方式。

6.1.3 精准选择热点，如何跟随热点

热点视频是抖音吸粉拉新的一大撒手锏，热点视频本身往往意味着海量的视频曝光量。因此，蹭热点的视频是抖音运营中不得不重视的一种类型，但这并不意味着所有热点都可以蹭。具体操作可以参考以下注意事项。

（1）太过大众的热点不宜跟。

过于大众的热点之所以不宜跟，原因就在于热点来源的可靠性无法保障。例如：2018 年重庆公交车坠江事件就是当时的全网热点，在该热点下，部分抖音账号也借此机会迅速收获了一波用户关注。该热点最初爆发时，有相当多的抖音账号将事件的矛头指向与公交车相撞的轿车女司机，以至于当事人遭受了人身攻击，最后采取法律诉讼的形式进行维权。在官方进行辟谣后，曾将事件的矛头指向轿车女司机的自媒体账号、抖音账号均遭到视频下架、账号降权甚至封号的处罚。风险太大，就是太过大众的社会热点不宜跟的根本原因。

（2）太过小众的热点不值跟。

过于小众的热点不值得跟，原因就在于热点过小，关注的人群有限。此类热点发布后，绝大多数被推荐了该视频的用户并不了解热点中所涉及的人物、事件，因此难以勾起用户的兴趣点，导致视频的互动数据不佳，最终影响到视频的后续推荐。

（3）政治热点不能跟。

无论是对于个人抖音号还是企业抖音号，政治热点均是视频创作的雷区。由于抖音的审核机制和标准异常严格，任何与政治挂钩的内容都会被列入重点审核对象，“宁可错封一百，不可放过一个”是此类视频审核的基本标准。视频一经删除，带来的降权处罚将异常严重。除非是具有传媒资质的抖音账号，其他账号都应该尽量避免在视频中出现政治元素。

（4）财经热点不好跟。

财经热点之所以不好跟，原因就在于涉及投资、理财、股票、基金乃至保险的视频往往带有较强的引导性。抖音平台为了尽可能地规避某些隐形风险，通常并不主推此类视频。比如投资理财、基金保险的视频一般比较难以通过“DOU + 推广”的视频审核，正基于此。

（5）社会热点最难跟。

社会热点最难跟，主要是社会热点的爆发具有一定的突发性，社会热点视频往往需要在热点爆发后的 5 小时内发布追随热点的视频，若蹭热点时间过于滞后，往往全网用户都已经知道了该热点内容，不需要观看同样的热点视频，比如 2018 年的金庸、

李咏等名人的热点事件都是如此。

在具体操作层面，不管是抖音个人账号还是抖音企业账号，在选择跟随何种类型的热点时，均可以从以下几个角度考虑：

（1）要蹭的热点必须结合抖音账号的内容定位，输出符合该账号视频内容风格的视频。

（2）拍摄或制作的热点型视频必须符合目标粉丝用户的调性，用他们能接受的内容形式制作和发布。

（3）发布热点型视频时，添加所蹭热点对应的话题，并同时添加 1 ~ 3 个过往参与人数较多、与新话题有一定关联的旧话题，给视频推广上双保险。如此一来，在新的热点话题流量不够的情况下，还有其他旧话题的流量补充注入。

6.2 矩阵思维做视频

账号矩阵裂变是运营中极其重要的一个部分，尤其是垂直细分不那么明显的账号。账号的矩阵不仅可以吸纳更多且更精准的用户，同时，还可以打通多个账号进行互通引流，实现多平台、全方位的推广运营，增强账号的影响力，为日后的变现做铺垫。

6.2.1 传统新媒体思路下的矩阵思维

通过矩阵思维实现涨粉的思路，在“双微”时代就已经存在。大 V 为其他账号引流导量，公众号大号通过举办线上活动把关注的用户引流到其他账号，或是在文中为其他裂变出来的账号做推广的现象数不胜数。这种方式在抖音上也同样适用。

其实，做矩阵的目的，不仅仅只有涨粉，在同一个平台内做矩阵，主要是为了突出差异化，输出不同风格的内容。由于头部账号内的用户，特别是做段子剧、街访及萌娃萌宠类的账号，其粉丝用户的喜好和关注的事物可能有着很大的差异，粉丝用户的画像也没有那么精准，所以矩阵裂变出其他的账号，并输出不同的内容，有助于满足粉丝用户不同的需求。

目前，抖音上比较常见的矩阵类型有 4 种，分别是家庭矩阵、团队矩阵、MCN 机构矩阵和个人矩阵。第一种，家庭矩阵（见图 6－1）很容易理解，就是一家人各自都开设抖音号，并发布视频。例如：抖音账号“小金刚”，它作为主账号有 607.4 万粉丝，账号内的内容主要以家庭日常生活为主，但是“小金刚”每条视频的内容都会@矩阵裂变出来的其他家人的账号，并带起了“金刚嫂”“金刚爸”和“金刚妈”这 3 个账号，矩阵粉丝量共达到了 1064 万，不过粉丝用户的重合度非常高。

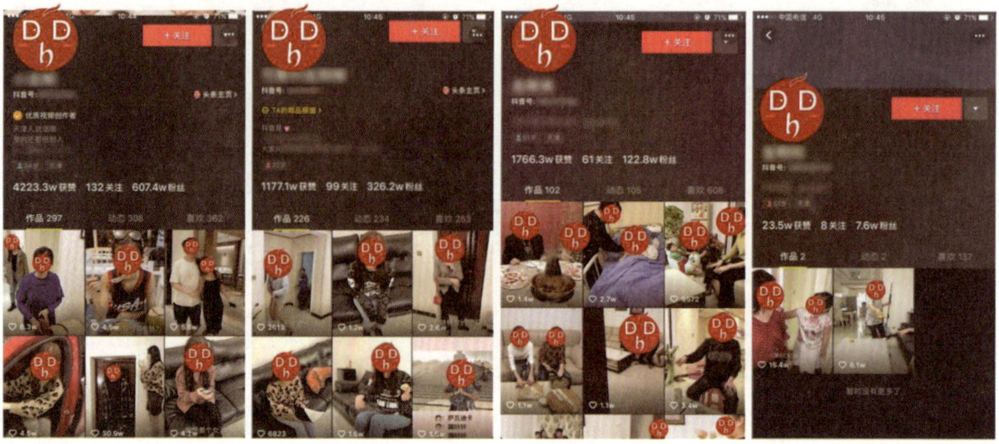

图 6－1　家庭矩阵举例

第二种是团队矩阵（见图 6－2）。像“天天笑园”“钟婷 XO”“不齐舞团”这类型的头部大号，也通过矩阵裂变出多个账号，这种裂变的模式主要是团队的全部成员都参与主账号的建设，在主账号做出一定的体量后，团队成员再裂变出其他账号，包括但不限于演员、摄影师、后期和秘书等等。比如，“天天笑园”这个主账号有 1496.3 万粉丝，每个主演成员又各自开通了自己的账号，由此裂变出来的 8 个账号总粉丝数量达到 533 万，矩阵粉丝共计 2029.3 万。同时人们可以留意到，每一位成员的个人资料内都在为“天天笑园”主账号进行引流，看似简单的一句“更多作品请关注天天笑园”，其实能吸引到部分好奇的用户去搜索并关注主账号，由此提升整个账号的商业价值。

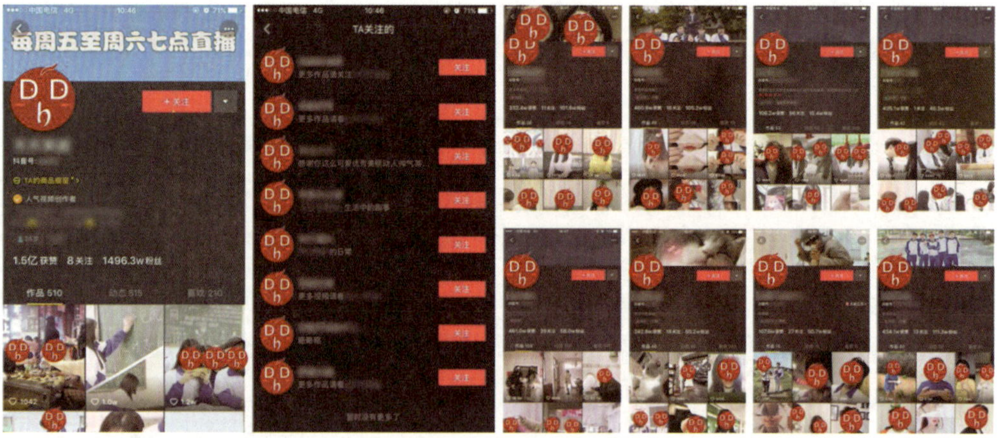

图 6－2　团队矩阵举例

第三种是 MCN 机构矩阵（见图 6－3），也就是机构矩阵。比如 MCN 机构洋葱集团旗下有多个账号，且每个账号几乎都是各个类目的头部大号，MCN 矩阵总粉丝量近 7000 万，非常庞大。而且各个头部大号之间也会互相引流导量、宣传推广或是合作。

图 6－3　MCN 机构矩阵举例

图 6－4　个人矩阵举例

第四种是个人矩阵（见图 6－4）。就是个人开设一个主账号后，又开设一个小号。这种类型的矩阵比较少见，主要是因为做个人矩阵有一个劣势，当同一个人在多个账号中出现以后，会影响到两个账号的权重，因为抖音系统极有可能会把账号判断为营销号，但其中也有成功的案例。

比如“彭十六”，她的个人主账号有 1820. 2 万的粉丝，而其小号“彭十六的日常”则有 402. 3 万粉丝，共计 2222. 5 万粉丝。可以留意到彭十六也会在小号的个人资料上为自己的主账号进行推广，这样可以通过小号把粉丝用户引流到主账号，再引导这些用户关注自己的微博，实现后端落地变现。

在运营的过程中，运营者很多时候只有精力去关注一个流量较好的平台并集中火力进行运营，但也要兼顾在其他平台发展的可能性。把制作出来的内容发布至算法机制相差不大的平台，也有可能出现不错的效果，并反哺主运营平台账号、为其导流，达到多平台拱卫的目的。

运营者还要把账号和内容进行全网推广，死守一个平台不能够真正地扩大账号的影响力和号召力。这就要求运营者在做抖音的时候有全局思维，包括微信公众号、QQ、微博、头条、西瓜视频等，另外还可以考虑注册知乎、加入论坛等，同步把视频推广到这些平台，诱导目标用户群进行关注。

6.2.2 账号裂变的注意事项

不过，矩阵裂变账号并不是简单地重新开一个账号再发布别的视频就可以了。在做矩阵裂变的时候一定要考虑清楚，裂变出来的账号其目的是什么，要达到什么样的效果。

因此，这要求运营者在裂变账号前就要规划好新账号的内容风格，以及账号与账号之间的关联性，促成账号间相辅相成共同成长的良性发展生态。比如：主账号是做PPT教程的，那么裂变的账号可以是PS教程、Word等办公软件教程。另外，账号与账号之间不需要有严格的主账号与助攻账号之分，因为每个账号最终都会为账号个人或是团队带来更多的商业机会。例如“慧慧周”这个账号，她的主账号有247万粉丝，而小号却有283万粉丝，虽然小号比主账号的粉丝多了大约36万，但这并不会带来什么负面影响，两个账号同步发展和运营，沉淀下来的就是更加巨大的商业价值。但要注意一点，就是变现时主要依靠主账号，其他账号还是以导流为主。

此外，裂变出来的账号也会形成自己的一个独特IP，各个主打IP之间一定要互相串演，此举不仅能够给粉丝用户带来眼前一亮的感觉，同时也可以带动自己账号内的粉丝用户关注其他的账号。像钟婷作为“钟婷XO”账号的主演，她也会在其裂变的账号“泡沫闺密”当中串演一个区别于“钟婷”的角色。这种方式对于孵化新红人来说是比较简便的方式，充分利用这些已有的资源去带动新的资源，能够更好地节省人力成本和时间，同时也能够把几个账号的粉丝用户互相打通。

另外各账号彼此互@互推也是不错的推广方式，不管发布什么视频都要@其他的矩阵账号，是一个很好的引流方式。像上面提到的“小金刚”，他每一次发布的生活日常视频都会@他的家人：金刚嫂、金刚爸和金刚妈，通过这种方式能够很好地引导粉丝用户去查看被他@的人的账号主页，若是内容足够吸引人，也能够留住粉丝用户。在抖音平台上，很多红人或团队会参考这种方式进行引流导量，最后实现为彼此导粉。

6.3 营销制胜：如何让用户自行转发

6.3.1 暗示：传递同等价值观

转发量是考核一个抖音视频贡献值的标准，转发量越大，抖音系统给予该视频的流量就越高。特别是站外的转发量，因为站外的转发会被抖音系统判断成为抖音平台进行推广，系统也会更多地给予该账号流量倾斜。

因此，在引发用户转发的时候强调的是一种内容的共鸣。传递同等价值观，这样可以提升用户的认同感。所以，富有正能量的视频内容其实是很吃香的，加上适当的幽默感和恰到好处的吐槽，就能够博得用户的好感。另外，内容不能脱离目标用户的身份，应设身处地地设想内容，营造贴合他们身份的环境，引起目标用户强烈的共鸣。内容风格一定要稳定，比如在做星座矩阵账号的时候，可以矩阵裂变出 12 个星座账号，为不同星座的粉丝用户开设不同的账号，制定精准的内容。

6.3.2 模仿：培养用户的参与感

培养用户的参与感是模仿最重要的作用。比如，此前“许华升”在抖音上发布的一个视频就引发了全网的跟拍及合拍。

通过分析发现（见图 6－5），该视频不仅引发了用户的共鸣，而且视频的拍摄手法非常简单，用户只需要应用视频原创者的音频就可以拍摄出与原创者相似的内容，同时也可以引诱用户进行一些微原创或是合拍。

具有一定争议的话题，同样能够引起用户的投票和讨论。但是要注意在评论区做好引导，如果策划得好，这类型的视频转发量也会比较高。

粉丝量： 1164.5万。

该视频点赞量： 128.6万。

视频内容： 主演吐槽天气炎热。

火爆原因：

1.运用方言进行传播，广西南普的口音本身就具有喜感。

2.视频结尾插入魔性音乐+尬舞，引人发笑。

3.当时正值夏季，全国各地普遍高温，引起用户的共鸣。

4.视频内容简单，易于模仿，引发全网跟拍以及合拍。

图 6-5　“许华升”账号视频火爆原因简析

6.3.3　感染：别把自己当网红，也别把自己不当网红

要注意感染自己的粉丝用户，简单来说就是不要高高在上。例如，此前洋葱集团旗下的某红人就是一个很好的反面例子。她在出演《奇葩说》这个节目的时候就不太收敛，经常与她的粉丝、竞争对手等发生争执，出言不逊，结果在网上引起了一场骂战。另外，也别把自己不当网红，作为一个网红，要在评论区经常与粉丝用户互动，增强粉丝用户的黏性。

6.3.4　引流技巧

这里总结一下几种引流的技巧，为营销制胜做好铺垫。首先，可以打造权威 IP。比如此前提到过的“老爸评测”，首先，用专业的、具有一定知识储备的权威人士出镜，增加了整个视频的可信度。其次，打造人格化 IP。人格化 IP 的变现方式是最为丰富的，同时人格化的形象也更能贴近用户的内心，从而引导用户的关注。再次，可以创立几个账号进行矩阵裂变，并打通每个账号之间的关联实现账号互通，在共同吸粉的同时，还能够引导各个账号的粉丝用户关注其他的账号。最后，搬运同类型的视频。参考同类型点赞数、转发量比较好的视频，同步搬运过来，其流量在搬运之后一般不会太差，这在账号建立的初期是一个不错的引流手段。

6.4 广告植入九大技巧，让你一软再软

不论是个人抖音号还是企业抖音号，都需要借助广告视频获得收益。广告型视频总体上分为两大块：

第一种是平日里较为常见的电商带货。开通电商购物车后，直接在视频中植入产品的软广或者硬广，引导粉丝用户购买。

第二种是外部广告。需要特别注意的是：截至目前，个人抖音号如需接受外部广告的订单，必须经过抖音官方的广告接单平台“星图”进行备案；或者通过与抖音官方有签约合作的服务商、MCN 机构合作接受广告订单，否则其盲目发布的广告视频将极有可能被抖音官方下架或者账号被限流和封号。

拍摄制作广告型视频赚取广告费，实现变现收益最难把控的点在于：广告内容视频既不能引起用户的反感，又要激起用户的互动，让视频获得更大的曝光量，满足广告主的曝光需求；同时还需要满足广告主对产品进行展示的需求，甚至是产品需要长时间出现在视频中的需求。

在分析了上万条抖音广告型视频内容之后，本书编委会成员为各位读者总结出目前广告效果比较好、带货能力强，同时又比较受用户欢迎的广告植入手法。具体如下：

（1）剧情植入。

剧情植入使用得最多的就是将产品作为剧本素材，从而自然地把产品带入视频中，这是目前用户欢迎程度最高的视频广告。以下这个剧情植入案例就是一个成功例子，该广告型视频的获赞数和互动数比日常的非广告型视频更多（见图 6 -6）。

粉丝量：358.3万。

该视频点赞量：52.9万。

植入成功原因：

1.视频的策划紧跟全网热点：开学季。在9月上旬，开学季作为全网热点，在抖音平台上也不例外，因此视频的策划最大限度地利用了当时的热点流量。

2.视频策划中的主线为大学开学季，学长学姐为迎接大一新生做引导和提供帮助的既定现象，针对的是抖音用户群中60%的高学历者，通常都经历过或者见识过类似的迎新生现象，同时，迎接新生通常也是学长学姐们认识新生的一个途径，能激起目标用户的共鸣感。

3.视频的亮点在于通过时间前后的对比，从主演使用欧莱雅前被学妹误认为老师，到使用欧莱雅后，被学妹误认为大一新生，凸显出欧莱雅这款产品对肌肤的养护作用，形成对比。

4.视频全过程并无出现欧莱雅的品牌LOGO，但却采用了欧莱雅惯用的广告素材和部分背景音乐，既不让用户反感，同时又让用户知道这是欧莱雅的广告。该视频累计1.6万的转发，评论区也对广告的风格大加赞赏，这些都显示出用户对于本条广告的肯定。从该账号的视频列表页可以看到，该条视频的获赞数甚至比其非广告的视频更多。

图 6－6　剧情植入成功案例和简析

（2）场景植入。

产品的场景植入，主要是指将产品作为视频内容的道具或者背景进行植入。其最大的好处是以委婉的方式突出产品某一功能的优势，从而加深产品在用户心目中的印象。比如尚品宅配官方账号的家具广告累计获赞过百万，转发量过万，该视频的操作手法见图 6－7。

粉丝量：304.9万。

该视频点赞量：106.5万。

植入成功原因：

1. 本条视频切中已婚男性藏私房钱的社会热点，在保证视频的娱乐搞笑属性、获取更多曝光量的同时，也比较容易勾起用户的共鸣感。

2. 视频中将尚品宅配的可收缩饭桌作为可以藏私房钱的道具使用，通过将私房钱藏在该收缩饭桌中，凸显该饭桌可收缩的特点，引起用户的好奇心，最后引发用户购买。

图 6－7　场景植入成功案例和简析

（3）对比植入。

对比植入，通常是指将剧情植入与场景植入结合起来的手法，此类方式的广告视频往往更隐性，多见于美妆推荐等抖音账号。在抖音的“竖屏广告玩家”官方抖音号上有许多的案例可供学习，这些都是符合抖音广告审核标准的视频，非常值得借鉴。同时，在抖音推出“星图”平台前，也有许多的广告型视频值得我们学习。因为在抖音推出“星图”平台之前，抖音官方相对比较排斥广告型视频，所以广告型视频被审核通过的概率较小，在这种严格的审核条件下依旧能够成功的案例更是值得我们学习。比如下图这条眼霜的广告视频累计获赞 39.2 万，转发率高达 6.1 万，直接带去的店铺引流高达 6.8 万，视频的赞转比高达 15.6%，这是包括大部分百万赞级别的爆款视频都很难达到的转发率，可见该视频在粉丝中的受欢迎度颇高，见图 6－8。

粉丝量：380.1万。

该视频点赞量：39.2万。

植入成功原因：

1. 男扮女装，本身具有娱乐搞笑属性，并且比较受女性粉丝的欢迎。
2. “教大家拍出网红大眼睛”，以教程的噱头吸引粉丝完整地看完该视频，提升完播率。
3. 视频全程并未出现任何品牌词或者广告语，但却通过使用前后的效果对比，将产品的作用凸显出来。
4. 视频中用“男与女”“眼霜与锅底灰”“手绘眼睫毛”“美颜前后”等多重对比的方式，有效地勾起用户的兴趣点。
5. 蹭热点。视频使用抖音APP自带的“大眼瘦脸”特效，此类特效的使用会被抖音系统视为蹭热点的视频。即：相当于为抖音的特效功能做宣传，因此会受到抖音系统额外的流量扶持；其次模仿当时的热门人物温婉的造型，也是蹭热点的一种形式。

图 6－8　对比植入成功案例和简析

（4）贴纸植入。

贴纸植入首先是基于广告主已经在抖音官方购买开通了一套贴纸道具，然后邀请抖音达人使用其贴纸拍摄视频。由于贴纸是官方认可的广告形式，所以视频全程都可以有贴纸，贴纸植入的好处在于：

达人使用贴纸拍摄视频，能将贴纸带火，随后产生大量的贴纸跟拍者。比如 2018 年 12 月的“supreme”贴纸，在被达人带火该贴纸后，掀起一阵“supreme”贴纸的使用高潮，形成刷屏的效果，短时间内迅速将“supreme”这个先前国内知名度不算特别高的潮牌带火。

图 6－9 为东鹏特饮在使用该贴纸时的操作。

粉丝量：62.3万。

该视频点赞量：1.1万。

植入成功原因：

1. 该视频切入的是“在公众场合刷抖音开外放”的社会热点，吸引粉丝参与此话题的讨论，提高视频爆款量。

2. 该视频整合多首抖音历史热门音乐，将所有的热点都植入在同一条视频中，被系统视为蹭热点的视频，从而获得更多的流量扶持。

3. 通过视频中他人的怒摔手机，让视频有了更多的吐槽点。

图 6－9　贴纸植入成功案例和简析

（5）话题植入。

话题植入是指在视频的标题栏直接参与或自建一个新的品牌话题。在欧莱雅的话题植入视频中，就直接在标题中添加“欧莱雅”这个话题，从效果上来说，新建话题所获得的流量并不精准，由于没有选择过往的话题，也就意味着没有有效利用“编辑推荐”的流量优势，系统会随机地将视频推荐给与该账号粉丝画像比较接近的用户浏览。在逻辑上，新建话题等同于那些任何话题都不添加的普通内容创作者的做法，只要视频足够优质，就同样有成为获得上百万点赞视频的机会。

此外，由于是话题植入，在视频策划层面可操作的空间就会更大，因此带来的视频曝光量也往往更高。

（6）标题植入。

标题植入与话题植入类似，但由于短视频的标题往往具有引导解释的作用，因此若选择标题植入，在视频的内容中也需要有产品的植入。比如“唐馨恬”的一条爆款视频，内容是将老干妈辣酱当成口红使用，获赞量高达 133.9 万，评论量 4.8 万，转发量 3.6 万。该视频的操作手法见图 6－10。

粉丝量：36.3万。

该视频点赞量：133.9万。

植入成功原因：

1. 剧情反转。食堂、素颜、偶遇男神、老干妈辣酱的另类用法、腮红等，让视频充满娱乐搞笑元素的同时，也切中了女生素颜偶遇男神的窘迫心理，引起粉丝的共鸣。
2. 强烈对比。虽然是单人出镜，但在视频的表演上很真实地表现出从女汉子到性感女神的强烈对比，让视频更具看点。
3. 专业的视频剪辑，声效的配合，让视频的看点相对普通玩家更足，更有利于提升视频的曝光量。

图 6－10　标题植入成功案例和简析

（7）评论区植入。

评论区植入，通常由账号内容创作者本人在评论区发表与品牌相关的评论，或者由广告主、抖音小号在评论区发表与品牌相关的评论，并通过为评论刷赞的手段将评论的内容刷到前排置顶的位置。

通常在评论区植入是所有广告型视频都会采用的做法，此种方式不论广告视频有多软，都可以有效地告知用户本条视频是哪个品牌的广告，视频策划创作上的空间也更大。通常，以曝光为目的但预算有限的广告型视频都可以采用此种宣传方式。

（8）@植入。

@植入主要是指在视频标题或者评论区直接@广告主，此种广告型视频不仅有为产品打广告的作用，还可以更快速、更直接地将达人的粉丝用户引导至广告主的抖音号上，形成粉丝用户沉淀。

此类视频通常对达人的关注数要求较高。比如欧阳娜娜给阿迪达斯做的广告视频，利用欧阳娜娜自带的明星效应获得巨大的流量曝光，然后通过在标题上直接@adidas，为阿迪达斯的官方抖音号导流。

（9）引导站外跳转。

引导站外跳转，主要用于电商带货。比如前文提到的眼霜的视频，就是直接在视频中插入了购物车的链接，对广告内容感兴趣的用户可以点击进入视频中的广告页面，减少了中间步骤，有效地提升了转化率。

了解目前主流的9种广告玩法套路后，在具体的执行层面还需要针对不同的产品拍摄不同的广告内容，这样既能满足广告主的需求，又能照顾平台用户的接受度。以下9种视频策划策略就值得运营者借鉴。

（1）产品力强，直接演示。

如果产品本身具有非常强的功能，外表酷炫，很符合抖音短视频平台自身的“风骨”，那就可以考虑直接展示，见图 6－11。

该视频点赞量：26万。

视频内容：一款学生手写板的操作视频。

成功原因：

外观上一改传统手写板的幼稚化的设计风格，将手写板设计成与平板电脑相似，成功地与同质化的手写板设计做了差异化打磨。

图 6－11　产品力强案例简析

（2）策划周边，侧面呈现。

抖音短视频上的用户比较反感纯粹的产品展示，以下案例则是从侧面表现出产品的特点——空间大，见图 6－12。

该视频点赞量：3.6万。

视频内容：展示一辆车能装下多少人。

成功原因：

1.该视频为别克商务车，通过引导浏览者计算从车内下来了多少人，成功地将该型车巨大的空间植入浏览者的大脑中，从而产生“大空间=别克”的概念。

2.本视频采用的并不是直接在视频中描述车内空间有多少立方米，而是以能装多少人作为对比，视频风格契合了抖音平台轻松娱乐的调性，因此获得了巨大的曝光量和点赞量。

图 6－12　侧面呈现产品案例简析

（3）契合调性，有趣是关键。

众所周知，美特斯邦威在“80 后”中比较出名，以下这个视频的主角与美特斯邦威的目标用户群年龄层非常接近，配上浮夸的表演，是不错的植入方式，见图 6－13。

该视频点赞量： 29.2万。

成功原因：

1.该视频为针对美特斯邦威目标用户所特设的一条视频，美特斯邦威的主力用户多为中青年男性，他们既不特别喜欢运动，又不特别追随潮流，该群体有很大一部分在中年就会成为宅在家的油腻中年。

2.视频中的单身油腻中年，通过使用美特斯邦威在抖音上发布的女性同款背景音乐，配合表演者夸张的表演，成功地戳中粉丝的笑点，实现了较高的曝光量。

图 6－13　以有趣的表演呈现产品案例简析

（4）聚焦优势，夸张呈现。

聚焦优势，夸张呈现。指的就是凸显产品的主要卖点，产品的卖点可以是独家的，也可以是同类产品都有但竞争对手却没有进行过有效描述的，见图 6－14。

该视频点赞量： 22.4万。

视频内容： 直接展示产品防水的特性，将排插放入鱼缸内而没有触电。

成功原因：

1.没有单纯介绍插头的防水等级是IPX6、国家标准的三芯插头这样的专业词汇或者防触电等语言描述。

2.以鱼缸、钥匙等作为道具，直接演示插座防水、防触电的强大功能，这才是有效吸引抖音用户的操作手法。

图 6－14　以聚集优势呈现产品案例简析

（5）借助场景，尝试植入。

所谓的借助场景，通常就是在拍摄的场景中植入产品，如果是线下的广告视频，则是直接将拍摄的场景搬移到广告主的门店完成拍摄，以下列火锅店广告为例，见图 6－15。

视频总点赞量：27.1万。

视频简析：

1. 视频看点在于该视频所蹭的话题为星座，截至目前，有87.6亿人次参与了该星座话题的互动，因此，如果视频中的星座元素做得比较优质，广告视频所获得的曝光量将是巨大的。
2. 视频结合十二星座性格的不同特征，将其融入在吃火锅的各个环节，有效地吸引了星座类爱好者，为视频的爆发起到了基础性的作用。
3. 视频中的广告植入主要体现在：视频的发布定位在该家火锅店；视频中所使用的道具完美地展示了火锅店的食材、味道；视频中植入了火锅店近期的活动信息，直接为火锅店导流，此类做法非常适合有线下实体门店的广告主。

图 6－15　借助场景、植入产品案例简析

（6）呈现口碑，突出火爆。

在此类操作手法中，比较好的案例包括都可奶茶、答案茶、土耳其冰激凌、小米手机等，最主要的就是呈现出门店很多人排队、有趣的服务员、有趣的产品、产品的使用评价等。在实际操作上，可以在视频拍摄时选择更多的群众演员客串，从而营造出较为火爆的感觉，最后吸引抖音用户“网红店打卡”，形成短时间内的刷屏现象。

（7）曝光日常，传播文化。

此类操作手法多见于京东、支付宝等大型企业抖音号和大多数初入局抖音的企业抖音号，通过职场剧或者日常办公的文化、音乐舞蹈、公司活动等方式展示企业的形象，为招商引流、品牌宣传服务。比如：支付宝一条关于马云在企业大会上的讲话视频，获赞量达到几十万，见图 6－16。

视频总点赞量：27.9万。

视频简析：

1. 马云本身就是一个比较成熟的IP人设，不乏吸引力。
2. 该视频是关于马云将于2019年退休，回归教育行业的视频，是当时的全网热点。

图 6－16　马云讲话视频案例简析

（8）付费广告。

付费广告指的就是抖音官方的开屏广告、第四屏信息流广告、官方挑战赛广告、贴纸广告等，此类广告题材不限，操作空间和曝光量都比较大。同时，在广告导流方面也比较便捷。不过，需要注意的是广告的素材审核会比较严格，像背景音乐是否有版权、字体是否有版权、广告的内容是否在企业营业执照上的经营范围内，等等。

（9）达人带货。

一般达人带货基本可以分为：自出脚本策划，要求达人按需拍摄；发布广告需求，由达人自行策划脚本拍摄。目前，绝大多数达人都签约在专业的 MCN 机构下，此类机构一般都有专业的抖音运营策划，所以多数情况下，广告主都会选择让达人或者 MCN 机构做脚本策划，结合自己的广告需求，让达人或 MCN 机构有自由发挥的空间。目前，抖音上比较优质的广告视频基本都是合作双方共同参与策划的，比如“黑脸 V”的以下广告视频，见图 6－17。

视频总点赞量：14.3万。

视频简析：

1. 黑脸V作为抖音的头部达人，以酷炫、新奇、正能量的人设和视频风格为主，粉丝丝黏性较强，视频的曝光量有保障。
2. 视频中聚焦品牌产品的核心优势和卖点，通过视频特效的方式引导浏览者了解该品牌牛奶的奶源地，让粉丝更放心。
3. 视频的全程并无出现品牌LOGO，有效地勾起浏览者的好奇心，该视频一改主动宣传品牌的惯用方式，转为吸引粉丝主动了解询问，加深了品牌在用户心中的印象。

图 6－17　达人带货视频案例简析

6.5 数据化运营：数据反哺内容，持续优化

在抖音的专业化运营中，数据化运营是其中的重中之重。没有数据分析的抖音运营就像盲人摸象，所有的操作就只能凭借运营者的经验和直觉，出爆款视频的概率很小。与此同时，账号整体的涨粉数据也会有较大的波动，有时每天涨粉十几万，有时呈现负增长，甚至是长时间持续性地负增长。

数据化运营的优势就在于能够通过实时更新的视频数据反馈，找到视频的不足，并分析同行的优质内容，探索出解决问题的方案，最后保证抖音账号的持续健康成长。

专业的数据化运营，不能保证在短时间内打造出诸如“多余和毛毛姐”这样迅速爆红的视频账号，但却能保证让短视频在较高增长率的同时稳步成长，并且规避某些不稳定的因素，导致视频账号如同“面筋哥”一样被封，以至于功亏一篑。

6.5.1 解读抖音数据，快速分析内容/账号优劣

在初入抖音时，最需要了解的就是通过账号主页中的各项数据解读出本账号的健康度，这对知晓本账号所能犯错的空间和内容输出优质度的转变方向有着重要的参考意义。

6.5.1.1 账号权重自我识别

截至目前，抖音官方并没有开通抖音账号权重查询的功能或者权限。因此，对于绝大多数人而言，若非有相应的人脉关系，否则是很难确切地知道自己运营的抖音账号的权重的。

因此，学会如何借助其他的知识来预估账号的权重显得尤为重要。

账号权重的高低往往决定了系统分配给视频的基础播放量。那么对应的，通过持续观察视频的基础播放量，也能反推出大概的账号权重值。本书编委会成员经过对近千个账号的案例分析，并对比官方的权重查询，总结出以下规律。

（1）僵尸号（账号权重值为0）：持续一星期发布的新视频播放量低于100。视频

的基础播放量持续维持在 100 以下，该视频账号基本就可以被判定为僵尸号了。僵尸号被抖音系统判定为营销号，此类账号等同于外部刷粉机构的机器账号，非真人账号。对于账号运营而言，僵尸号是不具备任何运营价值的抖音账号，即便是作为推广视频的小号而言，一旦被判定为僵尸号，就不具备被救活的价值，基本也就可以直接放弃了。

（2）最低权重（账号权重值为 1）：持续一周新发视频播放量低于 500。账号权重被判定为 1 后，若不能在半个月至一个月的时间内扭转局面，权重值为 1 的情况持续超过 1 个月，则该抖音账号会被抖音系统降为僵尸号。

权重值为 1 的账号，一般是违反了某项抖音官方的规则。比如视频内容不符合审核标准和社群规范，视频被强制下架的同时，也会相应地降低权重值。

当账号的权重值被降到 1 时，可执行的挽回操作很有限，但也可以尝试用以下的方式进行抢救，包括：

①非常诚恳地向抖音官方认错，并向抖音官方申诉请求调整回权重，开放流量。

②多拍摄正能量的视频，并且尝试用 DOU + 付费推广这些正能量的视频。

③如有特殊渠道阐明误判理由和证据，可以申请通过人工回调。

这里强调一下，即便进行了以上三点的操作，账号权重值被降为 1 后，能挽回的概率也不到 5% 。因此，最好的办法仍旧是在日常的运营过程中，尽一切可能地规避错误，坚持视频内容自我三审的原则。

（3）待推荐号（账号权重值为 2 ~ 3）：新发视频播放量基本维持在 1000 ~ 3000。每一个全新的抖音账号，其基础的权重值均为 3。所以权重值为 3，换算成百分制的考试，就是 60 分的及格线。此类权重的抖音账号拥有较大的权重提升空间，但犯错空间较少，一般多见于粉丝数在 10 万以下的账号。此类账号发布的视频，即便与之后其他 10 万粉丝以上达人发布的视频内容一模一样，在播放量上也很难胜过后者。

（4）准推荐号（账号权重值为 3 ~ 5）：新发视频播放量持续在 1 万以上。此类账号的视频基本可以获得较大的流量扶持，即便视频在刚发布时的 2 小时内所获得的正向评估指标不合格，不过，在 24 小时内的视频播放数也基本能维持在 1 万以上。此类权重的账号如有优质内容的视频，成为爆款的概率是最大的。

6.5.1.2　提高权重的七个技巧

对于账号权重值处于 5 以下的抖音运营者而言，如何提升账号的权重是关键。本书编委会成员在经过大量的实操检验后，发现最佳的账号权重提升方式是保持视频内容的优质。具体而言，就是不断地打造爆款视频，因此，总的方法论与视频爆款打造的首发一致，不同之处主要在于一些细节，其中的主要事项如下。

（1）模拟优秀同行的数据反馈。

“竞争对手就是最好的老师”，这句话在抖音短视频也同样适用。同行是冤家，所以优秀的同行一般都不会分享自身真实的抖音运营经验，但这并不妨碍你在实际的抖音运营中去挖掘竞争对手的内容策略。在成长为抖音的头部大号之前，重走优秀同行的成功之路，其实就是在复制他们经过实际检验的成功方式、跳过他们曾经踩过的坑，从而达到弯道超车的目的。具体而言，所参考的优秀同行越多，对内容输出的参考源就越多，你成长的速度就越快。因此，建议尽可能多地收集并持续追踪这些账号的最新动态和历史爆款视频，借助工具详细分析其历史爆款视频的火爆原因，再进行 1∶1 的复制或者微创新。

（2）卡位上架时间。

视频的发布时间是一个动态的过程，在流量高峰发布视频流量大、竞争也大，在流量低谷发布视频流量小、竞争也小。与其盲目地踩着时间点发布或者固执地坚持过往的经验，并不是最优的选择，较好的方案有两种：第一，所有的视频固定在某一时间发布。例如“陈翔六点半”，其视频内容固定在傍晚 18：30 发布。或者比如某些账号独特的简介“早晚都挨雷劈，那我们只能中午发视频了”，如此一来，这些账号就比较容易在粉丝用户中形成思维定式，到了时间点，就肯定能看到他们的视频，有效地提升了粉丝用户黏性。第二，就是模拟优秀同行的发布时间，进行实时调整，追随优秀同行的爆款视频发布时间进行发布，此操作有利于爆款视频的打造，但在粉丝黏性方面则会有微弱的影响。

（3）视频文案描述。

文案描述尤其是视频标题的描述，必须坚持互动第一的原则，尽可能地调动用户参与评论或转发是提升账号活跃度的最佳方式。当视频的互动数据比较好时，即便视频的点赞率低于爆款视频的基础值，也能获得较大的曝光量。

（4）蹭热门话题和热门音乐。

蹭热门话题和热门音乐实质上是为了赢得抖音系统的青睐。抖音官方推出的热门话题本身就需要巨大的曝光量，以满足广告主的需求，因此，蹭热门话题和热门音乐，本身也是配合抖音官方的宣传需求的一部分。保持经常蹭热门的习惯，也是提高账号权重的一个方法。

（5）@抖音小助手。

当在视频运营过程中，有比较优质的视频内容，并且对于视频没有违规有充分的自信时，可以尝试@抖音小助手，让其重点审核视频内容。长此以往，当优质的视频内容数量较多时，抖音系统将会自动地为抖音账号加权重。

（6）高评论率、高私信回复率。

如有能力，评论回复率应尽可能做到100%，如不能做到100%，也尽量给所有的评论都点赞；而私信回复率则必须做到100%。回复率其实是抖音对账号运营判定的重要指标，高回复率往往意味着运营者比较看重本账号，那么相应的，抖音系统也会给予更多的扶持。此外，回复率越高、越接地气，粉丝用户的黏性也越强。同时，评论区的点赞在系统的算法中也会被纳入总点赞数的范畴，因此，尽量安排出专职的视频推广并将回复率纳入考核机制，对确保高回复率很有必要。

（7）高分享率。

视频分享转发一方面可以增加视频的曝光量，另一方面也是视频贡献值的参考指标。视频分享率越高，意味着视频内容越受用户欢迎对应的视频账号，对抖音用户的贡献值就越大。所以，高分享率往往是有效的提升权重的方式。在操作层面上，应在运营初期尽可能地发动公司同事、朋友，推广专用的抖音小号转发、合拍。

6.5.2 抖音数据解读及运营

数据运营有两个目的：找出问题和解决问题。通常普通的抖音用户可以看到的数据包括播放数、点赞数、评论数、转发数、粉丝数5项。

初级运营通常只能从这5项数据的表现去判断自己的视频质量如何，稍微专业点的抖音运营则会计算点赞率、评论率、转发率，但专业的抖音数据化运营还需要明白这些数据背后的特殊逻辑。

6.5.2.1 播赞比

播赞比反映视频在流量池内受普通用户的欢迎度。播赞比也就是常见的“点赞率”，指的是视频的点赞数除以视频的播放数。在通过大量的实际检验后，得出播赞比的阈值组成为：3%的点赞率是基础。一般点赞率低于3%的视频会被抖音系统视为劣质视频，从而决定减少推荐或不予推荐。

10%以上的点赞率是准爆款视频。一般点赞率在10%以上的视频会被抖音系统视为相对比较受用户欢迎的视频，抖音系统会给予相应的流量扶持，加大推荐力度，但如果未能配合相应的评论和转发，那么该条视频仅凭10%以上的点赞率是难以成为爆款视频的。

6.5.2.2 赞评比

反映视频在目标用户中的受欢迎度和视频的互动效果率。赞评比，指的是视频的评论数除以视频的点赞数。较优质的爆款视频，其赞评比的阈值大体为10%～50%，一般为 30%。绝大多数低于 10% 的赞评比的视频是很难成为爆款视频的。

6.5.2.3 赞转比

反映视频对粉丝的价值度，是抖音考验视频贡献值的关键一环。赞转比，指的是视频的转发数除以视频的点赞数。一般而言，爆款视频的转发数必定高于评论数，特别是在垂直细分领域的账号视频，高转发数是打造爆款视频的关键组成部分。

6.5.2.4 粉赞比

粉赞比指的是粉丝数除以点赞数。同时，粉赞比还可以细分为账号总体数据的粉赞比和单条视频的粉赞比。该数据反映的是视频在感兴趣的用户中的关注转化率，决定了视频的总体价值。影响粉赞比高低的还有主页的风格、视频的结构等要素。

粉赞比也叫关注率，粉赞比越大，代表对应账号的吸粉能力越强。综合来看，0.1 是一个普通参考值，0.2～0.3 代表账号吸粉能力不错，0.4～0.6 代表账号吸粉能力很强。最高也有达到 1 的账号，不过非常稀少，基本只有明星和外部刷粉渠道能做到。

在了解了上述的众多数据和比值所代表的意思以后，这里以“黑脸 V”为案例进行分析，见图 6－18。

图 6－18 “黑脸 V”账号的各种数据

（1）统计该账号的总体概况，包括集均评论数、集均点赞数、集均分享数、粉丝总数、近期粉丝增长数、近期视频发布数量和视频发布频率等。

（2）再详细统计近 30 天和 90 天内该账号每日的涨粉数、点赞数、评论数，整理成为标准的数据波动图。

（3）纵向比较三项数据的波动情况，分析异常数据，比如图 6－19，在中间的评论统计中，最右边呈现出一次评论的高峰，但在与表格中上下的粉丝数和点赞数的对比中，粉丝增长数、点赞数并没有产生与之对应的大幅增长，说明当天（或者之前的

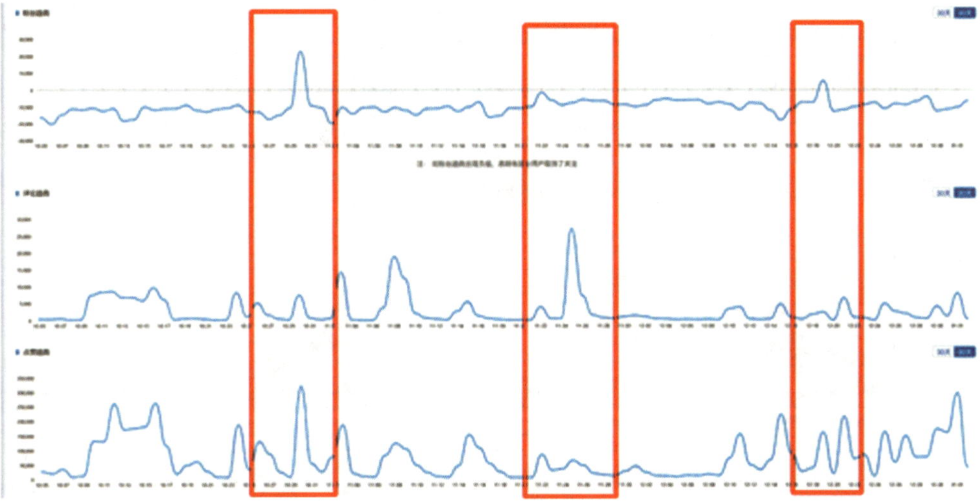

图 6－19　“黑脸 V”账号的每日的涨粉数、点赞数、评论数波动图

3 天内）的某一条视频的话题互动性比较强，尤其是在已有的粉丝当中，其内容比较受欢迎。通过对视频点赞数和涨粉数的比较，分析得出：视频本身可能并不受其他用户的欢迎，所以在吸引新用户关注的效果上并不佳。此外，查看在涨粉数最高的那一天，纵向对比时，点赞数与涨粉数有一致的小高峰，但评论数并没有太显眼的高峰，这说明该条视频比较受新关注用户的欢迎。

（4）除了纵向的对比外，还有横向的对比，对比的内容就是从不同工作日、不同周末的视频数据中反馈情况，从而分析出何种内容的视频涨粉比较快，能起到拉新的作用；何种内容评论比较高，能起到促活的作用；何种内容的点赞数、转发数比较高，适合提高账号贡献值。以便于在往后的运营过程中，迅速找到内容调整方向。

（5）实时分析账号粉丝用户画像（见图 6－20、图 6－21），在账号定位环节虽然

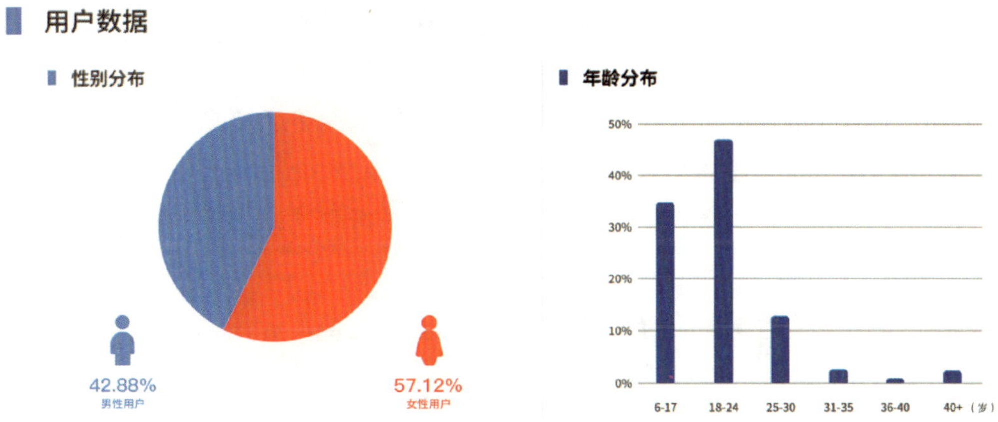

图 6－20　抖音用户的性别分布和年龄分布

已经明确了粉丝用户并进行定位，但在实际运营过程中，随着不同视频内容的输出，账号粉丝用户也处于不断的新增关注和取消关注的变动中。因此，假若由于内容输出的原因，粉丝用户的画像偏离了最初预设的方向，那么就必须及时在内容策划环节调整内容策划的方向，以吸引目标用户的关注，而不是如同泛娱乐的短视频账号一样，最后导致账号粉丝用户缺乏精准度，难以变现。

地域分布

省份 城市

排行	名称	占比
1	重庆	2.87%
2	北京	2.37%
3	成都	2.31%
4	广州	2.25%
5	上海	2.09%
6	深圳	1.86%
7	郑州	1.63%
8	杭州	1.43%
9	武汉	1.41%
10	苏州	1.40%

星座分布

图 6－21　抖音用户的地域分布和星座分布

6.5.2.5　完播率

完播率反映了视频的优质度，完播率是指视频被用户完整播放浏览的数值除以视频的播放数。

播放数是一个特别容易让人先入为主产生误解的词。播放数并不能表明有多少人看了你的视频，只能表明抖音系统把你的视频推荐给了多少人。完播率是截止到目前为止，除了抖音官方之外，所有人都没有办法计算出来的指标，但我们可以估算一个大概。

完播率反映了视频能否进入大流量池。在保证内容完整度的前提下，尽可能地缩短视频的长度，是提升完播率的重要途径。

此外，也可以运用抖音官方的“DOU＋推广”进行测试，估算大概的完播率，其计算公式为：

$$\frac{\text{DOU}+\text{推广前点赞率}\times 100\times \text{DOU}+\text{推广后互动数}}{\text{DOU}+\text{推广后播放数}}=\text{完播率}$$

其中，本公式还受跳失率的影响，跳失率是整个抖音内的用户中对该类型视频并不感兴趣的比例。一般而言，爆款视频基本需要达到 80% 的完播率。

6.5.3 流量池的突破标准

抖音系统会将所有的视频用户按照地域、兴趣爱好等标签细分为无数个小流量池，每一个视频都需要不断地冲破每一个小流量池，从而进入下一个流量池，以获得更高的视频曝光量。而没有冲破小流量池的视频，将会停止视频推荐，然后视频就会停留在现有的播放量上。

流量池的突破标准是参考包括完播率、点赞率、评论率、转发率等多项数值的综合评定打分。当视频在一个流量池中，这 4 项数值的总评分超过 50%，即视为通过，可进入下一个流量池；当视频的这 4 项数值的总评分低于 50%，或者视频有负面的反馈，则视频会被停止推送。

视频的负面反馈包括视频被用户快速划转和长按视频选择“不感兴趣”。此外，在人工审核环节若未被通过，视频也会被停止推送或者直接下架。人工审核不通过的主要因素包括：用户投诉视频内容；带有明显的营销内容；含有不符合抖音倡导的内容或标识。

6.5.4 八招深挖用户需求，紧跟内容风向

挖掘用户需求是所有新媒体行业中最核心的一项技能，短视频运营也不例外。在抖音短视频运营中，挖掘用户需求主要涉及以下几个维度：

(1) 用户的关注。

直接在抖音账号的粉丝列表中查看关注本账号的粉丝用户，然后通过访问这些粉

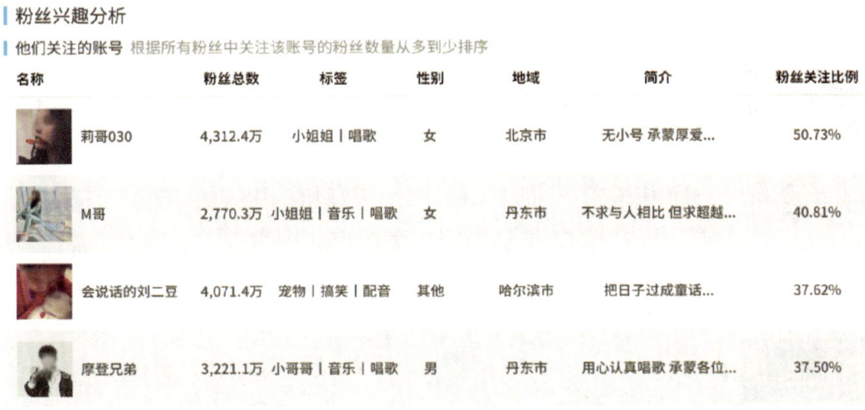

粉丝兴趣分析

他们关注的账号 根据所有粉丝中关注该账号的粉丝数量从多到少排序

名称	粉丝总数	标签	性别	地域	简介	粉丝关注比例
莉哥030	4,312.4万	小姐姐丨唱歌	女	北京市	无小号 承蒙厚爱...	50.73%
M哥	2,770.3万	小姐姐丨音乐丨唱歌	女	丹东市	不求与人相比 但求超越...	40.81%
会说话的刘二豆	4,071.4万	宠物丨搞笑丨配音	其他	哈尔滨市	把日子过成童话...	37.62%
摩登兄弟	3,221.1万	小哥哥丨音乐丨唱歌	男	丹东市	用心认真唱歌 承蒙各位...	37.50%

图 6－22　粉丝兴趣分析

丝用户的账号主页，查看这些粉丝用户所关注的视频账号。查看粉丝用户所关注的账号，有助于帮助运营者分析出目标用户的兴趣点和需求点，以及这些被粉丝用户所关注的 KOL 的 IP 形象和性格特征，为运营者提供优化的方向。如果粉丝用户量过于庞大，则可以借助一些收费的外部工具进行数据抓取，以提升运营的效率，见图 6－22。

（2）用户的评论。

用户的评论主要集中在视频的评论区和用户的私信。一般用户在评论区评论的内容往往就是最直观的用户需求，其可参考性比付费的用户调研更高；不足之处就在于耗时更长，当单条视频的评论数达几万甚至是十几万时，难以全部加以统计，此时可以借助一些收费的外部工具进行数据抓取，以提升运营的效率，见图 6－23。

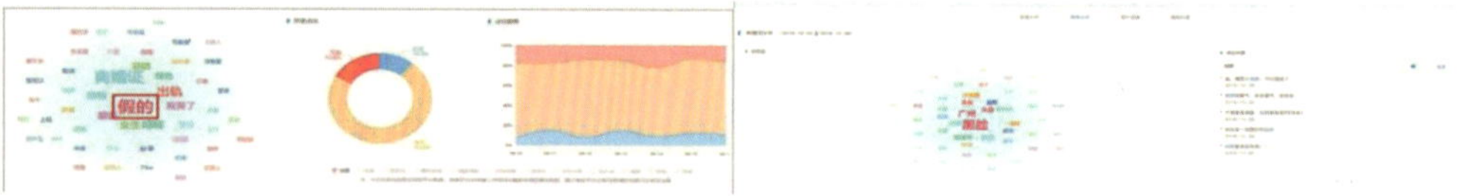

图 6－23　用户的评论分析

（图片来源：卡思数据）

（3）用户的点赞。

直接在抖音账号的粉丝列表中查看关注本账号的粉丝用户，然后通过访问这些用户的账号主页，查看这些用户点赞过的视频。查看粉丝用户的点赞视频，有助于帮助运营者分析出目标用户的兴趣点和需求点，以及这些视频在策划中所运用的手法，为运营者提供优化的方向。如果粉丝用户量过于庞大，则可以借助一些收费的外部工具进行数据抓取，以提升运营的效率，见图 6－24。

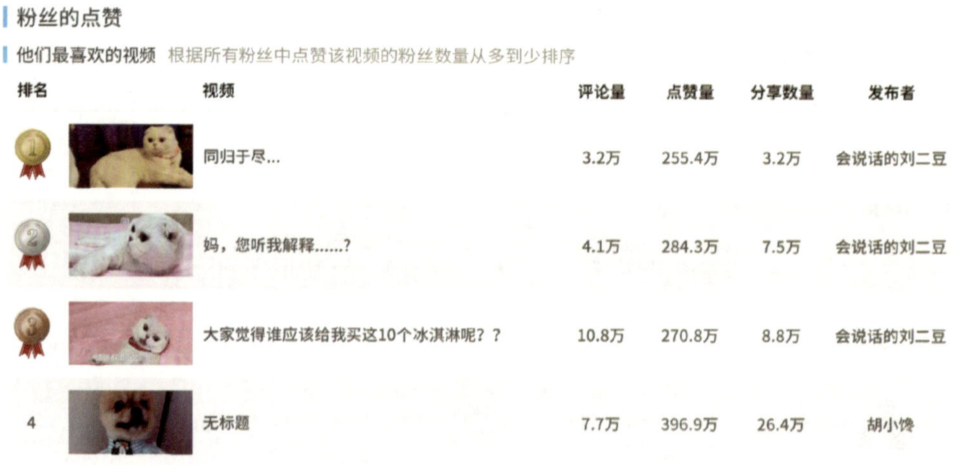

图 6－24　粉丝的点赞分析

（4）寻找标杆，知己知彼。

第一步，观察榜单直接筛选，找出与自己账号类型相似的标杆以及体量相近的竞争对手。也可以借助外部工具对目标账号与自己运营的账号进行粉丝重合度检测。

第二步，进行数据对比以及粉丝用户分析，寻找自身卖点、内容及粉丝用户的趋同性及差异化，进行针对性的包装、运营，最终从竞争中脱颖而出。

（5）全网紧跟领域动态需求。

用户的需求是动态的。不同季节、不同月份、不同地域、不同年龄段的粉丝用户以及平台所有用户调性的变化均是实时变动的，所带来的需求也在不断地变化。因此，内容策划环节虽然需要由运营规划把控大方向，但也必须保持对全网热点的跟踪，在每月、每周都有微弱的调整，以应对不同时段的用户需求，输出让他们满意的内容。

（6）从“双微”标杆中找优质素材。

“双微”从成长期到衰退期，经过持续多年的内容沉淀，在各行各业都不乏大量精准的成功案例。这些案例中的素材经过修改都是可以直接拿来在抖音上使用的，特别是这些爆款的素材必定是击中了用户心智中的某个共鸣点或是兴趣点，将其搬运到抖音短视频上，成功概率非常高。

（7）紧跟系统新话题。

实时关注抖音最新发布的新话题和新挑战赛，新话题、新挑战赛往往都是时下平台用户最喜欢的新玩法、新技巧。对于内容迭代而言，关注这些新话题和新挑战赛是提供最新的创意源不可多得的有效途径，将这些创意与自身的账号定位相结合起来，往往会有意想不到的收获。

（8）他山之石，可以攻玉。

抖音账号的运营虽然强调内容的垂直度，输出标签性较强的内容，但并不意味着就只能做标签型的内容。在日常运营过程中，刷到热门的爆款视频都可以先点赞收藏起来，这些爆款视频并不一定要与本账号的内容相关或者相似，在随后的内容策划中，可以直接将爆款视频的元素和创意加以搬运和结合。

此外，在抖音账号的推荐连续几天陷入停顿或者视频的推荐效果不理想时，可以推出几期与账号标签毫无关联的爆款视频，通过这些爆款视频带来的高互动率，成功地吸引用户访问账号内的其他标签型视频，从而重新激活系统对过往老视频的再度推荐，这运用的就是用新视频带动老视频爆发的“时间效应”推荐原理。

6.6 阻碍进入大流量池的四大坑

若想让视频获得较高的播放量，冲击尽可能多的细分流量池，运营者除了需要了解哪些内容比较容易形成爆款外，还必须了解哪些内容是肯定不会成为爆款的。

（1）画面模糊。

视频的画面过于模糊、缺乏主体，或者用户在观看过程中难以识别被拍摄的主体，观看体验不佳等，是难以上推荐的。比如多数初级内容创作者在拍摄时，不注意光线的选择，或者盲目地使用视频的特效道具等，均对用户的观看体验影响较大。

（2）刷粉明显。

抖音系统对视频反馈数据的抓取范围仅限于被抖音系统推荐该视频的用户，任何直接访问账号主页或者直接从外部访问观看该视频的数据都不在数据抓取范围内。当视频的实际互动数与抖音抓取的视频互动数差距较为明显时，抖音系统会将其列为恶意刷粉刷赞范畴，不仅会清空账号的刷粉刷赞数据，甚至会直接将视频下架或是降低账号权重值甚至封号。而目前的刷粉平台所采用的方式均为直接提供视频 ID、直接访问视频，不管是仿真人的账号还是机器号都是如此。这对于抖音系统而言，是非常便于识别的，因此，刷粉刷赞行为是绝对不会获得推荐的。

（3）负评太多。

负面评价过多，或是视频的争议点过多、过大，都不利于账号的推荐，原因在于，抖音并不鼓励用户互相谩骂或者诋毁，包括地域攻击在内的视频。此类视频在短时间内也许能吸引大量用户的互动，但当进入人工审核环节是绝对无法通过的。

（4）三观不正。

抖音是倡导正能量的短视频平台，任何过于偏激的言论或者比较极端的视频都不提倡，包括数百万粉丝级别以上的头部大号在内，此类视频一经发现，绝对没有任何挽救的空间。

6.7 视频复盘演练和账号复盘

复盘：回顾过去，把差变好，让好更好。所谓复盘，是指对过去完成的短视频运营所做的深度的思维演练。只有做科学专业的复盘，才能知道取得了哪些成果，存在哪些不足。除了关注结果之外，抖音运营者更重要的是通过复盘发现问题、分析问题，从而积累成功与失败的经验，为接下来的运营战略提供更具价值的可行方案。

6.7.1 复盘的重要性

很多人认为复盘就是总结，事实上并不全然，除了总结以外，更重要的是对接下来的运营方向调整提供依据。以往的总结是以结果为导向，关注的是取得了哪些成果和不足；而复盘是将整个过程进行重新演练，演练过程中需要1∶1复制整个操作过程中的每一步，对比结果，并从中找到问题的假设性原因。

复盘的概念最早用于股市中，后来被联想等企业用于企业实践中。在复盘中第一步就是回顾目标：

（1）对比目标的详细完成情况。

只有对目标进行回顾和改进，才能制定出科学的目标，不科学的目标往往是失败的第一步，也是造成团队挫败感的原因之一。

比如，一个舞蹈类抖音账号计划每天都发布视频，目标是每个视频的点赞数达到10万，但实际上每个视频的点赞数只有几百。经过复盘得出结论：视频内容和目标根本不符合。后来在视频内加入女性舞者，并将视频拍摄从室内转移到室外，经过改进后发布的第一条视频就吸引了超过4万的点赞数。由此可见，目标复盘对抖音运营的重要性。目标复盘包含以下元素（见表6－1）：

表6－1　目标复盘的元素

目标	原定于2018年12月23日，完成视频发布20个，并实现累计点赞达20万次，增粉2万人

（续表）

现状	截至 2018 年 12 月 23 日，完成视频发布 20 个，累计点赞 15 万次，增粉 1 万人，未达到预定目标
定义目标问题	在规定时间内，完成视频发布任务 目标获点赞 20 万，实际获点赞 15 万，差 5 万点赞 目标增粉 2 万人，实际增粉 1 万人，差 1 万人

（2）执行全过程的客观描述。

采用鱼骨图①的方式，详细记录整个过程的操作环节，包括叙述过程、自我剖析和众人设问。

叙述是一个团队的事情，完整地描述整个运营的过程能够让所有参与该抖音号制作的人员清晰地了解整个事件，减少在沟通上的时间成本。

自我剖析，不能带有复盘者的主观情绪，甚至是对包括自己在内都不留情面。自我剖析是为了分辨事件中的可控因素，不带任何主观偏见的复盘才能更精准地找到问题所在。复盘的结果本身不在于处罚整个执行过程中的任何个人，而在于找到问题，提出解决方案。

众人设问，通过团队成员的视角设问有助于突破个人见解的局限，集众人智慧，扬百家之长，探索多种可能性及操作边界。

（3）找到问题。

多数抖音运营者在复盘中只在数据（点赞、评论、转发、粉丝数）层面分析，并对粉丝用户进行分析和总结，却没有从整体抖音运营的诉求以及投入产出等目标维度进行对比，所以就发现不了问题。运营者必须基于具体操作层面的细节，包括视频的背景、台词、背景音乐、滤镜、道具使用、标题和话题、发布时间、发布定位、新增粉丝数、取关粉丝数、净增粉丝数，找到目标未能实现的原因，或者目标超额完成的原因，采用倒推的方法找到亮点和不足，最后再回归到目标的制定中。

（4）提出解决方案。

发散思维，尽可能多地提出可行性解决方案，并且陈述方案的优势和可能出现的劣势。比如内容创作中，脚本的亮点过于滞后，就需要在视频的标题中提前加以引导；再比如完整的视频时长过长，则可以采用分集播放的形式；或者在剪辑过程中加入视

① 鱼骨图（又名因果图、石川图），指的是一种发现问题“根本原因”的分析方法，现代工商管理教育将其划分为问题型、原因型及对策型鱼骨图等几类。

频特效，使得视频更加酷炫；又或者视频字幕的位置在发布后会被标题遮挡住，则在后续的制作中将字幕的位置往上移动；等等。

（5）储存备案，作为经验积累。

复盘记录和总结两者之间的区别在于复盘是为了给后续的工作提供方向和指引，是以学习为主的。不管过去的视频数据是好还是坏，这些都是已经发生的内容，复盘无法改变过去的事情，但可以为日后的优化提供方向。此外，如果运营人员的岗位产生变动，一份完整的复盘记录会让后来的替任者快速地掌握整个账号的信息，快速上手完成工作。

（6）分析数据走向和行业对比，避免一条路走到黑。

抖音运营者在复盘中需要特别注意，在复盘过程中加入行业走向和同行对比。事实上，大部分抖音从业人员的精力仅能满足于自己所从事的本职工作，而作为全盘负责人的抖音运营者，就需要承担分析同行的责任，并将分析得出的结论分享于复盘结论中，既方便众人了解目前的行情走向，实时调整内容方向，又能最大化地解释运营效果，并为改变运营方向提供数据基础，更有助于让参与人员提出更多的可行性方案。

（7）数据化描述需要修正的方向，使得改进方向更明确。

复盘作为数据化运营的最后部分，承担的就是纠错的功能。视频的实际互动效果、抖音账号健康度都是运营结论最基础也是最根本的体现。

6.7.2 复盘的注意事项

（1）客观。不能带有复盘者的主观情绪，复盘的结果本身不在于处罚整个执行过程中的任何个人，而在于找到问题、提出解决方案。

（2）真实数据。如果数据是假的，或者水分较大，那就无法得出真实有用的复盘结论。

（3）全员参与。复盘涉及整个执行过程中的所有人，每个人所具体执行的工作不一样，所关注的点也不一样，创意、想法都有区别。为了避免自我认定上的偏差，需要有人提出修改的建议，进一步完善复盘的修正结论。

（4）对上一周期的复盘结论进行验证，分析上一周期复盘结论的正确性和不足之处。

（5）复盘中还需要考虑这个行业领域的整体数据情况，进一步降低客观原因对复盘结论的影响，最大化提高复盘的精准度。

6.7.3 复盘的结果检测

要想让复盘真正发挥作用，就必须落实到具体的行动计划中并执行到位，注重后续的反馈。

关于行动计划，对于抖音运营者而言，必须关注自己能控制的事情，而不是某些不可控制或改变的外力因素，否则对复盘是没有意义的。根据本书编委成员大量的抖音短视频复盘的经验，建议在实际的复盘检验行动中兼顾以下几个方面：

（1）在下一个执行周期内执行本次复盘决议，不执行的复盘结论没有任何的实际意义。包括：

①在下一个执行周期内开始做什么。为了挽回损失、改进当前的抖音运营以及未来的方向，现在可以做什么。

②在下一个执行周期内继续做什么。保持在上一个执行周期内好的一面，并加以优化。

③在下一个执行周期内停止做什么。经过复盘可以发现有些做法不当或者根本无法满足用户的需求，再或者并不符合抖音系统的推广要求，建议停止这种做法。

（2）在下一个执行周期内，详细且及时地不断反馈复盘决议的执行结果，快速修正复盘的结论，快速验证复盘结论的正确性。这是一个很重要的步骤，因为它连带着的是对复盘工作的重新评估：是否要继续往前推进，是否要继续探索其他的可能。如果复盘得出的是真正有价值的结论，它必然能够指导后面的实践，使得实践得出复盘期待的结果。一旦进入实践阶段，则说明复盘工作已经结束，它并非是在复盘过程中就能确定的。

（3）对复盘进行归档，包括周复盘、月度复盘、季度复盘和年度复盘，分析每个执行周期的问题所在和复盘结论完成度。归档就是对复盘的过程和结论建立档案，形成有据可查的资料，将复盘中的认知以文字的形式保存下来，而不是记忆在那些参与复盘的人员脑中。

归档的作用体现如下：

①归档可以将复盘得到的经验和认知知识化，方便传播和查阅。

②归档是任何一个抖音运营者必要的管理手段。

③归档有利于保留复盘的智慧。

④归档可以保留最真实、最准确的信息。

7

企业蓝 V 号就要这么玩

企业抖音号，也就是常说的蓝 V 号。作为抖音在变现环节的一种延伸，从 2018 年年中开始，抖音就在不留余力地扶持企业在平台上的成长。因此，企业抖音号从一开始就能享受到那些个人抖音号所享受不到的福利与待遇。但即便如此，在整个抖音的内容生态上，企业抖音号不论是规模还是粉丝体量，均远不及个人抖音号，优质的企业抖音号更是难觅踪影。原因何在？如何利用大好的机会实现破局？

7.1 企业蓝 V 号如何打造

自 2018 年 6 月份开始，抖音就全面正式开放企业蓝 V 认证，这主要是针对欲在抖音上设立企业账号，并通过该账号实现变现及推广品牌而设立的，是专门针对企业开放的功能。目前，抖音的流量红利空前爆发，许多企业亦思忖入局，形成内容营销上“双微一抖”的全面布局。而抖音的企业蓝 V 认证，给予了想要入局的企业许多权限，相较于普通账号而言，企业抖音号具有专属的蓝 V 认证标识、搜索排名靠前、购物车功能、60 秒长视频开通、视频置顶权益、主页链接跳转、粉丝精细化管理权益等。是不是所有的企业都适合蓝 V 呢？先来了解一下你不知道的企业蓝 V 吧！

7.1.1 企业蓝 V 号的优劣势

企业蓝 V 号的出现，是诱惑大量企业入驻抖音短视频平台的导火线。它与微信公众号、微博有着异曲同工之妙。过去企业通过运营官微，让品牌和产品得到不断的曝光，带来的是目标用户群体的沉淀，让这些用户成为自己品牌的忠实粉丝，甚至引起粉丝的自主传播。原始积累的粉丝量越大，日后的营销推广费用就越低。

构筑企业与新生代用户群的沟通桥梁。在抖音短视频上活跃的用户大多为 18 ~ 24 岁的年轻用户，随着这类群体逐渐步入社会，他们的购买力将会越来越强，成为消费的主力军。因此，企业申请蓝 V 号入驻抖音，其实也可以更靠近这一年轻群体，了解他们的喜好、文化和消费需求，可为企业日后的转型升级提供莫大的帮助。所以，抖音是企业进行营销的一个非常重要的阵地。

不过，申请企业蓝 V 号也有一定的劣势，首先是因为企业蓝 V 号的调性所致。比如：视频内容产出难度大，企业蓝 V 号最主要的作用就是推广产品或是提升品牌影响力，因此在内容输出上（见图 7 - 1）一般会选择和产品结合，创作段子剧、技能展示和知识教育培训等，但即便是这样，现在的用户对广告的厌恶程度也还是十分深的，无论是软广还是硬广，大部分都不会得到用户的青睐。

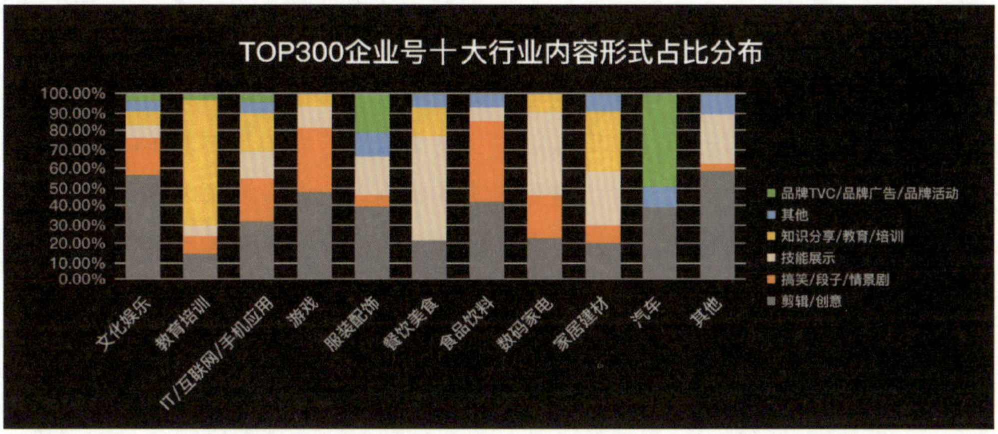

图7－1　TOP300企业号十大行业内容形式占比分布

（图片来源：卡思数据）

其次，是权重提升较为严格。截至2018年8月17日的数据显示（见图7－2），粉丝量在1万以下的企业抖音号占了过半，达到了60.66%，而拥有100万粉丝以上的仅有1.76%。但若是运营得当的普通个人账号，基本上要获得百万粉丝也只是时间的问题。

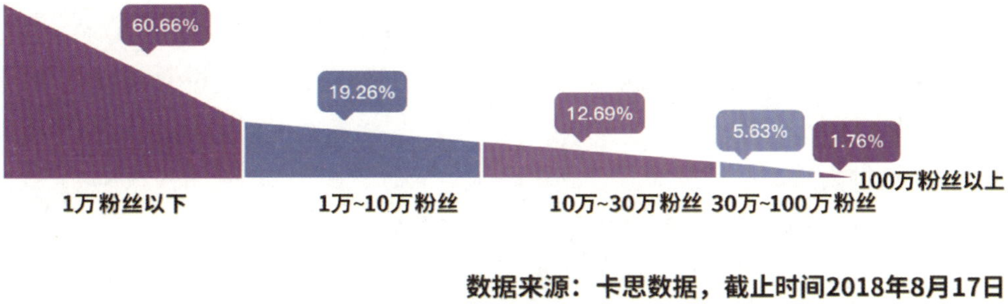

图7－2　企业抖音号粉丝量数据

（图片来源：卡思数据）

最后，企业抖音号的变现空间更窄。这一点其实很容易理解，企业抖音号基本上就只为自己的企业或旗下产品进行广告营销，既不能像红人一样接其他产品的广告，亦不能通过线上线下商演达到变现，因此，企业抖音号的局限性会更强。

7.1.2　企业抖音号运营常见五大坑

抖音平台本身给予了企业蓝V号很多的权限和发展空间，但是由于定位、内容策划和运营不得当等原因，常常会导致企业即使申请了蓝 V 号也出现物无所用的情况，从而造成时间、人力和物力等成本的浪费。因此，避开这些坑很重要。

（1）在抖音上运营企业抖音号，内容一定要根植于抖音平台自身的文化，不能简单地将企业官网搬运到抖音上。如果传播方式还像从前一样给品牌 LOGO 特写，让产品植入的时间无限延长，实际上只会遭到用户的嫌弃。此外，视频内容太硬，直接向用户输出产品卖点或品牌特性，这样的手段在过去的电视广告或是电台广告中也许适用，但对抖音用户不适用。

（2）定位不清晰、抓不住重点、运营逻辑混乱也是企业抖音号运营的常见问题。很多企业抖音号在缺乏专业的抖音运营团队的时候，就开始启动抖音运营的项目，常常是连定位和如何转化都没有想清楚，就一股脑地跟风抖音平台内的爆款视频进行拍摄，认为只要拍了就会火爆。这种思想很危险，同时也会离变现越来越远。

（3）企业一般比较贪心，喜欢在内容上堆砌多个卖点，让产品卖点不集中，结果导致转化率偏低。此外，急功近利、揠苗助长，在还未与粉丝形成一定的信赖度和沟通之前，就着急着卖产品或是做推广宣传，这样的行为对粉丝的伤害极其严重，可能还会导致大量粉丝的流失。

（4）不注重 IP 打磨，抓不住用户心智。打造 IP 在抖音中是非常重要的，这代表着一个账号的调性、风格以及它的独特标签。但很多企业抖音号在运营账号的时候，只关心如何获得粉丝及用户的点赞，进而让产品大卖，却忘记了为账号打造一个 IP。其实 IP 才是一个账号的内核，它能够给予用户一个整体的印象，不断强化 IP 能够让用户记住产品、记住品牌。

（5）持续性内容产出难度大。企业在做账号的时候，可以选择的内容本来就比较窄，这主要是受限于账号本身背靠的是企业，在内容层面不会有太大的可选择性，在品牌确定、产品确定的情况下，企业很难再做出什么变化。因此，要想像 PGC 或 MCN 机构一样，持续更新内容的难度比较大。此外，企业设置的抖音的运营团队也比较小型，缺乏人力和物力，要保持日更视频也比较困难。

7.1.3 企业抖音号如何选择内容风格

企业蓝 V 号不同于个人账号，设立企业抖音号的目标最终只有两个：品牌输出和营销转化。因此，在建立企业蓝 V 号之前，对账号发展的前、中、后期有一个整体的规划对于实现上述两个目标会有比较大的帮助。

相对于个人账号来说，企业蓝 V 号的内容输出选择更少，同时目的性更强、限制更大。如果不知道内容要如何输出，可以从广告输出型、紧跟热点型和建立标签型这三种形式入手。

广告输出型的内容比较好理解，与过去的电视广告或视频网站上的广告相似。画面内容精美，配合抖音短视频的信息流广告做组合打法，最后将用户引流至自己的企业蓝 V 号或者是线上、线下店铺是一种比较常见的做法。这种抱紧官方的玩法，可以帮助企业在短时间内迅速推广品牌，同时还能够吸纳大批粉丝关注品牌自己的抖音账号。

例如，此前 VIVO 在抖音上开设了企业蓝 V 号后，通过发起品牌挑战，赞助“抖音美好奇妙夜”，制作动态壁纸，邀请明星及抖音平台上的达人红人使用，并引导大众参与，获得了近百万粉丝。其中搭配 VIVO X21 魅夜紫新品发布会发起的“变出花 Young，紫成一派”话题，其播放量达到了 13.7 亿次，而做得最差的品牌挑战赛其播放量也达到 700 多万次。由此可见，抱紧官方的这种广告输出型方式非常保险，在品牌曝光量上有足够的流量保证，不过这种方式所需要耗费的成本较高，仅适用于一些品牌较大的企业。

紧跟热点型内容与“双微”时代的“蹭热点”有一定的相似之处。搜罗全网的热点事件，借势造宣传是紧跟热点的内核，只不过过去“蹭热点”是以图文形式展现，而现在则是以视频形式呈现在大众的面前。最近，企业抖音号“卫龙辣条”就成功地“蹭”上了“王思聪吃热狗”的热点，在抖音上收获了不错的曝光量，见图 7－3。

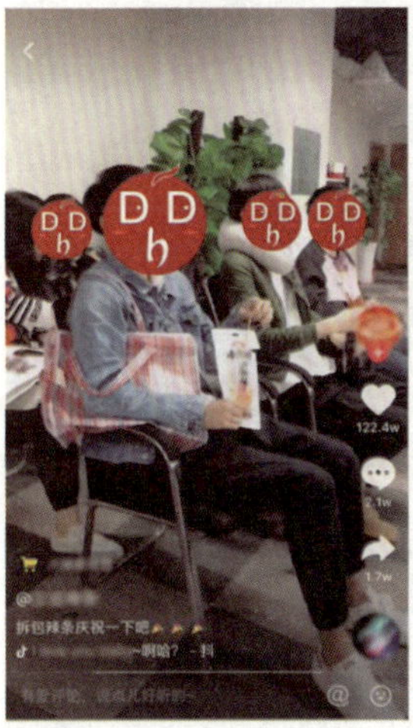

粉丝量： 40.5万。

该视频点赞量： 122.4万。

主题： 庆祝IG夺冠。

内容： 主要是仿造王思聪观看IG比赛时的场景，并模仿王思聪吃热狗，紧跟当时的热点。

火爆原因：

1.该条视频抓住了当时最大的一个热点就是“王思聪吃热狗”，当时这个热点引发了全网关注，无论是名人明星（陈赫，穿上了印有王思聪吃热狗的Q版图衣服，在高铁站上拍照）还是普通民众（美术生画王思聪），都得到大量的关注。

2.视频模仿者模仿得十分到位，而且把热狗换成了一大捆辣条，拍摄的视觉像是普通人偷拍到的一样，趣味性极强。

3.该条视频的产品包装露出时间不多，不会引起消费者的反感。

4.切中了热爱电竞圈的人群，以及一大波关注该热点的路人。

图 7－3　企业蓝 V 号紧跟热点型广告案例简析

不过，并不是所有的“蹭热点”都能够获得成功，热点要蹭得巧才能够事半功倍。因此，在“蹭热点”上有两个要求：一是热点那么多，只选择与品牌或产品相关的进行内容策划；二是内容呈现考虑多元化，嵌入搞笑、爱情或是亲情的内容，更具吸引力。

建立标签型在内容呈现上可以有多种方式。比如，展示场景、建立人设 IP、课程植入、制作搞笑段子剧等。这种形式相对来说也比较好操作一点，在品牌或产品植入上也更加容易，而且内容的持续输出难度也较低。

（1）展示场景。

这种方式没有过多的套路，大部分以直接展示为主，它更像是把直播的内容切割成一段段简短的视频发布到抖音平台上。比如，此前爆红的土耳其雪糕，很多商家就是把售卖雪糕的过程拍摄下来，然后上传到抖音上。所以如果产品的产地、制作流程、销售方式比较新奇特别，就可以考虑以这种方式呈现内容。

（2）建立人设 IP。

有一些企业蓝 V 号会考虑打造人设，拉近与用户之间的距离。无论是真人 IP 还是虚拟 IP，其实都是一个不错的选择。不过，使用这种方式呈现内容的企业一定要定好人设，设立一个既能符合企业品牌调性，又能引起目标用户关注的人设。在前文已经教过各位读者如何定人设了，那么这里就举一些企业抖音号做得比较好的人设 IP 例子。图 7－4 中的企业蓝 V 号的人设 IP 是一对时尚父子，内容以记录两父子的生活为主，特别的地方在于 70 多岁高龄的父亲与儿子两人在穿着打扮上都比较时尚大方，不同于纯粹的搭配课程，父子俩的生活点滴与时尚的穿搭更加深入人心。

图 7－4　企业蓝 V 号建立人设 IP 案例

另外，让公司创始人或核心人物代替公司来出镜也是不错的选择。“年糕妈妈”的出镜人就是创始人李丹阳，“丁香医生”的出镜人则是团队的医学总监田吉顺，“醉鹅娘”的出镜人就是红酒方面的专家。这种类型的出镜人物自带 KOL 属性，不仅对行业十分了解，而且拥有令人信服的知识背景，让视频内容更具公信力，同时也拉近了品牌与用户之间的距离。

（3）课程植入。

课程植入的方式在企业蓝 V 号中也非常常见，这种知识技能型的展示方式更能够精准地吸引目标用户的关注。比如手机品牌会教用户如何拍大片，培训机构则会提供实用知识，服装品牌的内容也自然离不开衣服的穿搭。

像“小米手机”就开设了《手机拍大片》制作系列教程，通过手机拍摄视频搭配优质的剪辑手法，成功虏获了大批用户，见图 7－5。

该视频点赞量： 13.8万。

内容： 用手机拍摄时尚短视频大片。

火爆原因：

1.该视频内容突出如何用手机拍摄短视频大片，切中了一大波年轻视频爱好者，诱导用户思考是不是只要我有一台这样的手机就能拍出同样的大片。

2.内容充实，教程简单，容易学习。

3.视频分上下两部，先展示成片效果，再诱导用户观看教程，勾起了用户的好奇心。

图 7－5　“小米手机”开设制作系列教程案例简析

另外，作为家装品牌的尚品宅配把自己定位成家装设计段子手，以有趣的方式分享一些家装设计、家居挑选等方面的干货。

不过，这里有一点需要提醒大家的是，企业抖音号在做内容规划的时候，不要把标签限定得太过狭窄，像“adidas neo”就是一个很好的反例，这个账号本身的粉丝量非常难庞大。由于标签定得太过狭窄，它也经历过一段低迷的时期，以下为简要的分析，见图 7－6。

当然，除了上述的几种内容方式以外，最近似乎有一种新的方式出现，这种方式以企业和素人共同打造 IP 为主。目前抖音上就有一个账号有这样子的苗头，“俊晖 JAN”这个账号主要是以男主角拥有一台神奇的相机为故事展开剧情的。视频中男主角走到哪里都会带上他那台神奇的相机，相机作为道具却也起着推动故事情节发展的作用。虽然视频中的主角从来没有提起过相机的品牌，但在每一期中都有相机的出镜，用户亦可以清楚地看到相机的品牌。这个账号用 97 个短视频获得了 812.8 万点赞和 127.8 万用户关注。这种软植入的方式，不仅降低了用户对广告的戒备心理，而且能

图 7－6　企业抖音号标签限定太过狭窄举例简析

让企业在短时间内迅速积累大批粉丝。这种闷声赢关注的方式既低调又实用，不仅收获了大量的曝光，而且还不会像建立企业蓝 V 号那样，要考虑过多的品牌形象、调性等问题。当然，这种方式也有一定的风险，例如：账号归属权的问题、该账号能否接其他品牌的广告，等等。

7.1.4　企业抖音号的产出比标准

创立企业抖音号的目的不外乎两种：第一种追求曝光率，第二种追求转化率。基于两种目的的不同，其投入和产出也会有不同。比如，以曝光为目的的话，那么企业应该集中火力进入更多的流量池，不断地输出优质内容，提高账号视频的播放数、点赞数、转发数和评论量，通过不断优化，增加粉丝数量，扩大账号影响力，让更多人看到。

若是以转化为目的，那么在运营企业抖音号的时候，则要更加关注产品本身，通过有趣的内容植入引导消费者点击店铺，让更多人购买产品。

7.1.5　企业抖音号的变现模式

与普通账号一样，其实企业抖音号也是能够实现变现的，不过其变现模式相对比较少，主要是三种形式：电商变现、引流变现和知识付费。

第一种是电商变现。电商变现是目前抖音上常见的变现模式，无论是企业抖音号还是个人抖音号在这一块可以发展的空间都非常大，而抖音官方也是非常支持的。申请了企业抖音号的账号可以插入店铺链接，并通过各种形式的内容植入产品广告实现转化。

第二种是引流变现。部分企业抖音号会选择在抖音上定期分享一些实用知识，比如：潮流搭配、美妆课程等，然后在评论区或是个人资料区域附上个人微信、微博或是线下实体店等信息，把前端的抖音用户引流到后端，在后端进行营销和变现。

第三种是知识付费。这种类型在教育行业或是母婴类行业比较突出，此类型的企业抖音号可以在账号内分享学习知识或是育儿技巧等，吸引大批对这方面需求量大的用户，并通过售卖相关书籍、课程等完成变现。

7.1.6 “双微一抖”的合理搭配

虽然目前短视频的确抢占了“双微”的风头，但是基于抖音用户的习惯，他们普遍爱看的视频对于企业变现来说都是比较困难的。所以，首先把抖音视作一个前端的流量平台，然后把粉丝吸引到微博、微信公众号上，让“双微”变成落地变现的平台，为后期的社群运营等提供可操作的空间，从而形成一个完整的新媒体运营闭环，锁住目标用户，是企业实现长期变现的一种比较好的形式。

总的来说，目前企业抖音号的发展前景比较好，抖音作为一个新兴的平台，其流量所能创造的变现价值是非常巨大的。不过，企业在创建企业抖音号的前期，一定要确定好自己的定位，不要把标签定得过于窄小。最后，“不以变现为目的的账号都是耍流氓”。在创建企业抖音号的时候，一定要规划好变现的模式，不然，数据再好看也只是空的。但是，也切莫过于着急，在粉丝还不够稳定且粉丝量不大的时候就急于变现，这不仅会伤害到粉丝，严重的甚至会引起粉丝对品牌的厌恶，最后让企业做无用之功。

8

从 0 到 1 手把手教你做视频

视频拍摄与剪辑就是视频的打磨，是将只有骨骼的内容变成有血有肉的视频的必要步骤。这是在抖音专业化运营过程中必不可少的重要组成部分，是抖音专业内容创作者和普通内容创作者之间差距最明显的一环，同时也是账号打磨过程中构建账号壁垒的重要环节之一。一个没有剪辑痕迹的视频，最容易被普通内容创作者搬运和模仿，以至于“模仿胜过原创”的案例数不胜数。本章将从视频的拍摄和剪辑以及拍摄的前、中、后全过程、多维度地分析视频该如何打磨。

8.1 视频的分类

抖音上的视频从制作的角度来划分可以分为三种类型：实拍类型、动画类型和纯剪辑类型，见图 8－1。

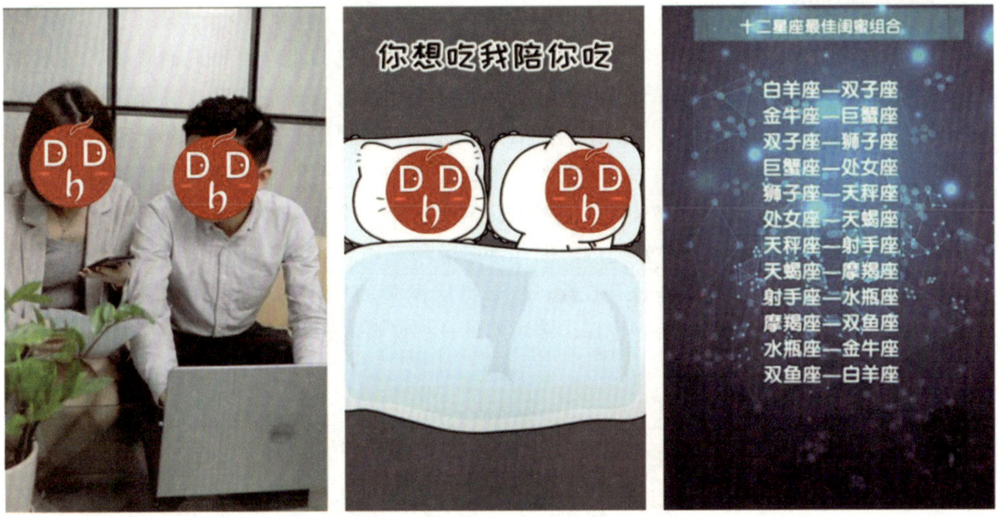

图 8－1　实拍类型视频（左）、动画类型视频（中）和纯剪辑类型视频（右）

（1）实拍类型。

视频素材均是从拍摄现实中而来，包括真人、实物、环境等，比如：情景剧、街头访问、萌宠、实用技能分享等。实拍类型的视频贴近用户的生活，让他们有身临其境的感觉，能产生较强的代入感和共鸣感。例如：用真人演绎家庭琐事，就会让人有回到家的感觉。

（2）动画类型。

动画类型包括二维动画、三维动画和定格动画，例如“一禅小和尚”“萌芽熊”等。由于动画视频的制作成本很高且周期长，原画底稿是一帧一帧画出来的，有时还会涉及现实场景的取景拍摄，耗费的人力和物力非常庞大。只有实力雄厚的公司才能跟得上这种制作要求，一般的小团队基本上做不到。

(3) 纯剪辑类型。

纯剪辑类型是对收集来的素材进行二次剪辑后的视频。这个类型主要是将图片或者视频素材进行拼接整理，单纯的图片展示、滑动过度的视频和电影解说都属于纯剪辑类型。

除了以上三种类型外，还有一种综合类型，即包含以上两种或两种以上的视频（见图 8－2）。此类视频善用不同类型的特点，视频效果会更全面，应用也会更广泛。当一些视频需求无法用实拍完成时，通过加入动画或者素材剪辑就能顺畅地完成。例如：当讲解需要阐述专业性内容的时候，用图片文字的形式会让人更方便阅读，或者当真人做不了的一些高难度动作和效果时，可以插入相应的动画或特效。

图 8－2　综合类型视频

抖音上的爆款视频一般多在实拍类型、动画类型和综合类型中产生，纯剪辑类型的视频不能满足用户的新鲜感，再者抖音会更倾向于推荐原创的实拍类型视频。所以，在这个模块中，本书编委会成员将以实拍类型为主来讲解视频的制作。

8.2 视频的构成

视频是由画面和声音两个要素构成的。如果想提升视频的质量，让视频火爆，在制作上就必须从这两个方面入手。

8.2.1 画面

画面即视频内容的展示。无论是真人实拍内容、动画，还是图片，都要保证画质的清晰度，模糊的画质带来的用户体验极差，即使视频的内容很好，抖音也不会推荐低画质的视频。另外，画面的色彩呈现也会影响用户的观看效果，所以不要一直用太过花哨的颜色或者过度的对比色，虽然这对人的视觉有一定的冲击力，但是运用得不好会让人感觉很突兀甚至注意力被带偏。

画面要保持一定的亮度，尽量给人一种明亮的视觉效果，夜晚的视频除外。画面太暗会导致用户观看起来比较费劲，所以画面内容要简洁、清晰且明亮，让用户能够很舒畅地看完。有一点要注意的是，尽量使用竖屏的视频。据相关数据显示，智能手机用户94%的时间将手机竖版持握而非横版，抖音上竖屏视频的打开率和在竖屏上的停留时间相较于横屏更有优势。所以，相比起横屏视频，抖音会更推荐竖屏视频。

8.2.2 声音

声音包括视频原声、配音、音效和背景音乐。一般在视频拍摄的时候都会录制到视频原声，有人声对白还有环境音。这些都可以在后期时进行音频编辑处理，进行降噪或者变声等。除了用原声外，还可以进行配音然后替换到视频里去，但是配音时要注意对口型和时间的把控。

（1）音效和背景音乐。

音效和背景音乐是在原视频的基础上进行“添油加醋”，让视频更具感染力。恰到好处的配乐不仅能给视频加分，还能加深用户的印象。配乐能给用户一种先入为主的感受，例如：当你听到《男儿当自强》的音乐时就会想起黄飞鸿，对伴随音乐登场的人物就会先套上他是主角或者英雄的想法，这样用户的潜意识就会跟着剧情走。有时候视频配上与剧情相反的音乐，还能够达到一种反转或者讽刺的效果，但是如果运用不当，会让人出戏甚至感觉莫名其妙，所以建议不要轻易尝试。

例如：在分手场景中，男女双方虽然相爱，但由于现实的残酷，只能含泪分手，这时候配上欢快的音乐就完全不搭边，用户不知道视频的意义何在，内容是在表达喜悦还是伤感？所以，悲伤时就搭配悲伤的音乐，快乐时就搭配欢乐的音乐，让音乐感染人的情绪并更好地融入视频中，引发用户的共鸣。此外，善用一些综艺音效，会给视频带来更多的惊喜。鉴于音乐能给视频带来这么多的加成，制作者平时一定要学会积累音乐素材，做视频后期建立一个音乐库是很有必要的。

（2）什么样的音乐在抖音上容易走红？

在抖音的热歌榜上大家能看到最近的热门音乐，如果视频采用热门音乐在推荐算法上会更占优势。抖音上走红的音乐其实是有迹可循的：首先是魔性，简单的节奏、朗朗上口的歌词，都是极容易对人进行洗脑的，即便用户不怎么喜欢也能马上记住有旋律的音乐，像《小苹果》《最炫民族风》等音乐就是非常洗脑的。其次是搞笑，娱乐搞笑视频在抖音上占据的比重较大，相应的，搞笑的音乐也迎合了用户的需求和口味。这种音乐不仅自带笑料，而且还能引起许多跟拍者争相模仿。最后是情感共鸣，这类音乐能戳中用户内心的敏感点，引起用户的情绪大爆发，让用户感同身受。这几种感染力很强的音乐在抖音上是比较容易走红的。

8.3 视频制作的流程

一个视频的制作通常包括前期准备、拍摄、后期制作这三个步骤。每个步骤都是环环相扣的，哪一个环节做得不好，都会直接影响到其余环节的效果。

（1）前期准备。

包括剧本构思、脚本策划、道具和拍摄器材的准备、场地的勘察、演出人员和拍摄人员的安排等。正所谓“磨刀不误砍柴工”，前期的策划和准备对于后续的视频拍摄和后期制作有着巨大的推动作用。前期的准备基本奠定了视频的整个骨架，后续都是在给这个骨架进行填充和修缮。

前期尤其要注意剧本情节的连贯性和故事的合理性，充分考虑到每一种状况的出现，以便提前做好准备。如果前期的策划安排不妥当，那么后续的努力基本上等于做无用功，最终出来的成片是废品。所以，专业的视频制作在前期这一块会下比较多的功夫，不断钻研和打磨，务求节省后续环节的调整时间，以达到更理想的效果。

（2）拍摄。

即视频的拍摄过程，包括打灯、收音、现场指导、人员调整等。这个环节是视频制作的重点过程，视频的质量高不高很大程度上由拍摄的素材决定。画面效果、故事情节和演员的表现力等处理得不好，后期制作也会回天乏力。

拍摄需要注意的是临场应变能力以及时间安排。实际的拍摄会因为天气和场地的因素而和原计划有出入，所以要提前留意天气预报，合理安排好拍摄顺序。现实中的拍摄不一定是完全按照脚本策划的顺序来进行的，有可能早上先拍了脚本中间的那一部分，下午再拍摄开头和结尾。拍摄时会有各种的临场状况出现，比如：道具突然损坏、演员身体不适，以及出现其他不可控的因素等，这些除了提前预测以外，还需要实时进行灵活调整。一个镜头也不是一次就能拍完，通常都是反复拍摄才能得到一个满意的镜头，这也是摄影师和演员都需要耐心的原因，这部分耗费的时间在前期都是要考虑进去的。

（3）后期制作。

是一个视频成型的关键，包括素材的收集和整理、视频的剪辑、字幕的添加、特效的制作、配乐等。前期剧本所构思的创意都会在后期制作中进行润色和包装，达到更好的效果。

后期制作要注意素材的完整性和协调性，实际拍摄得到的素材有时跟脚本不一致是很正常的。所以，后期在制作的时候要想办法找素材补充其中的缺失或者更换素材以适应改动的内容。后期制作人员要有较强的逻辑思维能力和音乐理解能力，后期制作人员对音乐的理解会直接反映在视频里，关乎视频的质量。

8.4　视频的拍摄

好的构思需要有良好的画面内容才能变为现实，所以了解相关的摄影知识是很有必要的。

8.4.1　构图

构图就是画面组成的意思，在我国的国画论里叫作布局，即经营位置。简单来说，我们可以理解为取景。构图一般在前期拍摄的时候要运用到，后期会做一些微调。

8.4.2　为什么要构图

一个视频的构图影响的是用户的视觉效果。它会引导用户的视线，让用户的视觉焦点落在画面中最突出的部分上。学会构图就相当于学会了把用户拉进视频创作者的思维中去。

8.4.3　如何构图

在摄影里有许多种构图方法，比如：平衡式构图、对称式构图、对角线构图、X 形构图、三角形构图、S 形构图、对分式构图、九宫格构图、斐波那契螺旋线构图，等等。对于视频拍摄的构图来说，由于画面是随时变动的，构图应用范围相对于摄影来说没有那么宽泛。再者，抖音以竖屏视频为主，所以基本上常用的只有九宫格构图法和斐波那契螺旋线构图法。

8.4.3.1　九宫格构图法

将被摄主体或重要景物放在“九宫格”交叉点的位置上。“井”字的四个交叉点就是主体的最佳位置。这种构图方便在拍摄过程中让主体一直处在视觉焦点内，不会跑偏，见图8-3。

图8-3　九宫格构图法

图8-4　斐波那契螺旋线构图法

8.4.3.2　斐波那契螺旋线构图法

斐波那契螺旋线也叫黄金螺线。作图规则是以斐波那契数为边的正方形，在拼成的长方形中画一个90度的扇形，连起来的弧线就是斐波那契螺旋线。[①] 斐波那契螺旋线构图法符合人类潜意识里的审美观，见图8-4。

另外，在构图的时候注意两点：即背景要简洁，主体要突出，这样视觉效果会更好。为了突出主体，在拍摄人或事物的某些特点时，可以给予适当的倾斜，以保证内容有更好的呈现效果。此外，视频拍摄会出现“机动人不动”“人动机不动”或者“机动人也动”的情况，“机”指的是相机，“人”指的是视频拍摄的主体，无论是哪一种，都要预先进行调整以满足构图带来的视觉效果。

在构图的时候要时刻记住禁忌，背景不能出现以下内容：虐待动物，抽烟喝酒，裸露，黄赌毒，有歧视、暴力倾向的文字或图案等。以上这些被抖音判定为违规的内

---

① 定义引自百度百科。

容都要注意不出现在背景里，当然，视频内容也是不允许出现以上内容的。

8.4.4 景别

视频在拍摄的过程中还会涉及不同景别的运用，不同景别所带来的视觉感受也各有不同。就像在电影里会用不同的景别来交代不同的内容一样，短视频也是如此。

大全景：整体画面以环境为主，主要用于交代时代背景或环境等。

全景：人物只占据画面很小的一部分，但可以清晰地看到人物的动作和所处的环境，常用于交代人与物、人与环境的关系。

小全景：人物头部位于画面的顶部，脚部位于画面的底部，俗称“顶天立地”，这时人物所处的环境占据的画面会较少。

中景：指从人物小腿到头顶位置的镜头，又称“七分像”。

半身景：也叫“中近景”，这个概念比较模糊，是处于中景与近景之间的过渡景别，习惯上是从人物膝盖到头部位置的景别。

近景：指从人物胸部到头部位置的画面，主要用于表现人物的面部表情、拉近人物与观看者之间的距离。

特写：主要指从人物肩部到头部的画面，特写一般比较注重细节，具有强烈的视觉冲击力。

大特写：主要是用于突出人物或物体的后一个细节部位，如眼睛、睫毛、指尖、桌子纹理等。

8.4.5 拍摄手法

除了多种景别的变换给视频带来不同的层次感之外，各式各样的拍摄手法也会让整个视频变得丰富多彩。不同拍摄手法所表达的意思也各不相同，学会之后就能在剧本的基础上为视频添加更多色彩。

（1）推：即镜头向前推，同时被摄物体不需要移动，但画面中的被摄物逐渐被放大。推镜头又分快推、慢推、猛推，用来表现从远到近、一步步走近观察。

（2）拉：即镜头往后拉，同样被摄物体不需要移动，由拍摄设备做向后的运动，画面中的被摄物逐渐被缩小。拉镜头也可分为慢拉、快拉、猛拉，从主体扩大到整体，用来表现环境。

（3）摇：即拍摄设备作上下、左右、旋转等运动，使观看者有如身临其境，会跟随画面四周环顾。

（4）移：即移动拍摄，指沿水平面在移动中进行拍摄，移动镜头可以让不动的物体产生运动的效果。

（5）升：上升拍摄。

（6）降：下降拍摄。

（7）俯：俯拍，常用于宏观地展现环境的整体面貌。

（8）仰：仰拍，常带有高大、庄严的意味。

（9）甩：甩镜头也叫扫摇镜头，指从一个被摄体甩向另一个被摄体，表现急剧的变化可以作为场景变换的手段，也可表达物体运动的速度极快。

（10）跟：指跟踪拍摄。“跟移”是一种拍摄方式，还有“跟摇”“跟推”“跟拉”“跟升”“跟降”等，即将跟摄与拉、摇、移、升、降等 20 多种拍摄方法结合在一起，同时进行。总之，跟拍的手法灵活多样，它使观众的眼睛始终盯牢在被跟摄的人或物上。

（11）空：亦称空镜头、景物镜头，指没有剧中角色（不管是人还是相关动物）的纯景物镜头。

（12）综：指综合拍摄，又称综合镜头。是将推、拉、摇、移、跟、升、降、俯、仰、旋、甩等拍摄方法中的几种结合在一个镜头里进行拍摄。

（13）长短镜头：以 30 秒为界限，超过 30 秒的连续画面为长镜头，反之为短镜头。

（14）反打：指拍摄设备在拍摄两人场景时的异向拍摄。例如：拍摄男女二人对坐交谈，先从一边拍男，再从另一边拍女，最后交叉剪辑构成一个完整的片段。

（15）变焦拍摄：拍摄设备不动，通过镜头焦距的变化，使远方的人或物清晰可见，或使近景从清晰到虚化。

（16）主观拍摄：又称主观镜头，即表现剧中人的主观视线、视觉的镜头，常有可视化的心理描写的作用。①

在抖音短视频上的优质视频，用固定镜头拍摄的很少。以上的拍摄手法在抖音短视频上是常见的，毕竟抖音走的就是多姿多彩的风格，不会一成不变，自然需要众多元素的加入，拍摄手法也是达成这个目标的手段之一。

8.4.6　抖音拍摄技巧

大家在日常刷抖音时，总能看到很多技术流的内容，像穿墙术、秒换衣服、画中

① 内容引用百度百科：镜头语言。

画等。这些并不都是用视频后期特效制作的，用抖音拍摄也能拍出这样的效果。玩转抖音拍摄最主要是熟练掌握三要素：运镜、开始暂停和节奏。掌握这三要素的核心后，拍出这样的视频就变得非常简单了。

首先是运镜。运镜其实就是操控手机运动。有些视频看起来好像里面的人物手势怎么动，画面就跟随着变化，仿佛手中玩物一样。其实就是另一只拿着手机拍摄的手配合手势的动作，可以往左往右、拉远拉近、旋转等。

其次是开始暂停。即视频录制开关的把控。在上一个片段暂停到下一个片段开始这段时间，是可以由用户自由把控的。无论中间用户花了多长时间，做了多少事情，最后在视频呈现的时候不过是一瞬而已。所以，带来的变化就是那一瞬的差距。许多特效都是通过这段暂停时间来完成的，比如凭空消失、变东西、秒换衣服等。

最后是节奏。节奏就是掌控时间点，不只是视频内容的节奏，还包括音乐的节奏。抖音上的视频基本都是有背景音乐的，不论是用户自己上传的，还是抖音内容池上的视频。如果每个动作或每个过渡都能跟上音乐的节点，会让整个视频看起来很流畅，而且听着节奏会相当带感。这种操作在抖音上有两个功能能帮助各位实现：一是通过录制时的速度选择。抖音录制有五种速度选择：极慢、慢、标准、快、极快，对应的是不同速度的播放。当用户选用“快”的速度录制视频时，会感觉音乐被放慢了，这时用户就比较容易跟上音乐的节奏。此外，还有一个定时录制的功能。当用户不是根据音乐来把握节奏而是根据动作来把握节奏时，就可以用定时拍摄做以上操作。提前计算好某个动作的时长，然后设置录制时长，这样也能轻易地把握住视频节奏。

8.4.7　几种常见特效视频分析

（1）消失和变东西。

这种视频的拍摄其实不难。消失是用手来掩盖镜头，挥一挥手，当手快经过镜头时暂停录制，然后人离开画面，换另一只手对着刚刚挥手的方向，距离接近刚刚暂停的位置，然后开始录制，手挥下去。这样两段视频拼接在一起就能达到一挥手人就消失的效果。同理，变东西也是在动作结束前暂停录制，然后拿上要变的东西，保持住刚刚的动作继续录制，就会有东西凭空出现的效果。暂停一定要在动作结束前或者开始后按下，不然拼接起来就会有卡顿的感觉，再次录制时可以适当地抖一下手机，这样出来的效果会更好。

（2）秒换衣服。

秒换衣服是在变东西的基础上进行延伸。要先抓住衣服往外拉，然后按暂停，衣服换好了，把原衣服披在自己身上，用手抓着，接着录制的时候，把衣服抓出来就行了，这样出来的效果就是一拉就换了一件衣服。

（3）画中画。

画中画是在视频画面里出现了自己拿着刚刚画面中的自己在手机里的照片。需要用到两部手机，一样是提前计算好，然后在录制到一半的时候暂停，保持动作不变，迅速自拍一张，发送到另一部手机，接着拿着手机对准镜头，往后拉到跟刚刚画面人一样大小的距离，最后录制就是拿着手机往后拉。这样拼接起来就会出现画面中的自己拿着刚刚自己定格的手机里的照片。

（4）贯穿。

自己的手穿过镜头去触碰后面的东西，这个主要用到前后镜头的切换。在拍摄过程中，伸手去遮挡前置镜头直到画面完全变黑，然后按暂停；切换成后置镜头，用手背抵住镜头，然后按开始录制后，手往前伸。这样拼接起来就会有手贯穿镜头的效果。

用抖音拍摄的时候还能选用多种贴纸和道具，非常方便，而且装饰后也非常有意思，在拍摄时可以多试试。

8.4.8 手机拍摄技巧

如果不想用抖音短视频 App 进行拍摄，也可以考虑用手机自带的相机软件进行拍摄，再把视频上传到抖音上。用手机相机功能拍摄时有一些小技巧，学会了以后短视频质量会有很大的提升。

（1）身体形成三脚架，开防抖功能。没有稳定器或三脚架的时候只能手持，但是时间一长，手抖是无法避免的。这时候可以把人当作三脚架，手拿着手机后两只手肘顶到自己胸前，形成一个三角形，并打开手机防抖功能。

（2）利用光线，锁定曝光。光线对于视频拍摄来说非常关键，顺着光线照射的方向来拍，画面会清晰明亮；逆光则会让拍摄主体变得昏暗，让人看不清内容。

（3）重复多拍混剪，多角度，多景别。可以给后期更多素材选择，视觉体验更丰富。

（4）靠近拍摄，关闭自动追焦的功能。手机拍摄一旦放大画质就会变得很差，用自动追焦功能有时候会因为人物的移动而失焦模糊。

（5）利用小道具，如广角镜头、鱼眼镜头等，带来更多画面效果。

（6）开启防打扰模式。手机打开飞行模式、清内存、充满电，防止在拍摄过程中因外部因素阻断而错失关键片段。

8.4.9 单反拍摄技巧

（1）三要素：光圈、快门和ISO①。灵活调节这三个参数对视频拍摄会有非常大的作用。光圈越大，视频画面越亮，虚化效果越好，快门速度越快，画面则会越暗。ISO值越高，画面会越亮，但噪点会越多，画质会变差。

（2）利用景深。使用长焦镜头，调大光圈，可以得到大景深，主体后面的环境就会被虚化掉。用小光圈则能获得大景深，主体背后的环境会被清晰地拍下。

（3）靠近拍摄，关闭自动追焦的功能，手机拍摄一旦放大，画质就会变得很差。用自动追焦功能，有时候画面会因为人物的移动而失焦模糊。

（4）橡皮筋。使用三脚架摇镜头时，用橡皮筋圈住操作杆来拉动，利用弹力的缓冲达到视频顺滑的效果。

（5）使用自动白平衡，方便在各个环境下拍摄，但要注意在从室外进入室内的时候，要把相机关掉再开一次，让白平衡启动自动调整。

（6）善用曝光补偿。当三个参数调整后画面依旧过亮或者过暗时，可通过曝光补偿来调节。

（7）不使用相机风格预设。设置风格后，视频色彩参数会有所改动，在后期调色就会有所限制。

（8）先对焦后构图。当我们在运镜拍摄时，在被摄物出现前可以先移动镜头对准即将出现的主体，这样当镜头移动到主体时也能保证画面质量。

8.4.10 单/多镜头拍摄优劣势分解

单镜头就是一个相机跟着场景和人物对象走，同时换了机位相应的灯光、音效等也会有相应调整。多镜头是指一个场景有多个相机从不同的固定机位同时进行拍摄，后期再从中选择镜头进行剪接。

优劣对比：

单镜头费时长，换机位相应的灯光音效等也会有相应的调整，出来的效果一般会比多镜头更精致，后期剪辑也更多样化。

多镜头表演是连贯的，是按照时间顺序一气呵成的，后期制作中可以快速剪接，费时短，但对于灯光和音效的把握是一个大缺点。

---

① ISO是指感光度。所谓感光度是指感光材料（胶片或数码相机的传感器CCD/CMOS）对光照的敏感程度。

8.5 视频制作的前期准备

视频制作的前期准备是对视频内容的整体把控，是比较耗时间的。在剧本构思上时间相对难掌控，其余根据经验都能做到比较精准的把控。所以，这里重点讲解一下前期制作中的重点内容——脚本制作。

8.5.1 脚本制作

（1）什么是脚本？

脚本即对一个视频内容的概述，以及相应的各部分内容的讲解和要求，包括角色、画面描述、景别选择、机位设定、拍摄手法、效果预设、表演台词说明、道具、画面时长等。

（2）为什么要制作脚本？

脚本相当于是一个大纲。打个比方，若要制作一个茶壶，就先要知道做什么样的茶壶，脚本就相当于是茶壶的设计稿，有了设计稿，工匠师傅才有概念最终要打造出来什么样的产品。所以，脚本就是让参与视频制作的人有个清晰的逻辑，在脑内预先呈现出画面，清楚明了整个视频的内容。让所有人都理解视频内容，并能做好明确的分工，对于后续拍摄事半功倍。

（3）脚本的分类。

脚本根据其表现形式可以分为剧本类、文字表格类和图文类三种。

①剧本类。

图 8－5 是截取了《笑傲江湖》剧本的部分内容，这类脚本就是剧本。它像小说内容一样，直接交代故事情节。通常剧本简明扼要，一看就能知道故事剧情，一般有场景和人物对白等描述，但是没有更多关于拍摄和画面要求的说明。这种脚本比较常见，因其制作时间短，消化吸收速度也快，但是对于具体实操的指导有所欠缺，空有剧情却不知如何入手。

岳不群：说什么?竟然敢跟我讲辈分!

令狐冲：什么身份都行。你瞪着眼睛撒大谎就不对。华山派不能为一个人的野心而牺牲。

岳不群：你这个叛徒，我要杀一儆百。

(二人又一场大战，杂物乱飞。令狐冲后退，撞到染坊晾晒织物的架子。剑气纵横。令狐冲被岳不群剑气冲倒在地。)

岳不群：你的剑气不过是我的三成。你能进入我十尺范围就打吧!

令狐冲：(跃起，挺剑直刺)荡剑式!滚滚滚……

岳不群：(惊讶)什么招式?

令狐冲：独孤九剑!(斩断岳不群手腕，剑落，插地。)

图 8－5　《笑傲江湖》文字剧本片段

②文字表格类。

如图 8－6，这类脚本对各项操作的要求都有明确的说明，并且一一对应，让人能很直观地了解每个镜头需要的内容和拍摄操作，是比较具体的一类脚本。

镜号	景别	摄法	画面内容	台词及声效	解说词	视觉参考	道具	演员	时长
1	半身景	固定+女主正前方	女主在街上打电话给男主	女主：你是不是还没出门，三秒钟你要是还没出现在我面前你就死定了	/	/	手机	女主：Harriet	4s
2	半身景	固定+男主正前方	男主在家里沙发上接到女主的电话，手忙脚乱，瞬间移动	音效：闪亮登场	白羊座：瞬间移动	/	手机	男主：Terry	3s
3	半身景	固定+男主正前方平拍	男主刚瞬间移到女主面前，就被女主一个包打过去	女主：我就知道你会在这出现	金牛座：预知未来	/	手提包	男主：Terry 女主：Harriet	4s

图 8－6　文字表格类剧本

③图文类。

如图 8－7，这类脚本是在表格的基础上增加了对画面描述的图片，可以是手绘的，也可以是收集的素材。因为对每个镜头的画面都有很形象的描绘，所以也被称之为分镜脚本。分镜脚本的制作最花时间，但相应的也是最形象具体的。基本上有了分镜脚本，参与者就如同制作者一样脑子里有了非常清晰的视频画面内容和操作手法。

二、宽敞明亮的现代住宅，客厅中。			
10	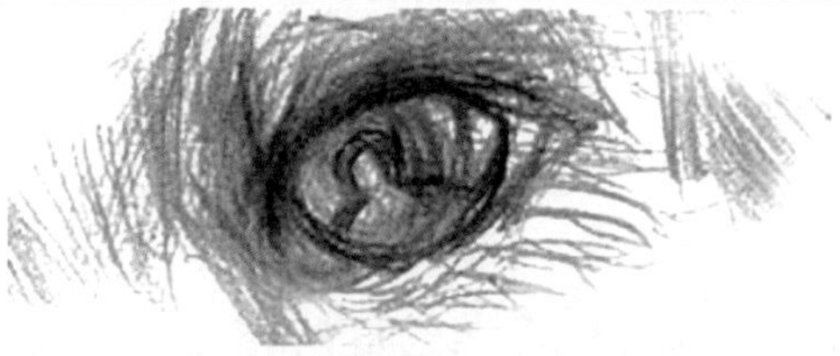	接上节 白起 特写：一只金毛狗的眼睛。 眼睛黑黑如深潭一般。眼球里面映出人的影子。	超现实主义神秘感
11		镜头拉大 狗脸愣愣的，愉快又舒服地笑着。一只手伸过来，挠着狗的头顶。	
12		中景 沙发上，一个男人正在抚摸一只成年乖巧的金毛狗。人和狗相处非常愉快。 男人露出很宠溺的笑容。 突然，男人转头朝后方望去。(虚化背景慢慢变实)	
13		大全景 镜头缓慢推进，一个女人在厨房做饭的背影。 屋子很安静，只听到做饭的声音在回响。	这个普通平常的场景充满莫名的落寞感觉。
14		中景 男人转过头，摸狗的手臂停在半空。 镜头推进，男人的脸突然变得黯然神伤。	男人画外音： 我的一生就是这样了？

图 8－7　分镜脚本举例

制作脚本虽然耗费的时间长，但是在后续拍摄却能节省很多讲解的时间，是前期准备一个很重要的环节。需要注意的是，拍摄时对脚本要有镜号记录这一步，通常每个镜头会有多次拍摄，选取最好的片段并做好记录，这样在后续整理素材时就能节省很多时间。

8.5.2 工具的选择

“工欲善其事，必先利其器。”视频拍摄也是这个道理，不同的工具会有不同的视频效果。

（1）拍摄设备。

目前视频的拍摄设备有手机、单反相机、摄像机等（见图8-8）。摄像机虽然拍摄视频比较专业，但是功能单一，手机和单反相机相对便捷且用法多样，在短视频的拍摄中比较常用。

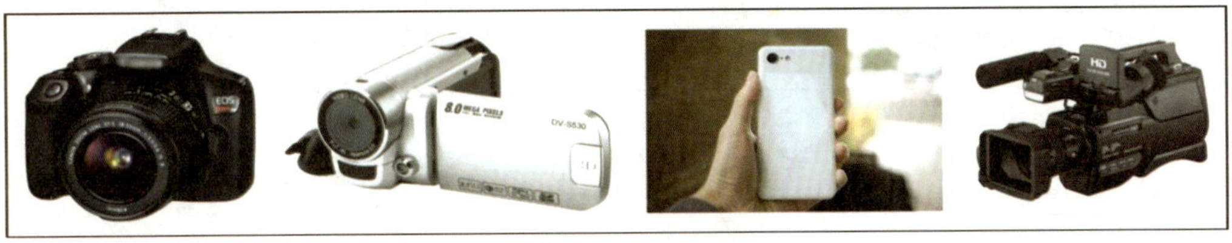

图8-8 市面上几款流行的拍摄设备

在短视频的拍摄上，手机和单反相机的区别是前者更加方便，而后者比较专业。

单反相机是专业的摄影设备，而手机是涵盖摄影在内的多功能设备，在定位上是完全不同的。此外，单反相机和手机最明显的区别在于其画质和可操作性。手机拍摄的视频远不如单反相机拍出来的视频高清，虽然现在的手机已经升级到能装载几千万像素的镜头，貌似能和单反相机一决高下，但实际上那仅仅是拍照的像素，在拍视频上手机依然只有几百万的像素。这主要是与感光元件的大小不同有关。手机因为体积的关系，所能承载的感光元件体积有限，而感光元件体积越大，所能展现出来的视频效果就越清晰，所以单反相机拍摄视频的画质比手机更强。

在视频拍摄的可操作性上也是单反相机远胜手机。单反相机不仅有多种拍摄模式可以选择，其重点在于可以自由地调节光圈、快门和感光度这三个参数，还能通过更换镜头、调整焦距等一系列操作来改变景深和曝光量等。反观手机，现在手机的功能确实很强大，对一部分参数也能进行调控，但依旧无法对光圈、快门和感光度这三个参数进行自由变换，所使用的图像算法也达不到单反相机实际的拍摄效果。不过单反相机的操作比较复杂，非职业人士用起来未必能发挥出其性能。相对于单反相机，手机更容易上手，而且携带更方便，人们随时随地都能用手机进行拍摄，应对突发情况很便利。所以，人们可以根据需要来选择拍摄设备。

（2）收音设备。

目前市面上所使用的视频拍摄设备都具备录音的功能，但录音的效果往往达不到

图8-9 市面上几款流行的收音设备

预期。拍摄设备自带的录音功能会将周围环境的声音也一并录进去，这就会造成许多噪声。

噪声在后期剪辑时可以通过音频剪辑软件进行降噪处理掉，但是效果并不理想。目前最好的解决方法就是在视频拍摄的时候，运用收音设备进行录音，这种音频也叫作同期声。收音设备不仅能让声源更近，而且录进去的声音更加有指向性，大大降低了噪声，这样就能得到比较完美的音频。

市面上的收音设备有很多种，常见的有领夹式麦克风和悬吊式麦克风（见图8-9）。一般收音设备都是根据需求来购置的。领夹式麦克风能满足基础的收音要求，可以连接手机或者单反相机，而且价格便宜，但碍于插线距离的限制，如果购买无线的话，可以解决距离的问题，不过价格就会稍微贵一点。悬吊式麦克风常见于摄影棚的视频拍摄，录进去的声音会很清晰，且指向性范围更小，消除杂音的效果更好，不过每次录制都需要有一个人用手举着，比较麻烦。此外，还有相机机顶热靴麦克风，但需要相机有3.5毫米的输入接口才可以使用。收音设备一般都是有指向性范围的，所以在收音的时候要注意麦克风的方向。另外，不同收音设备所能适用的设备不同，可以根据实际拍摄需求来挑选。

（3）辅助工具。

除了拍摄设备和收音设备，在进行视频拍摄的时候还会用到很多其他辅助工具，最常见的就是三脚架和稳定器。如果没有三脚架和稳定器，拍摄视频只能通过手持或者放在某个固定的位置，这样不仅影响画面质量，还限制了拍摄。

①三脚架。

三脚架可以帮助各位固定镜头并得到一个稳定的画面，有了三脚架就可以随时随地预先设定好机位，解放双手。同时，运用三脚架还能让人解锁更多的拍摄手法，这些在后面章节会详细讲解。

那么要如何挑选三脚架呢？挑选三脚架要考虑四大要素：材料、承重、高度和收纳长度。

三脚架的材料一般以碳纤维和镁铝合金为主。碳纤维轻便，承重大且稳定，但是价格稍贵一点。镁铝合金便宜，但缺点很明显：重。另外，脚管越粗，脚架展开高度越高，重量越大。

承重是三脚架核心参数，决定了能承载的器材重量。三脚架与云台的承重范围必须超过相机与最重镜头的重量。云台有3D云台和球面云台，3D云台会更好用些。

高度是容易被忽略的参数，但是决定了人们对三脚架的使用感受。高度以三条腿全部伸出架好相机，在不升中柱的情况下，取景器与眼睛基本持平的高度为宜。

收纳长度决定了三脚架的便携性。节数越多、可以翻折，收纳后尺寸越小，但是稳定性相对要差一些，所以三节会比四节的稳定性好。

②手持稳定器。

手持稳定器有手机稳定器和相机稳定器（见图8－10）。使用手持稳定器可以帮助各位获得更稳定的画面。在运动中进行拍摄，没有使用手持稳定器拍摄的画面抖动剧烈，而使用手持稳定器拍摄的画面顺滑流畅。除了防抖外，使用手持稳定器还能解锁更多的拍摄技巧，比如圆形轨道式拍摄，即在拍摄过程中，以拍摄主体为中心，围绕其进行360°的圆形轨道拍摄，这种画面在文艺片中常见。

图8－10　手机稳定器及相机稳定器

虽然手持稳定器有防抖的功能，但在使用中还是要保持平稳，切勿过快地变方向。使用手持稳定器要注意相机的自动对焦功能，有些相机没有跟踪对焦功能，在使用过程中最好是调好焦后再进行拍摄。因为使用手持稳定器是无法进行变焦的，也可以选择购买跟焦器，但使用起来会比较麻烦。此外，可以通过缩小光圈、保持同等距离来获得清晰的画面而不会失焦。

如何挑选手持稳定器？主要根据预算和拍摄设备来挑选，手持稳定器有相应的承重范围，即能承受的载体重量，如果超过了这个重量，手持稳定器的性能就会受到影响。另外，还要看手持稳定器的扭力如何，扭力越大则稳定性越强。这里提供一个检测方法。将手持稳定器放在竖立位置，用手指快速轻弹相机边缘，让相机产生小幅度的来回震荡，并观察相机的状态。如果相机回到中间的速度快且摆幅小，说明手持稳定器扭力大；如果摆幅大、云台软塌塌的、回中速度慢，说明手持稳定器扭力小。

③道具。

视频的拍摄一般还需要一些道具。例如，拍摄一段打篮球的画面，就需要用到一个篮球，这就是道具。道具可以通过网上购买或者自制来实现，一般都是一些简易的道具，不会很昂贵。拍摄抖音短视频对于道具的投入其实不用太多，抖音也自带许多道具和贴纸，在拍摄的时候灵活运用也能达到不错的效果，例如戴墨镜、变脸、头套，等等（见图 8 - 11）。

图 8 - 11　抖音短视频 App 自带道具及效果

8.6　视频的剪辑

视频剪辑是制作视频的最后一个阶段，也是对视频进行加工的阶段，是比较花时间的。经过前期的准备和拍摄，得到的素材将在剪辑制作这一块进行整合与编辑。后期的剪辑制作也能弥补前期拍摄的一些不足之处。

8.6.1　抖音视频剪辑

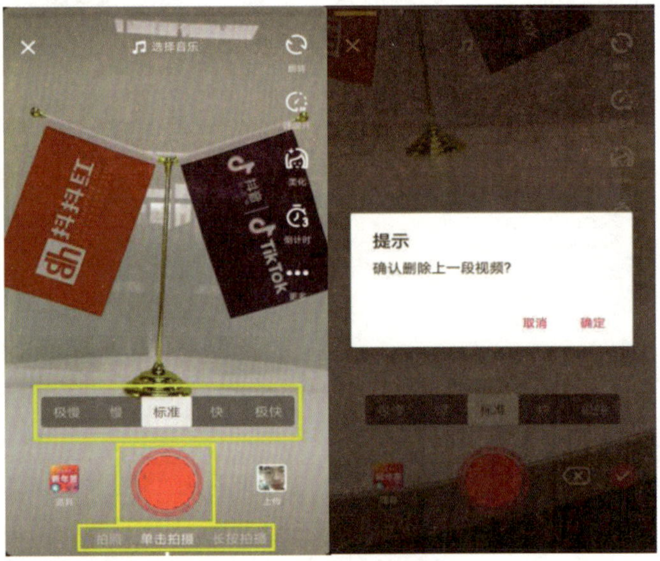

图 8－12　抖音视频剪辑

在拍摄抖音短视频的时候其实就已经可以剪辑了。抖音的分段拍摄就是将所要的视频素材一条一条地拼接起来，按确定键的时候进行合成，如不满意还可以撤销上一个片段（见图 8－12）。用倒计时拍摄也能比较好地控制视频素材的内容。

除了画面外，音乐也是可以剪辑的，不过只能在该视频的时长上进行拖动，选取音乐的某一节。音乐既可以使用抖音自带的，也可以使用本地上传的。不过用抖音音乐榜上的音乐，视频会更受抖音系统的推荐。同时，音乐和视频原声的音量也可以分开调节（见图 8－13）。

图 8－13　抖音音乐及声音剪辑

抖音还有很多特效可以直接用到视频里，只要在播放视频的时候按住某个特效键，就会在视频里产生相应的特效。时间长短可以自己把握，用错了还可以撤销。不过只能往上一步骤撤回，无法跨越操作。

在抖音上还可以通过上传图片来制作视频，最多可以上传 12 张图片，然后配上音乐，就成了前面提到的纯剪辑视频里的图文视频。图片的切换方式可以选择上下切换和左右切换，见图 8－14。

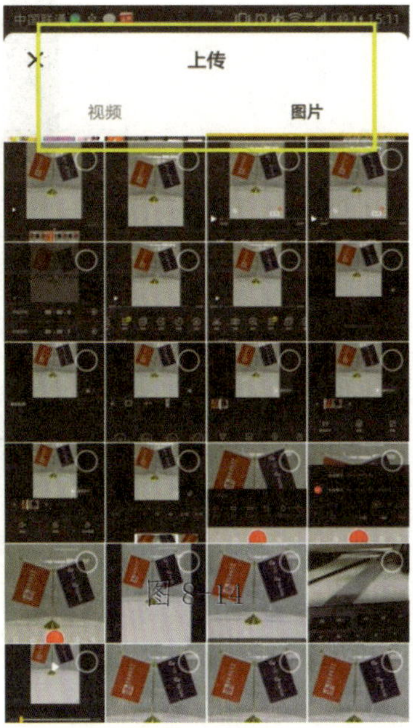

图 8－14　抖音视频的上传功能

抖音视频里还有多种滤镜可供选择（见图 8－15），短视频适合什么风格就可以用相应的滤镜，不过滤镜效果是没办法做参数调整的。

抖音上视频的封面既可以选择动态的也可以选择静态的，可以通过截取画面来完成，见图 8－16。

基本的剪辑在抖音上都能做到，不过也有一些局限，比如抖音短视频自带的剪辑功能是不能加字幕的，要想实现其操作，只能通过其他的手机剪辑 App 或者在电脑上操作。

手机视频剪辑软件非常多，以下列举几个既操作简单又方便实用的 App。

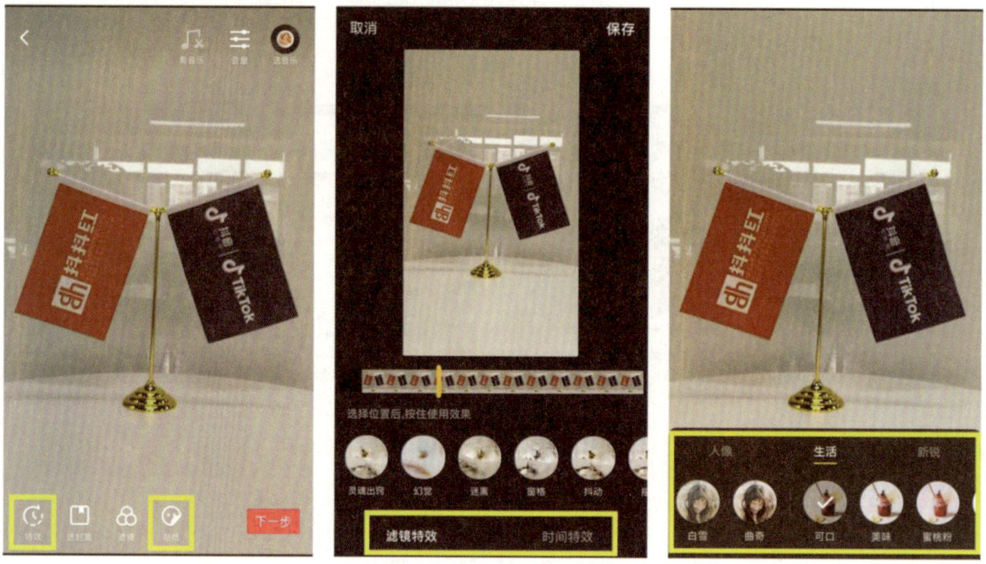

图 8－15　抖音视频的特效功能及滤镜功能

图 8－16　抖音视频的封面选择功能

8.6.2　VUE vlog

这款 App 的视频导入有两种模式可供选择（见图 8－17）。用自由模式导入的视频没有时间的限制，多少条都可以。分段模式有 10 秒、15 秒和 30 秒三种，其中平均分段从 1 段到 10 段，可以自由调节。在拍摄或导入视频前还可以进行画幅的选择。

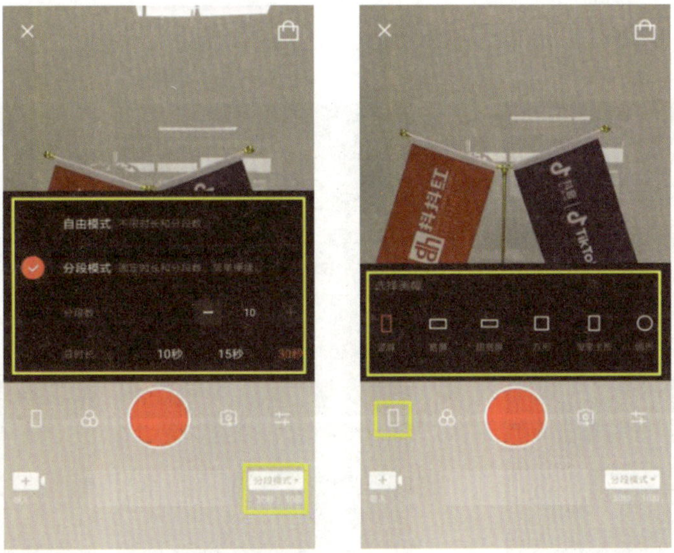

图 8－17　VUE 的导入功能

在导入视频后可以进行速度快慢的调节，自由加滤镜，还可以美颜。同样，直接用 VUE 拍摄也可以调节这些功能，见图 8－18。

导入视频后进行视频的编辑，有旋转画面的功能，方便切换。在编辑的时候除了视频的切割截取外还可以直接对分段进行复制，调节画面的参数、亮度、对比度、锐度等，见图 8－19。

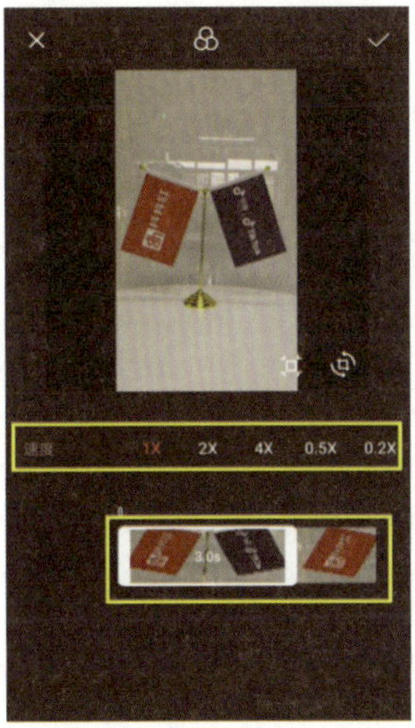

图 8－18　VUE 的速度调节功能

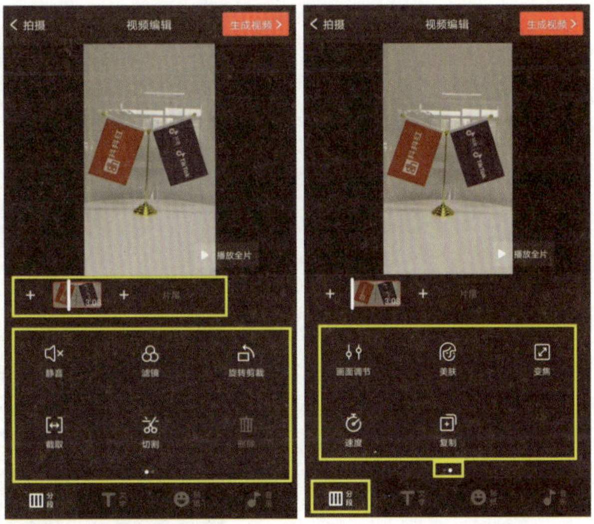

图 8－19　VUE 的部分剪辑功能

VUE 的变焦功能可以有镜头的变换，对视频进行推进拉远和移动。

VUE 可以添加标题和字幕，有几种模板可供选择，见图 8－20。VUE 的贴纸可以选择在片头、片尾出现，也可以一直出现，见图 8－21。

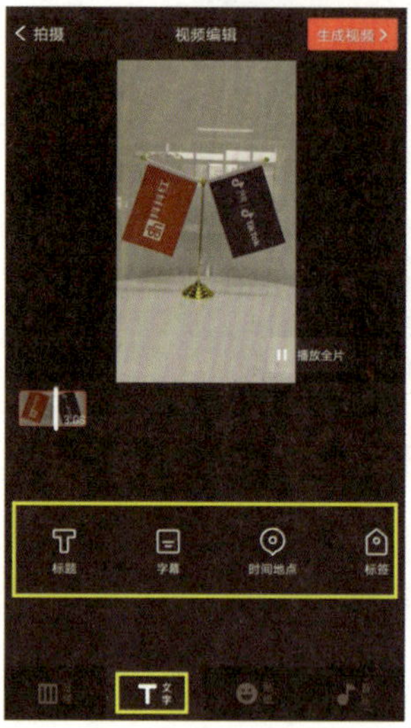

图 8－20　VUE 的标题及字幕模板功能

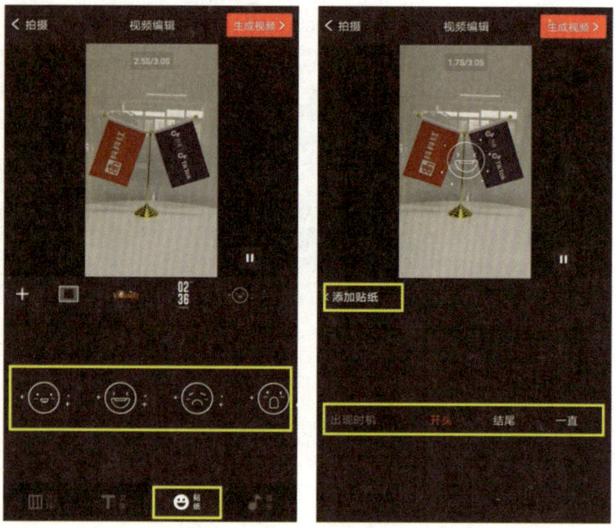

图 8－21　VUE 的贴纸功能

VUE 的音乐编辑既可以直接录音，也可以上传本地音乐或者挑选 App 上的音乐，不同的风格也有分类，见图 8－22。

VUE 基本上可以满足很多视频剪辑的操作，视频美颜和变焦操作这两个功能是它的特色。

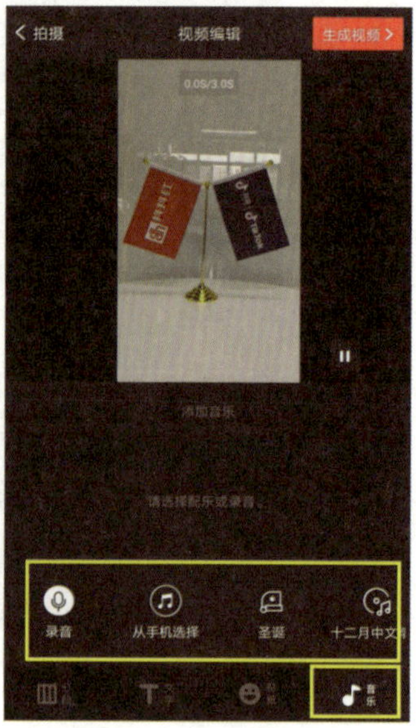

图 8－22　VUE 的音乐功能

8.6.3 乐秀视频编辑器

这款 App 视频的导入也是没有时间和数量限制的。视频可以进行分段编辑、切割复制、放大缩小、调整速度和画面旋转等操作。不过画面参数要会员才能操作，见图 8－23。

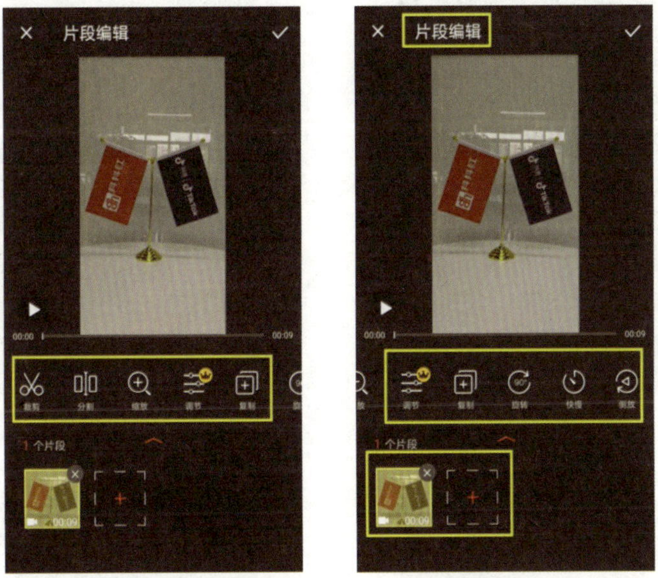

图 8－23 乐秀视频的导入及剪辑功能

乐秀视频有一个功能很实用，是将视频回放，时间点也是能自由选择的，见图 8－24。

视频的画幅有几种尺寸可供选择，见图 8－25。

人们可以在视频中添加 GIF 图片，图片大小、时长也是能自由调节的。

人们还可以在视频中添加想要的特效和转场，见图 8－26。

编辑中可以对画面进行涂鸦，并调节在画面中出现的时长和位置，见图 8－27。

音乐可以分段插入，不过可选择的只有本地音乐或者下载配乐的素材。可以录音进行变声，但要购买或者会员才能够使用，见图 8－28。

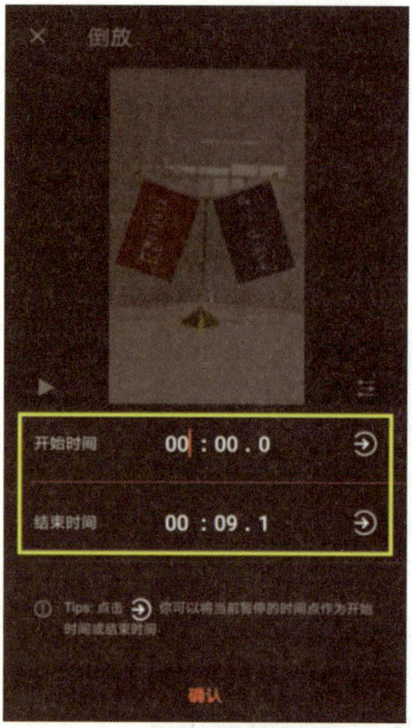

图 8－24　乐秀视频的回放功能

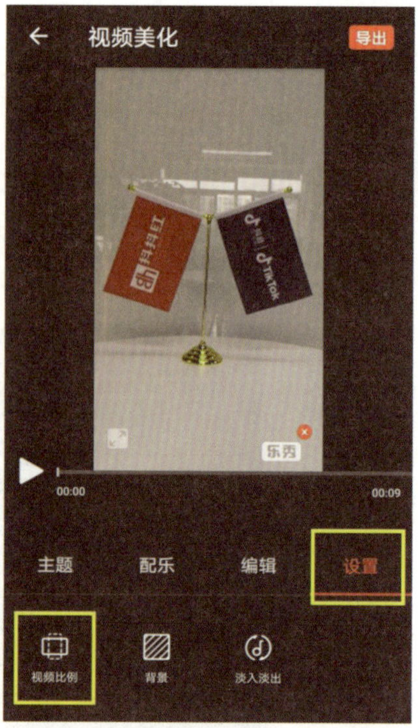

图 8－25　乐秀视频的尺寸调整功能

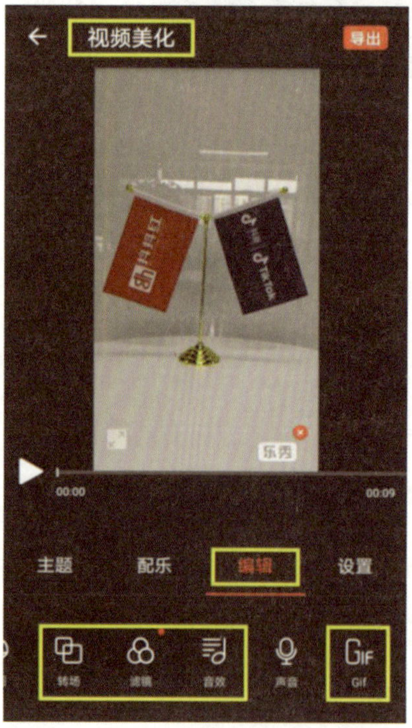

图 8－26　乐秀视频的部分编辑功能

图 8－27　乐秀视频的涂鸦功能

字幕的编辑除了字体样式之外还有字幕出现风格，有淡入淡出、滚入等。字幕在画面中的位置也可以移动，见图 8－29。

图 8－28　乐秀视频的声音处理功能

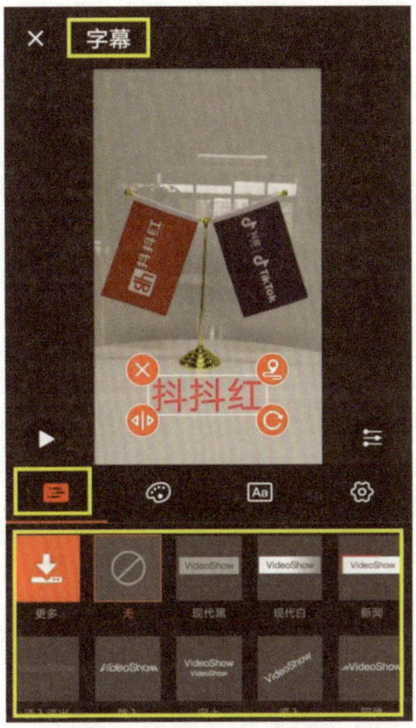

图 8－29　乐秀视频的字幕制作功能

人们可以在素材中心下载特效、配乐、字幕特效、音效、转场、贴图、字体等，有些只有会员才能下载，见图 8－30。

视频右下角带有 logo 水印，只有会员才能去掉，见图 8－31。

图 8－30　乐秀视频素材下载处

图 8－31　乐秀视频的去水印功能

除了剪辑外，乐秀还能对视频进行压缩、转换格式、将视频转换成音频等，这些功能也非常实用。

乐秀在视频制作的操作上更多样一些，也有很多素材可供下载，不过大部分要购买或者会员充值。

8.6.4 趣推

趣推是一款可以用来套模板的工具 App，不只是制作视频，还可以制作图片和 GIF，见图 8－32。

趣推上面有很多在抖音、微信等平台火爆的视频模板，人们可以直接套用，使用也非常简单，只要在模板中将照片或视频进行替换即可，见图 8－33。

图 8－32　趣推 App 界面

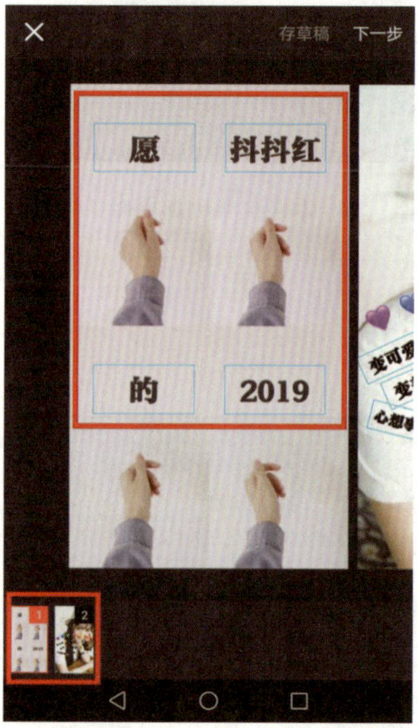

图 8－33　趣推的四宫格模板

视频制作可以进行配音、添加滤镜、贴纸和字幕等（见图 8－34）。字幕和贴纸的大小、时长是可以调整的。音乐可以选择本地或者趣推上有的音乐。

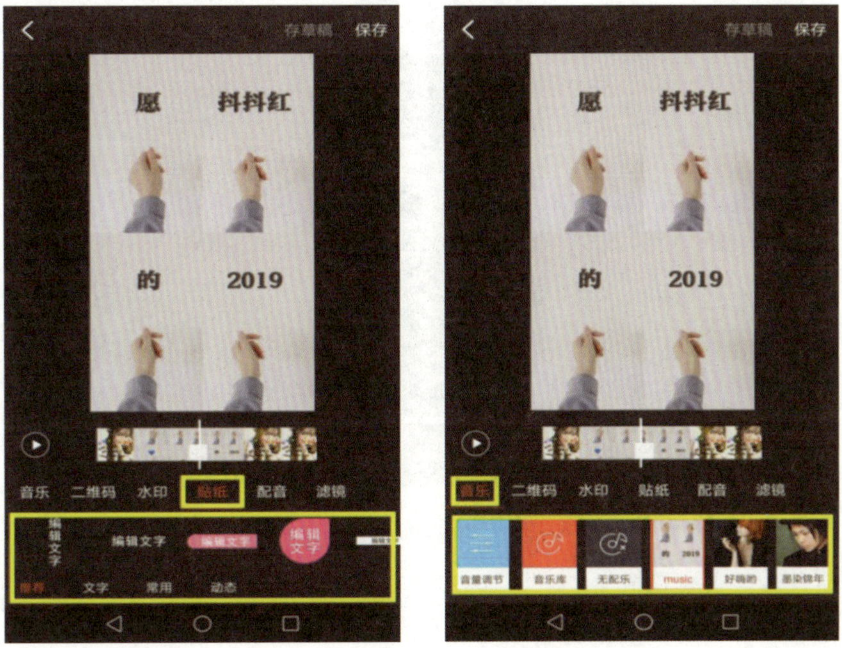

图 8－34　趣推的部分功能展示

8.6.5　PR 剪辑

以下用 PRcc2018 作为操作例子，见图 8－35。

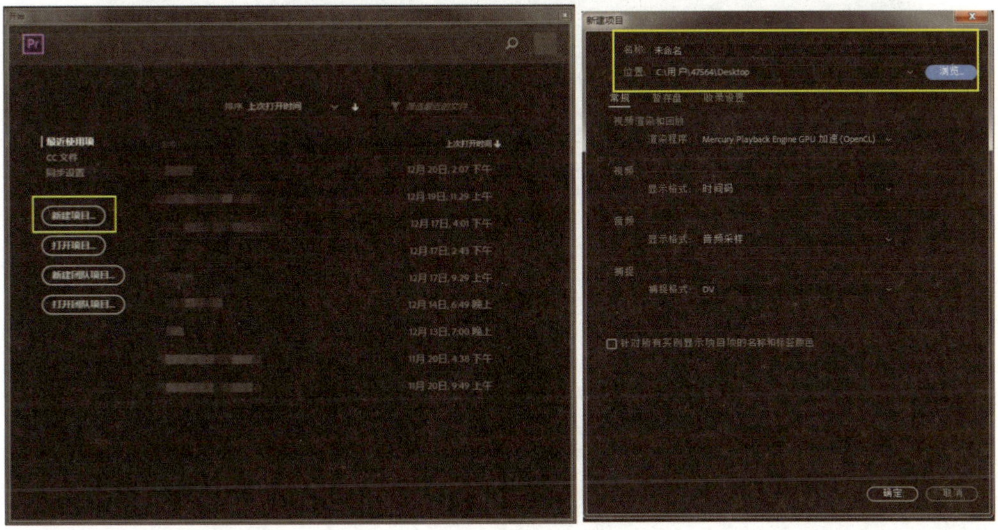

图 8－35　Premiere 新建项目操作

先打开 PR 新建一个项目，作为视频的工程文件，见图 8 – 36。

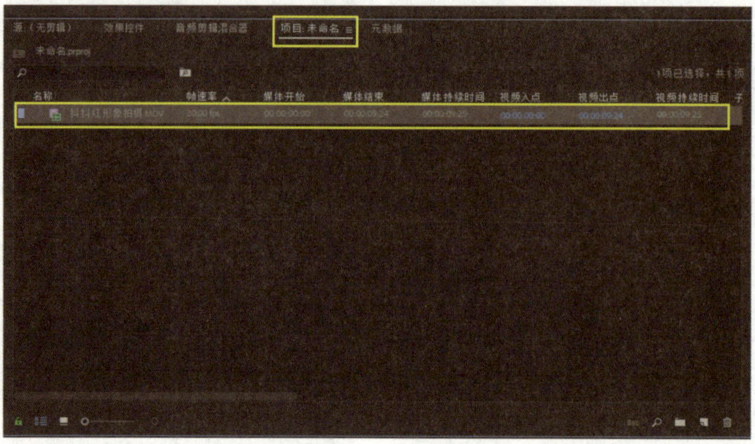

图 8 – 36　Premiere 工程文件展示

新建项目后把素材导入 PR 中，可以在窗口栏根据素材路径进行导入，也可以直接把素材拖到项目栏，见图 8 – 37。

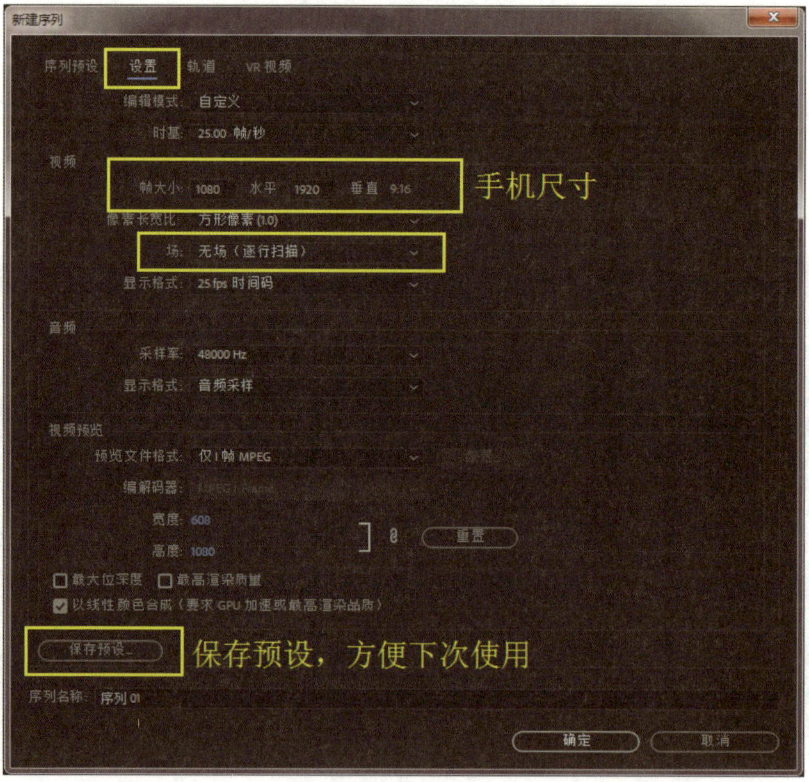

图 8 – 37　Premiere 基础参数设置（参考）

素材都导入完毕后，需要新建一个序列，作为视频剪辑制作的载体。序列可以根据视频需求来制作，要设置视频尺寸时将“设置”那里的编辑模式改为自定义，就能自由地调节。抖音上的视频尺寸是“1080×1920”像素，可以按照这个来设置。

新建序列后就可以把视频拖到时间轴上，在时间轴上进行剪辑，见图 8－38。

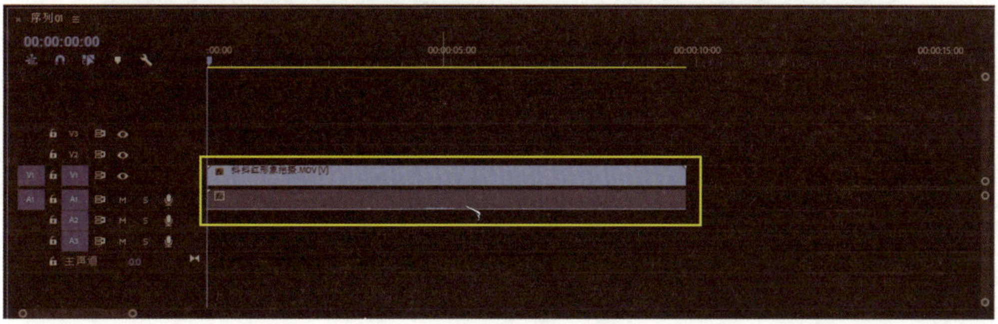

图 8－38　Premiere 时间轴

使用“剃刀工具”可以对视频进行切割分段，拖动头尾也能截取视频的片段，不过最长只能拉到视频本身的时长，见图 8－39。

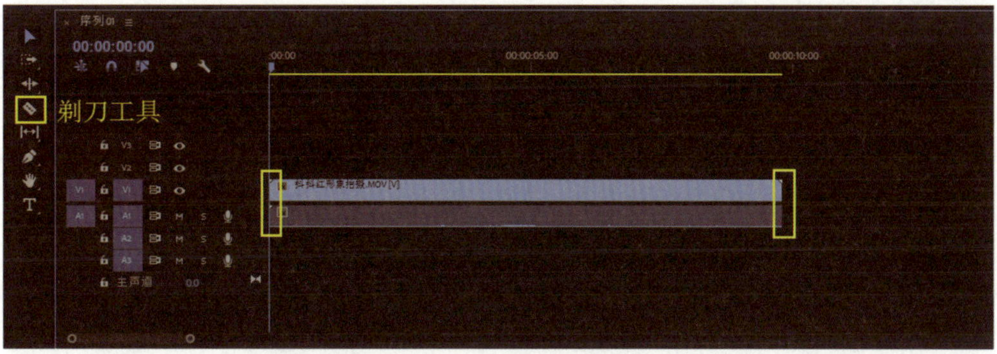

图 8－39　Premiere 剪辑参考

一般，视频和音频是连接在一起的，如果要分开操作，用右键选择取消链接，就能单独编辑了。

用效果控件可以对视频进行位置移动、放大缩小、旋转、更改透明度等操作。点击左边的时间标志可以对视频添加关键帧，两个关键帧的参数差异能在这两个关键帧之间形成逐渐过渡的效果。比如，画面慢慢变大或者位置慢慢移动，变化速度取决于两个关键帧的相距时长，通过关键帧人们就可以制作出一些常见的特效。添加关键帧变化后能改变视频的 MD5 值，导出视频后能得到全新的视频编码数据，见图 8－40。

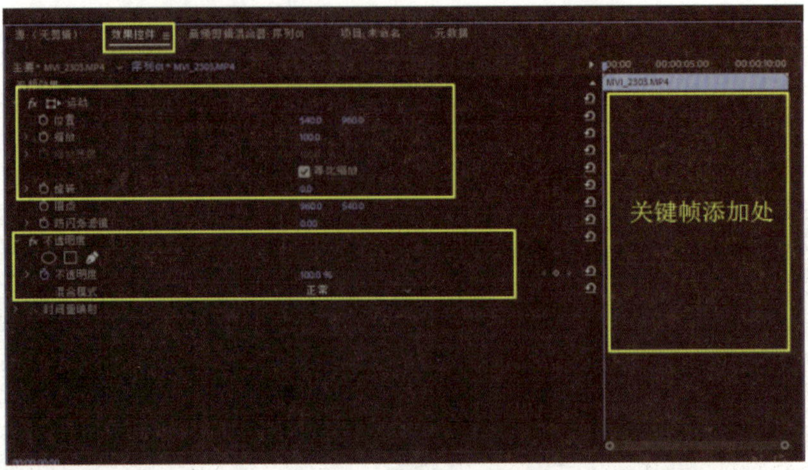

图 8－40　Premiere 添加关键帧展示

对声音的处理可以直接在效果控件进行音量大小调节，如果想要更多的变化，可以在效果栏对音频添加其他效果，还可以在两段音频之间添加过渡（见图 8－41）。除了音频，也可以对视频进行效果添加，进行调色、模糊锐化等。两个视频中间可以插入视频过渡的效果，比如淡入淡出、溶解、滑动等。

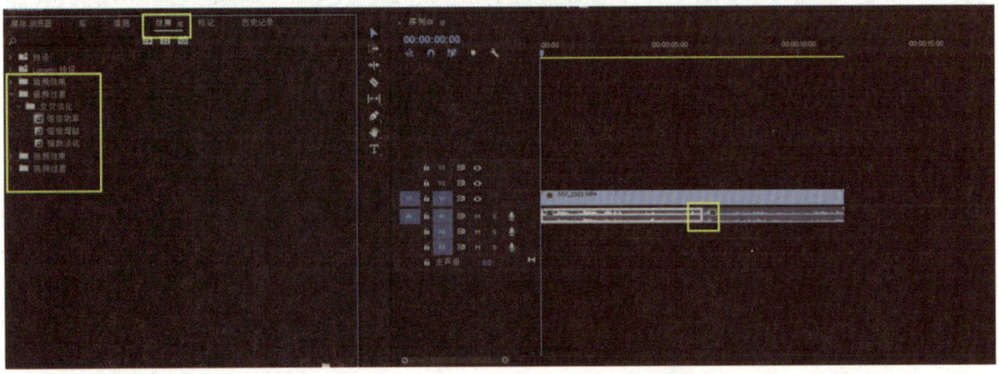

图 8－41　Premiere 音频剪辑展示

添加字幕。可以在菜单栏的“新建”中“新建字幕”，字幕可以移动位置大小、变换、更改颜色及字体等，还可以加上字体效果描边、阴影等（见图 8－42）。效果控件对字幕的操作也同样适用。

视频剪辑完成后在菜单栏进行导出就能把剪辑好的视频导出，格式选择 H. 264 就能导出 MP4 格式的视频，抖音默认使用 MP4 格式的视频（见图 8－43）。导出视频的时候要注意导出的时长是视频开始还是视频结束的位置，因为有多余的帧数会造成导出的视频有黑幕。

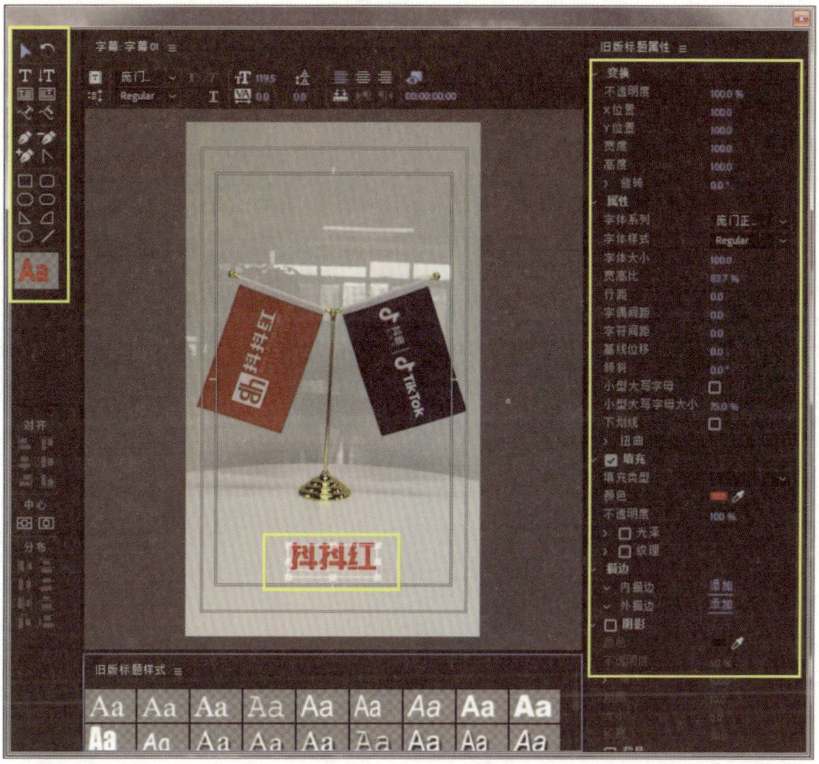

图 8－42　Premiere 建立字幕

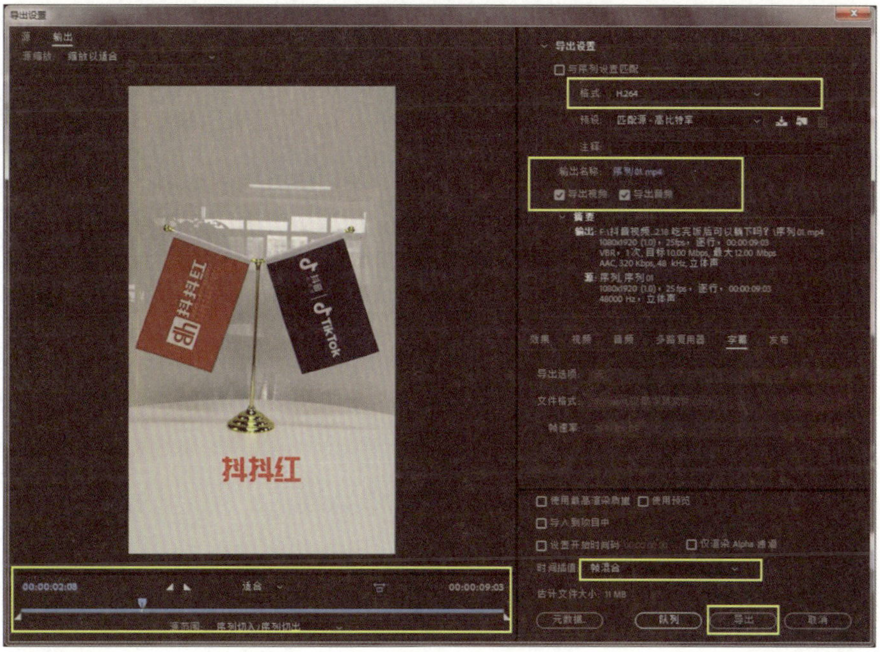

图 8－43　Premiere 导出及参数设置

8.7 视频剪辑的禁忌

在视频剪辑制作过程中要注意一些细节，有些是抖音上的禁忌，要小心规避。

（1）画质模糊。

视频剪辑过程中可能会进行一些加速或者减速、画面放大或缩小等操作，操作完毕后要检查画质是否变得模糊，如果画质因此变模糊了，导出来上传到抖音上就会被判定为非优质视频，是不会获得抖音系统推荐的。

（2）第三方软件介入。

抖音反对视频里有第三方软件介入，一旦被发现该视频就会被封掉。如果使用了其他手机视频剪辑 App，就要将视频去水印并到 PR 上更改关键帧，从而改变视频的 MD5 值。

（3）logo 露出和背景凌乱。

在视频中有明显的 logo 露出，会被抖音的系统识别判定为有打广告的嫌疑，这样的视频很容易被抖音封掉。背景凌乱的视频在抖音的系统审核上也会被判定为非优质视频，这样的视频创意即使再好，也会被系统限流，得不到推荐。出现以上问题就要通过适当的模糊效果把 logo 去掉并让背景虚化。

（4）音乐版权。

抖音上的音乐都可以随便使用，本地上传的音乐也没有限制。但如果在抖音上投信息流广告，就一定要注意音乐版权。因为广告是商业用途，需要取得版权方的授权或者购买使用资格，否则视频无法通过抖音官方的审核。如果广告视频要使用音乐，也可以在网上找无版权的音乐。

（5）敏感字眼。

制作字幕时要注意规避某些敏感字眼，比如像人民币、钱这类字眼不能直接出现。在音频中出现以上字眼抖音系统不会审核到，但是在字幕系统中出现是会被识别出来的，所以当有这些字眼出现时可以用拼音或者引文代替文字，比如钱可以用“Q”来表示。

9

抖音短视频 App 功能全解析

抖音，从本质上来说是一款短视频内容升级后的产品，利用音乐结合视频，以“短、平、快”的模式节奏输出内容，完美地适应了这个注意力分散的时代。同时，App 内置多种特效、贴纸以及魔性音乐，给予用户无限的创造可能。与偶像合拍、穿墙术、画中人，这一切仅用抖音短视频 App 就能实现！

如果想要最大限度地利用好这个工具，就必须了解这个 App 的全部功能。

9.1　下载及注册

9.1.1　下载软件

目前，国内版的抖音下载比较简单，苹果手机用户在“App Store”应用商店搜索“抖音”就可以下载和安装了；而安卓的用户可以进入“应用市场”在页面顶部搜索“抖音”进行下载和安装。

9.1.2　注册账号

下载完成后，点击“抖音短视频”图标，就可以进入抖音短视频 App，进入的时候其界面是停留在“首页”，点击右下方的菜单栏中的“我”，页面会跳转到“登录”的界面，见图 9－1。

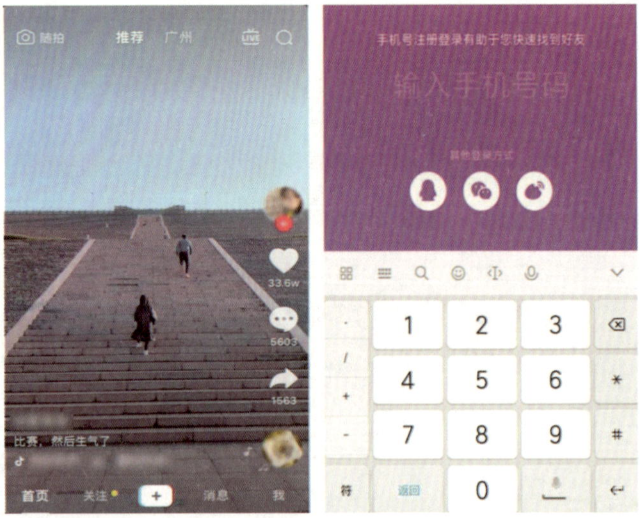

图 9－1　抖音短视频 App 主界面及注册界面

根据提示输入自己的手机号码，并按照提示点击“→”进入下一个界面，点击“获取验证码”，在 60 秒内输入官方发送至你手机的验证码，并设置密码，见图 9－2。

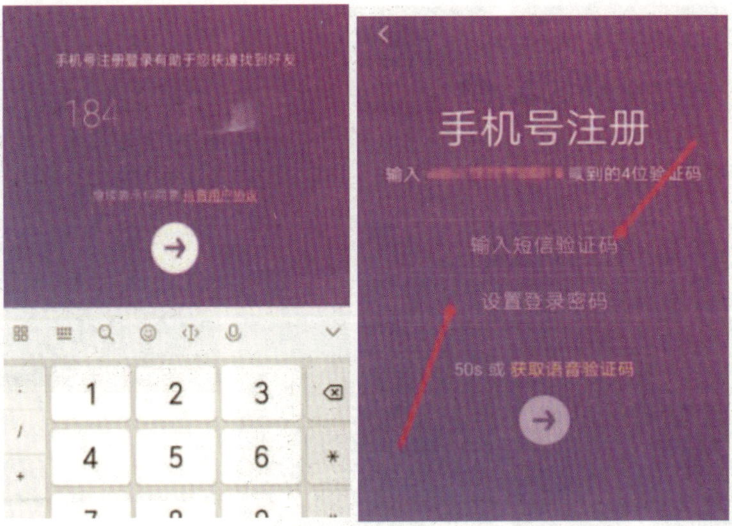

图 9－2　抖音短视频 App 注册步骤

输入了这些信息以后，继续点击“→”，进入完善资料的部分，上传你的头像，输入昵称、出生年月和性别之后，这个账号就注册完成了，见图 9－3。

图 9－3　抖音短视频 App 注册步骤及资料完善界面

9.1.3　完善资料

注册完毕后，你可以自行选择需不需要完善自己的背景图，如果需要可以点击菜单栏右下方“我”，在用户主页中，用户可以修改自己的封面图，直接点击头像上方的封面图，进入修改页面，选择自己喜欢的封面图并选择“更换”，见图9－4。

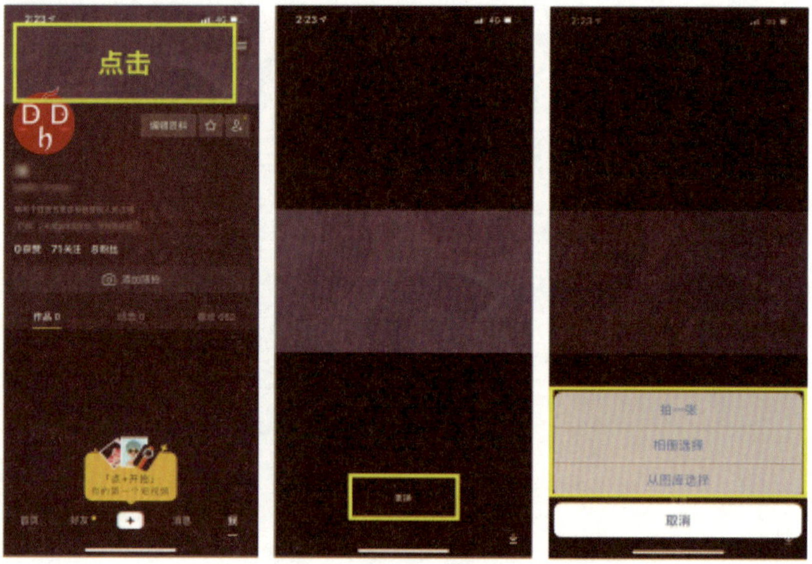

图9－4　抖音短视频App账号封面图修改入口

修改完毕后，可以返回到“我”的界面，点击页面右侧“编辑资料”进入用户主页，编辑个人资料，见图9－5。

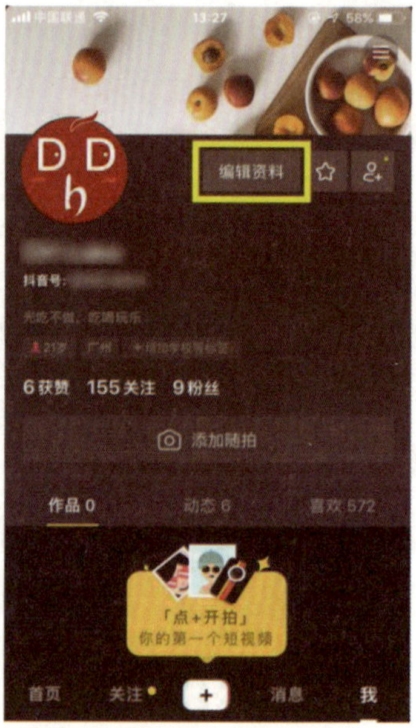

图9－5　抖音短视频App编辑资料入口

9.2　抖音各个按键介绍

9.2.1　常用功能

在“首页推荐”页面中，如果你看完了一个视频，还想看下一个，只要在视频任意一个位置上划，就可以看其他的内容。同理，如果浏览某个账号下的视频，也可以采用上划的方式看别的视频。

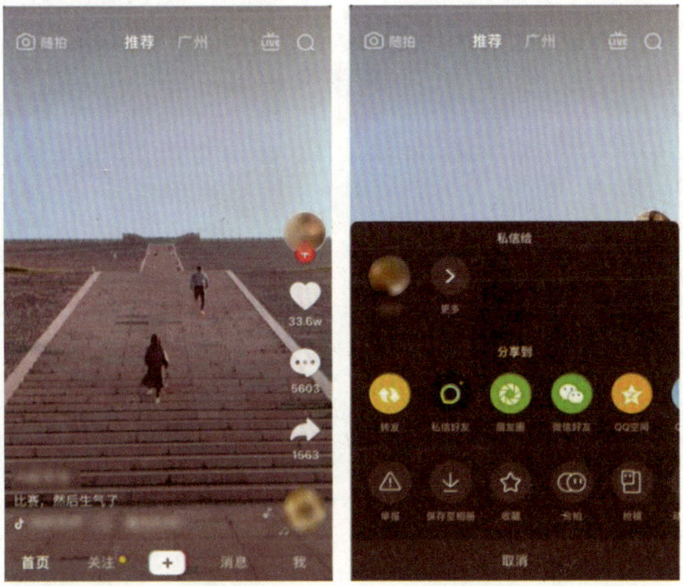

图 9－6　抖音短视频 App 的分享功能

另外，你可以看到右边有几个图标，第一个是视频账号键，如果对该账号的视频内容感兴趣，想要关注对方，可以点击头像下的红色“＋”键。第二个是“心形”图标，是点赞，如果用户喜欢这个视频，可以点这个按键为视频点赞，也可以在视频任意一个部分双击，为视频点赞，“点赞”按键之下，是这条视频的点赞数。第三个是评论键，点击评论键可以看到其他用户的评论，同时自己也可以进行评论。第四个是

“转发”键，点击这个按键，会弹出一个分享页面（见图9－6），咨询你想要分享的渠道，点击相应的渠道就可以完成分享。而第五个是该条视频所使用的音乐，点击进去，可以看到使用同一音乐的其他视频内容。

9.2.2 拍摄功能

点击“菜单”栏的“＋”按键，进入拍摄界面，在拍摄界面的右侧会有几个选项，如翻转：手机前置摄像头和后置摄像头的操控；快慢速：用于调整视频拍摄的速度；美化：用于对视频人物形象的美化；倒计时：用于延时拍摄以便于用户解放双手，不用手持手机也能拍摄视频（见图9－7）。拍摄界面的左下角是“道具”，点击“道具”会出现很多的小道具，能够增加整个视频的美感（见图9－8）。而中间的红色圈圈，就是拍摄键，可以选择“拍照”“单击拍摄”和“长按拍摄”，选择好之后即可进行拍摄。

图9－7　抖音短视频App的拍摄功能界面

图9－8　抖音短视频App的道具功能界面

9.2.3 后期功能

在完成视频拍摄之后，就可以对视频进行后期剪辑了，抖音目前也自带了一些简单的剪辑工具。在视频拍摄完成后点击“下一步”进入视频后期阶段，首先可以看到视频左下角有一个特效功能，点击“特效”进入“特效”编辑区，特效有“滤镜特效”和“时间特效”两种，选择自己想要的特效，在合适的时间段里添加你想要的特效就可以了，见图 9－9。

图 9－9　抖音短视频 App 部分剪辑功能界面

你可以为视频挑选封面。点击“封面”按键，选择视频中最出彩的一幕作为封面即可。另外，在后期制作视频的时候，点击“滤镜”按键，进入滤镜编辑画面，你还可以为视频添加不同的滤镜，营造不一样的感觉。

在“滤镜”按键的旁边还有“贴纸”功能，里面有一些可爱的“贴图”以及“表情”，可以为视频添加一些其他的元素和表情等，见图 9－10。

另外，剪辑视频的顶端还有几个小按键，最右端的按键是“选音乐”，点击进去以后，会有很多平台内的音乐可供选择，你也可以先选择好一段音乐，再进行视频拍摄。“选音乐”按键旁边，是“音量”键，点击进去以后，会进入音量调节的界面，这里可以调整背景音乐的音量和视

图 9－10　抖音短视频 App 的贴纸功能

频原声的音量，根据需要调节好，点击右边的红色“√”就行了。

此外，你还可以对背景音乐进行剪辑，“音量”按键的旁边是“剪音乐”，点击进去以后，根据视频的剧情需要，左右拖动下面的黄色条，卡到适合的节点即可，见图9－11。

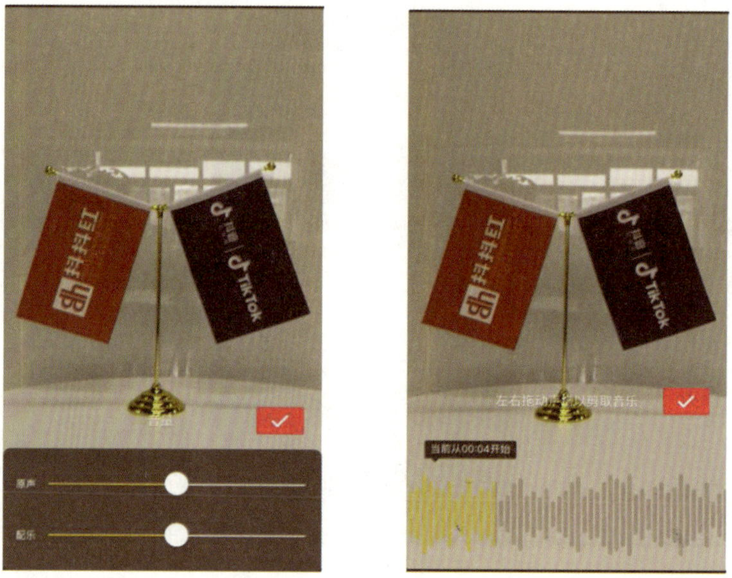

图9－11　抖音短视频App的声音处理界面

9.2.4　“DOU＋”功能

“DOU＋”是通过付费得到更大的推荐流量的功能。如果想在抖音短视频上获取更多的流量，可以使用“DOU＋推广”。

如何使用？

（1）打开抖音短视频App，找到想推广的抖音短视频，在视频的播放界面中点击右下角的“转发”按键，进入分享页面。

（2）点击“DOU＋”按键，选择期望提升目标和投放时长。

（3）选择“系统智能投放”“自定义投放”或“达人相似粉丝投放”，选择定向方式和投放金额以后，提交订单并支付，待抖音官方审核完毕之后，就能够将该视频推荐给更多可能感兴趣的潜在用户观看。

（4）“DOU＋订单管理”，点击菜单栏的“我”→右上角菜单栏→设置→“DOU＋订单管理”，就可以查看过往的投放记录以及投放效果。

9.2.5 其他重要功能

在主页下面的“菜单”栏内，还有“关注”栏，点击“关注”栏，可以看到你关注的账号新发布的视频内容，见图 9－12。

点击“消息”栏，可以看到目前关注你的粉丝的基本信息、发布视频的获赞数、被其他人@的信息、别人对你的评论。下面是“消息助手”，点击进入“消息助手”里面会有“抖音小助手”，它会经常给你推送一些活动，点击进去，看到心仪的活动可以选择参加，见图 9－13。

图 9－12　抖音短视频 App 的关注界面

图 9－13　抖音短视频 App 的消息助手界面

抖音小助手之下是“系统通知”，点进去是系统为你发布的一些信息，比如视频是否存在违规情况等，都会从“系统通知”发出，见图 9－14。

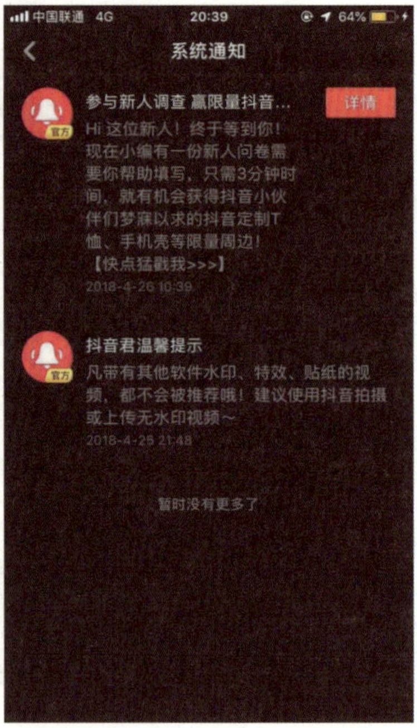

图 9－14　抖音短视频 App 的系统通知界面

另外，抖音短视频 App 本身也有一些热搜榜单。可以点击“菜单”栏的“首页”，然后点击右上方的检索符号，就可以找到这个入口，点击查看更多热搜，就能够看到抖音的实时榜单了，见图 9－15。

图 9－15　抖音短视频 App 的热搜榜单界面

返回到检索界面，下拉就可以看到各类精彩的视频内容，见图 9－16。

直播入口。只要在“首页”点击右上角的“live”标识，就可以找到直播入口，见图 9 – 17。

图 9 – 16　抖音短视频 App 精彩视频界面

图 9 – 17　抖音短视频 App 的直播入口

最后，是抖音短视频 4. 2. 0 版本新上线的“随拍”功能，你可以随时随地拍摄想拍的内容。值得注意的是，拍摄后的视频是与用户好友分享的，且 72 小时后会自动设置为“仅自己可见”，见图 9 – 18。

图 9 – 18　抖音短视频 App 的随拍入口及功能介绍

抖音短视频 App 功能简图见图 9－19。

图 9－19　抖音短视频 App 功能简图

抖音特殊功能开通条件见表 9－1。

表 9－1　抖音特殊功能开通条件表

功能	开通条件
购物车	发布视频大于 10 个的实名认证账号可通过抖音短视频 App—我的—右上角≡—商品分享功能自助申请开通，通过审核后即可使用
直播	用户想要开通抖音直播权限的话，只要满足以下条件里的任何一个，就可以联系客服申请开通： 1. 用户的账号粉丝数量超过 1 万，并且自己的任意一个原创作品点赞在 100 以上 2. 用户要是“技术帝”的话，只要多发一些技术视频以及优质的视频，也能够申请开通直播权限 3. 如果你积极参加抖音产品的内测体验，也有机会申请成功
60 秒长视频	1000 个以上粉丝以及要有质量保证的作品

注：具体要求以抖音官方实时发布为准，有时候虽然未能达到官方条件，但只要接到抖音官方的邀请函也是能开通权限的。但是粉丝数量是硬性条件，用户仍需努力积累粉丝。